多年冻土及盐渍土地区道路工程研究丛书

Application Technology of Special Subgrade
Engineering Measures in Permafrost Regions

多年冻土地区特殊路基工程措施应用技术

房建宏 李东庆 徐安花 童长江 编著

青海省交通科学研究院
中国科学院寒区旱区环境与工程研究所冻土工程国家重点实验室
多年冻土区公路建设与养护技术交通行业重点实验室青海研究观测基地

兰州大学出版社
LANZHOU UNIVERSITY PRESS

图书在版编目(CIP)数据

多年冻土地区特殊路基工程措施应用技术／房建宏,
李东庆,徐安花,童长江编著. —兰州:兰州大学出版社,
2016.3

ISBN 978-7-311-04823-5

Ⅰ.①多… Ⅱ.①房… ②李…③徐… ④童… Ⅲ.①多
年冻土—冻土区—公路路基—路基工程 Ⅳ.①U416.1

中国版本图书馆 CIP 数据核字(2015)第 244187 号

责任编辑　魏春玲　雷鸿昌
封面设计　张友乾

书　　名　**多年冻土地区特殊路基工程措施应用技术**
作　　者　房建宏　李东庆　徐安花　童长江　编著
出版发行　兰州大学出版社　(地址:兰州市天水南路 222 号　730000)
电　　话　0931-8912613(总编办公室)　0931-8617156(营销中心)
　　　　　0931-8914298(读者服务部)
网　　址　http://www.onbook.com.cn
电子信箱　press@lzu.edu.cn
印　　刷　兰州人民印刷厂
开　　本　787 mm×1092 mm　1/16
印　　张　15
字　　数　304 千
版　　次　2016 年 3 月第 1 版
印　　次　2016 年 3 月第 1 次印刷
书　　号　ISBN 978-7-311-04823-5
定　　价　86.00 元

致　谢

在本书的撰写和出版过程中得到了以下单位和项目的资助，作者谨致谢忱。

青海省科学技术学术著作出版资金

国家重点基础研究发展计划项目（973 项目）（No.2012CB026102）

国家自然科学基金面上项目（No.41271080）

青海省交通科学研究院

序

    青海省位于青藏高原的东北部,多年冻土广泛分布。省内的西部及中部昆仑山、可可西里延至南部的唐古拉山都是青藏高原多年冻土发育的地带,北部阿尔金山、祁连山广泛分布有片状和岛状多年冻土,东部巴颜喀拉山等存在高山多年冻土,省内多年冻土分布面积占到青藏高原多年冻土分布总面积的36%。国道109线、214线和227线都穿越省内千余公里的多年冻土地带。

    多年冻土区进行公路交通建设都遇到许多的冻土工程问题,造成不少的经济损失。青海省交通科研工作紧紧地围绕全省的交通建设和运输生产中提出的问题开展研究,在一些重大技术研究方面取得了较大的进展和突破,解决了许多的技术问题,取得了较好的经济和社会效益。为进一步提高青海省多年冻土区的公路建设水平,依托青海省共和至玉树高速公路建设,建立了"多年冻土区公路建设与养护技术交通行业重点实验室青海研究观测基地",继续开展多年冻土研究和工程措施的效果观测。

    随着国家经济建设的西部大开发纵深发展,青海省将迎来大规模的建设高潮,多年冻土区的公路交通基础设施势必成为先行而重要的建设任务。此书总结了我国多年冻土区的科研成果和工程实践证明行之有效的工程措施,将对省内多年冻土区公路建设的设计、施工和运营管理起到积极有效的指导作用,推动青海省的社会、经济和环境的可持续发展。

前　言

我国多年冻土主要分布于东北大小兴安岭、青藏高原和西部高山区,占我国领土面积的22.3%。随着国家经济发展,冻土区的工程建设不断地发展起来,20世纪50年代大小兴安岭多年冻土区的林业和铁路建设,以及青藏公路的修筑,各项工程建筑中出现了许多冻土工程问题。为此,各个部门都陆续地开展了冻土专门研究,做了大量调查、科学研究和工程措施防治效果观测,积累了丰富的冻土研究和工程措施的经验与资料。青藏公路、214国道和青藏铁路建设的大量研究成果和工程措施的应用,取得了许多行之有效的工程措施。

实践表明,在贯彻"预防为主,保护优先,开发与保护并重"的原则下,采用块碎石路堤、通风路基、热棒路基等降温冷却和隔热保温层路基的阻隔热量的工程措施都可用于解决工程建筑中的冻土工程问题,利用它们各自优点构成的块碎石-通风管复合路基、热棒-隔热保温层复合路基更具有显著的效果。这些都构成了多年冻土区特殊的路基结构形式。

作者在收集和总结大量工程实践与科学研究成果的基础上,编写这本《多年冻土地区特殊路基工程措施应用技术》,旨在于总结经验和指导工程设计、施工。由于时间仓促及作者的水平所限,书中难免存在疏漏,敬请读者批评指正。

本书在编写过程中得到了许多同行们的大力支持,并得到了青海省科学技术学术著作出版资金、国家重点基础研究发展计划项目(973项目)、国家自然科学基金面上项目和青海省交通科学研究院的资助。对此,作者表示衷心的感谢。

作者

二〇一六年三月

青海省交通科学研究院
中国科学院寒区旱区环境与工程研究所冻土工程国家重点实验室
多年冻土区公路建设与养护技术交通行业重点实验室青海研究观测基地

目　录

1 总则

1.0.1 随着全球气候转暖,我国大多数地区的多年冻土都存在逐渐升温和退化,多年冻土上限逐年地下降,在路基临界和合理高度仍不能满足时,需特地采取本"技术"所述的"冷却、调控路基温度"的特殊工程措施进行工程设计与施工。

1.0.2 多年冻土的路基设计应通过路基传热分析确定路基临界高度。在低温冻土区按保护冻土设计原则设计时,可依据《公路路基设计规范》(JTG D30)给出的公式确定:

下临界路基高度:

砂石路面 $\qquad h_下 = 1.41 - 0.31 h_天$ $\hfill$ (1-1)

沥青路面 $\qquad h_下 = 2.88 - 0.42 h_天$ $\hfill$ (1-2)

上临界路基高度:

砂石路面 $\qquad h_上 = 7.17 - 1.76 h_天$ $\hfill$ (1-3)

沥青路面 $\qquad h_上 = 5.03 - 0.81 h_天$ $\hfill$ (1-4)

式中 $h_天$——多年冻土天然上限深度,m。

当路堤高度在上、下临界路基高度之外时,应进行特殊路基设计

1.0.3 为提高多年冻土地区公路工程设计与施工技术质量和水平,保障公路工程设计、施工符合安全、适用、技术先进、经济合理的要求,编制多年冻土地区特殊路基工程措施应用技术。

1.0.4 本技术宗旨,意在总结国内外多年冻土地区道路工程中整治、处理各种冻土灾害的设计、施工和管理经验基础上,归纳出卓有成效的特殊路基工程措施,供多年冻土地区新建、改(扩)建的各级公路工程设计、施工参考。

1.0.5 多年冻土地区进行公路工程设计、施工时,应充分考虑特殊的气候、冻土工程地质条件和工程与冻土间的相互影响,确定合理的设计和保护原则,有效的先进技术及新材料、新工艺和方法。

1.0.6 根据多年冻土地区的冻土特征、气候变化、环境效应,采用主动保护、积极预防、综合治理的原则,遵循导(输)冷、阻热、减少辐射、增强对流散热的方法。

1.0.7 在符合国家和行业的相关标准、规范和规程的基础上,参考本技术进行公路工程设计和施工,将有助于减少或消除多年冻土区工程病害,保障道路安全。

2 术语、符号

2.1 术语

2.1.1 冻土 frozen ground(soil rock)

具有负温或零温度并含有冰的土(岩)。

2.1.2 季节冻土 seasonally frozen ground

地壳表层冬季冻结而在夏季又全部融化的土(岩)。

2.1.3 多年冻土 perennially frozen ground(permafrost)

指持续冻结时间在2年或2年以上的土(岩)。

2.1.4 季节冻结层 seasonal freezing layer

每年寒季冻结,暖季融化,其年平均地温>0℃的地壳表层,其下卧层为非冻土层或不衔接多年冻土层。

2.1.5 季节融化层 seasonal thawed layer

每年寒季冻结,暖季融化,其年平均地温<0℃的地壳表层,其下卧层为多年冻土层。

2.1.6 多年冻土上限 Permafrost table

多年冻土层的顶面。

2.1.7 地温年变化深度 depth of zero annual amplitude of ground temperature

地表以下,地温在一年内相对不变的深度,亦称年零度较差深度。

2.1.8 年平均地温 mean annual ground temperature

地温年变化深度处的地温。

2.1.9 冻土含水率(冻土总含水率)water content in frozen soil

冻土中所含冰和未冻水的总质量与土骨架质量之比,用百分数或小数表示。

未冻水含水率(ω_u):在一定负温条件下,冻土中未冻水质量与干土质量之比。

相对含冰率(i_c):冻土中冰的质量与总含水率之比。

体积含冰率(i_V):冻土中冰的体积与试样体积之比。

冰包裹体含冰率(i_B):冻土中肉眼可见冰体的体积与试样体积之比。

冻土湿密度(ρ_0):原状构造冻土单位体积的质量,

冻土干密度(ρ_d):原状构造冻土单位体积的干土质量。

2.1.10 冻胀率(frost heaving ratio),冻胀力(frost-heaving forces)

冻胀率——单位冻结深度的冻胀量。

冻胀力——土体冻胀受到约束时产生的力。

2.1.11 融化下沉系数(thaw-settlement coefficient)和融化压缩系数(thaw compressibility coefficient)

融化下沉系数指冻土融化过程中,在自重作用下产生的相对融化下沉量。

融化压缩系数指冻土融化后,在单位荷重下产生的相对压缩变形量。

2.1.12 冻土现象 features related to frozen ground

指土体中水的冻结和融化作用所产生的新形成物和中小型地形。如冰锥、冻胀丘、融冻泥流和热融滑塌等冻土现象。

2.2 符 号

2.2.1 冻土物理特性

ω ——冻土总含水率；

ω_0——起始冻胀含水率；

ω_u——冻土的未冻含水率；

ω_p——土的塑限含水率；

I_L——土的液性指数

i_c ——冻土相对含冰率；

ρ_d ——冻土的干密度；

2.2.2 冻土力学特性

σ_τ ——切向冻胀力；

σ_n ——法向冻胀力；

σ_h ——水平冻胀力；

E ——冻土变形模量；

G ——剪切变形模量；

f_a ——冻土地基承载力；

q_{fpa} ——桩端冻土承载力；

f_τ ——冻土抗剪强度；

f_{ca} ——冻土与基础间的冻结强度。

2.2.3 土的季节冻结与融化参数

η——土的冻胀率；

A_0——冻土的融化下沉系数；

T_{cp} ——多年冻土年平均地温；

H_{cp} ——地温年变化深度

z_0、z_d ——土的季节冻结深度标准值和设计值；

z_0^m、z_d^m ——土的季节融化深度标准值和设计值；

z_n、z_a ——多年冻土的天然上限和人为上限；

条文说明 // 2 术语、符号

2.1 术语

2.1.1 冻土 frozen ground(soil rock)

具有负温或零温度并含有冰的土(岩)。

冻土,一般是指温度在 0 ℃ 或 0 ℃ 以下,并含有冰的各种岩土和土壤。温度在 0 ℃ 或 0 ℃ 以下,但不含冰的岩土和土壤,称作寒土。寒土又可分成不含冰和重力水的干寒土,及不含冰但含负温盐水或卤水的湿寒土。在自然界中,作为冻土层或冻土区整体来说,既包含有冻土,也包含有寒土。所以,冻土区是泛指岩土温度在 0 ℃ 或 0 ℃ 以下的那部分地壳,不论岩土中是否含有冰,是否有水的相成分存在。作为地基土来说,冻土和寒土的工程地质性质具有本质的差别,因土中冰的胶结和存在,冻土(岩)可随着温度场、应力场和水分场的变化直接改变冻土的承载力、融化下沉性等物理力学性质,改变着冻土的工程地质性质,可具有似混凝土的强度,亦可呈似软土、淤泥的特性。而寒土则不然。因而,工程界和规范中所指的冻土,即具有负温和冰的岩土。

反之,正温的岩土,称之为非冻土。当它曾经是处于冻结状态,而后融化的岩土称为融土。

按土的冻结状态保持时间的长短,冻土一般可分为短时冻土(数小时、数日以致半月)、季节冻土(1月至数月)和多年冻土(数年至数万年以上)。

2.1.2 季节冻土 seasonally frozen ground

地壳表层冬季冻结而在夏季又全部融化的土(岩)。

季节冻土即指地壳表层的岩土在一个循环年之际,冬季(一般为9、10月至翌年4、5月)冻结,夏季(4、5月至9、10月)又全部融化(图2-1)。季节冻土即人们所称的季节冻土区,是多年冻土区以外,地表层具有冬季冻结,夏季全部融化的广大地区,靠寒季负温条件下通过地表的热交换而形成。季节冻结层底面的年平均温度(T_{cp})大于0℃,下卧的土层均属于非冻土。

从冻土学定义说,季节冻土包含着短时(瞬时)冻结和季节冻结地区。

工程界所指的季节冻土区是对工程建筑的稳定性具有一定程度影响的地区,其重要的标志是地基土具有冻胀性。目前我国将每年最大的季节冻结深度超过0.5 m的地区划为季节冻土区(见附录2),大致为西安–石家庄连线的广大西北、华北和东北地区,在这些地区内的工程建筑物都会受到地基土冻结而产生冻胀破坏,如宝鸡、延安等地的渠系、排水沟等建筑物都可能遭受到冻胀破坏。道路翻浆、地面和边坡的覆冰亦是季节冻土区主要病害的例证。

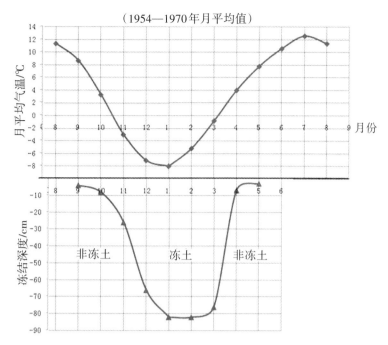

（1954—1970年月平均值）

图2-1　青海省玉树地区月平均气温与季节冻结深度曲线（1956~1980年）

2.1.3　多年冻土　perennially frozen ground（permafrost）

指持续冻结时间在2年或2年以上的土（岩）。

地质历史的长河中,岩石圈-土壤-大气圈的系统中,不断地进行着热质交换,冻土就是这个系统热交换过程的形成物。自然界许多地理地质因素都参与了这一过程,影响和决定着冻土的形成和发展。气候就是其中对冻土形成起着重要作用的因素。

多年冻土的形成与地表面的辐射-热量交换有关[1]。年内辐射-热量平衡方程一般用下式表示:

$$Q_d = (Q_i + Q_s)(1-\alpha) - Q_e = LE + P + A \tag{2-1}$$

式中:Q_d为地面辐射平衡(辐射差额);Q_i、Q_s分别为太阳直接辐射和散射辐射;α为地面反射率;Q_e为地面长波有效辐射;LE为蒸发耗热;P为湍流交换耗热;A为通过地面的热流(热通量)。

对于地球上有固体降水的寒冷地区,地表面热量平衡应在(2-1)式的右边增加一项融雪耗热(ΔW)。

辐射-热量平衡的结构对冻土的形成和动态有决定性作用。将(2-1)分开冬、夏半年来看。夏季,有效辐射(Q_e)总是大大小于吸收辐射$(Q_i + Q_s)(1-\alpha)$,所以Q_d为正值,达到很大值,主要用于LE、P和A。而到冬季,太阳总辐射较弱,加上雪盖的反射率大,吸收辐射小于有效辐射,Q_d出现负值,当地面温度转至0℃以下,LE和P两项热交换近于0。

可见,LE和P对形成地面正温有重要意义,Q_e对形成地面负温有主要影响。土的冻结作用发生在有效辐射大于吸收辐射的期间,即辐射平衡具有稳定负值的时间,地面温度在此期间降至0℃以下。Q_d负值存在时间长短,对土的冻结作用有重要意义。

Q_d正、负值延续时间长短的对比关系,决定地面年平均温度的符号。

在我国,辐射平衡年总量的变化,东北大兴安岭地区(47°、48°N)小于1675 MJ/m²,在此以南为1675~2095 MJ/m²,自南而北随着纬度增加而逐渐减小。西部自东向西随海拔高度增加而下降至负值,且自北而南随纬度降低,出现负值的海拔高度在升高,如天山冰川覆盖的北坡,海拔3800~4000 m处辐射平衡年总量出现负值,至珠穆朗玛地区为5900~6000 m才出现负值。

土壤热交换量是连接气候与冻土层上部热状况的纽带,对冻土的形成和发展起着重要作用。《中国物理气候图集》[2]表明,从9月份开始我国大部分地区的土壤热交换量转为负值,10月至翌年1月全国均为负值,负值随纬度和海拔高度增高而加大。在祁连山的木里地区约4000 m就出现负值。尽管土壤热交换量年内正负值的差值很小,但在地质年代的历史长河中不断变化,在岩石圈表层可积蓄巨大的热力循环值(热通量),足以形成几百米厚的冻土层。

据分析[1],多年冻土层的发展(进化或退化,即冻土层厚度增大或减小,冻土层形成或完全消失等)决定于夏半年土壤热交换量(A_s)与冬半年土壤热交换量(A_w)的对比关系以及地中热流(q)的变化方向。当$A_s = A_w$时,多年冻土层处于稳定;当$A_s > A_w$时,冻土层年平均温度逐年升高,冻土层自上而下退化;当$A_s < A_w$时,冻土层年平均温度降低,冻土在进化。

气候变化会导致多年冻土形成和退化。据大量的第四纪地质、古气候、古环境,以及古冻土遗迹的资料认为,我国在晚更新世以前历次冰期形成冻土,经历冰期和间冰期的气候变化,多年冻土经历着生成与消退。但在晚更新世冰盛阶段(指距今3.2~1.1万年期间),我国北方大部分地区进入干冷荒凉的气候环境,形成多年冻土带南界比现今更南。在晚更新世末期(距今1.1~2.5万年前)高原面海拔达到4000~4700 m。晚更新世冰盛期降临青藏高原,形成了现今存在的多年冻土层主体[1]。进入全新世以来,气温回升导致前期形成的多年冻土大幅度向北退缩,高原多年冻土下界海拔高度抬升。大约17世纪前后我国大部分地区又处于一个寒冷时期,大兴安岭地区融化的冻土层又重新冻结,青藏高原地区达到极冷,直到17~18世纪新冻土的发展达到高峰阶段[1]。

中西伯利亚高原、远东山地的东北大陆是北半球最冷气团的发源地。冬季受西伯利亚、蒙古高压控制,较强的冷空气长驱直入,大兴安岭地区气温大幅下降,为全国最寒冷的地方,使欧亚大陆多年冻土南界进入我国。

西部高山区的气候在纬度、经度和海拔高度三度空间的环境下,海拔高度成为控制气温的主要因素,具备了多年冻土形成和保存的必要条件(非充分条件):年平均地表温度≤0 ℃,加上土质、植被、地温梯度、雪盖等等适宜条件,就形成和保存了多年冻土。

2.1.4 季节冻结层 seasonal freezing layer

每年寒季冻结,暖季融化,其年平均地温>0 ℃的地壳表层,其下卧层为非冻土层或不衔接多年冻土层。

季节冻结就是岩土的温度年平均值高于其冻结温度的冻结。季节冻土区的下伏岩土总是非冻结。通常季节冻结层的厚度总是小于夏季的融化深度,在夏季期间,季节冻结层都被完全融化的。

由图2-1可以看出,季节冻土区的大部分地区,每年的9、10月,气温月平均值都降至负温,地表层开始冻结,一般在翌年1、2月间,土层的冻结深度达到最大值,随后在下卧非冻土层的热流影响下,逐步地由下而上地融化冻土层,气温升高地表也由上而下地使冻土层融化,在双向热流作用下,直至翌年的4、5月全部融化完。冻土界将这层冻土层称为季节冻结层,这段负温时间统称寒季,将此后气温月平均值均为正温的季节统称为暖季。

在没有多年冻土情况下,季节冻结层是垫在非冻土层之上。当存在岛状多年冻土、不衔接多年冻土或多年冻土区中融区情况下,季节冻结层与岛状多年冻土间为厚度较大的融化土层所隔开,季节冻结层就垫在融化层或融土之上。在多少年内,无论是在冻结部分或下伏的融化层中,其年平均温度都是正的。

假如负温时的热周转全部消耗于季节冻结土层的冻结,称作潜在季节冻结。实际上,总有部分热周转是在土层冻结后,用于使这冻结层内土层的进一步冷却,并不能使土层达到最大冻结。这个温度年变化的土层厚度决定于这层波动阻尼的厚度。在短期气候变化和人类活动影响结果,土中热周转值可以发生变化,季节冻结深度可变化到1.5~2倍。多年内周期性地重复达到的最大季节冻结深度,对工程建筑物具有很大的实践意义。

为了编图和比较方便,人为地设置**标准冻结深度,即非冻胀黏性土,地表平坦、裸露、城市之外的空旷场地中,不少于10年实测最大冻结深度的平均值。**实际上,全国气象站都难于达到这种标准的条件,在使用过程中,应根据工况进行土的类别、冻胀性(水分)、周围环境和地形对冻结深度影响系数(见附录3)的修正而确定设计所需的季节冻结深度值。

由附录2的季节冻土标准冻结深度等值线图可以看出,大致35 °N与100 °E交点和40 °N与120 °E交点的连线以北,随着纬度增加和海拔高度升高,季节冻结层(深度)逐渐增大。在相同条件下,地基土季节冻结深度增加,对工程建筑物破坏性也增大。

2.1.5 季节融化层　seasonal thawed layer
指每年寒季冻结,暖季融化,其年平均地温<0 ℃ 的地壳表层,其下卧层为多年冻土层。

季节融化就是岩土的温度年平均值低于其冻结温度的冻土层出现融化。季节融化层的下伏岩土层是冻土层。一般说季节融化层的厚度都小于寒季的季节冻结深度。只有在多年冻土南界地区才存在等于或大于季节冻结深度。

季节融化的先决条件是冻结岩土的地表部分,在每年暖季的正气温影响下发生融化。无论是地表的融化层,还是下伏的多年冻土层,在多年的时间内,其年平均地温都是负的(图2-2)。季节融化作用仅受土壤热量平衡的收入部分所控制。

由图2-2可以看出,多年冻土分布地区,每年的4、5月(部分地区可提前至3月),气温月平均值都升至正温,地表层开始融化,一般到9、10月间,冻土层的融化深度达到最大值。此时,地表又开始进入冻结期,随后在地表的冻结和下伏多年冻土层的热流影响下,由上而下和由下而上地使融化层冻结。在双向冻结作用下,直至翌年的1、

2月全部回冻。冻土界将这层融化层称为季节融化层,这段正温的时间统称为暖季。

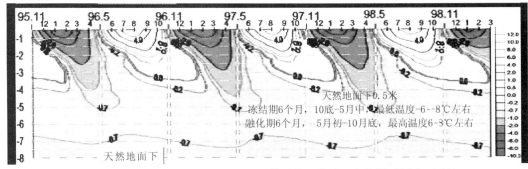

图2-2 青藏公路沿线高温冻土区的季节融化层内地温变化(据刘永智资料)

暖季期间,正气温的日平均值的累加总值称为融化指数(单位:℃·d)。附录2.0.2绘制了我国融化指数标准值等值线图,其单位:℃·月。

在多年冻土分布区,融化作用表现得很充分,大量的冻土层被融化,冻结作用仅局限于地表季节融化层部分。当季节冻结作用能使年内的季节融化层全部冻结,使季节冻结层与下伏多年冻土层衔接,则称为衔接多年冻土层。当负气温大于正气温时,潜在的冻结作用能达到更厚的层次(超过年内的季节融化层厚度),多年冻土是处于发展。但当负气温小于正气温时,冻结作用就不能使季节融化层完全回冻,使季节冻结层与下伏多年冻土层间残留部分融化层,称为不衔接多年冻土层,这时的多年冻土可能处于逐渐退化。

008

冻土界中有将多年冻土区每年寒季冻结,暖季融化的地表层统称为活动层。活动层的最大厚度出现在地温年平均值为0℃地带(严格说应以岩土的冻结温度为准),随着热量交换的上边界条件变化而变化,即随着地表月平均较差的增大而增大,反之亦然(见图2-3)。

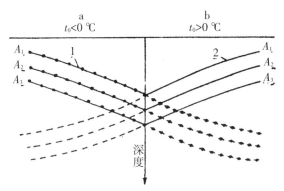

图2-3 季节冻结深度与季节融化深度的变化(引自[3])

a——地壳深层冻结区;b——地壳季节冻结区

1.实际的和可能的融化深度;2.实际的和可能的冻结深度;

实线——实际的冻结深度和融化深度;虚线——可能的冻结深度和融化深度;t_0——土温年平均值

A值为地表温度较差,应通过地壳外部因素来确定,实际上是与发生在岩土层本身的过程有关。这个指标包括冻结期和融化期的平均气温、持续时间和地表热平衡的各个分量。

影响季节冻结和融化深度的因素是多种多样的,B.A.库德里亚采夫分类方案归纳为四个综合指标:年平均地温、地表温度年较差、岩土成分和含水率。当然,除了这四个指标外,坡向和坡度对季节冻结和融化深度的影响也很大。

2.1.6 多年冻土上限 Permafrost table
指多年冻土层的顶面。

多年冻土上限是指多年冻土层上部界面(顶面)的埋置深度,也就是说,暖季期间季节融化所能达到的最大深度。天然条件下的多年冻土上部界面的埋置深度,即称为天然上限(图2-4)。在人类工程建筑物影响下,地基多年冻土上部界面的埋置深度,工程界称为人为上限。

多年冻土天然上限的埋置深度受多种因素控制,如:所处地段的地理纬度和经度;海拔高度;地貌特征;地形及坡向;气候特点;岩土的成分和物理特性;水文地质特征;地表覆盖类型和覆盖度等,所有这些影响因素的本质就是影响进入地中的热量多少。在热量周转年中,进与出的热量相等,多年冻土上限深度保持不变。进大于出时,上限则下降,反之,上限就上升。

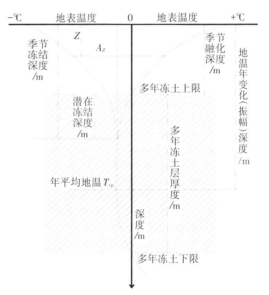

图2-4 多年冻土地温变化曲线

通常情况下,多年冻土上限系指天然上限。否则,应指明何种条件下(或建筑物)的人为上限。

2.1.7 地温年变化深度 depth of zero annual amplitude of ground temperature
地表以下,地温在一年内相对不变的深度,亦称年零度较差深度。

随着气温的周期性波动,引起地面温度亦产生周期性波动,在温度梯度作用下,热量在地中传输。一年中地面温度向下传播过程中,地温是以指数衰减规律随深度而变化,且出现相位滞后现象。那么,土中各点的温度分布构成了温度场,且随时间逐月地不断地变化,我们把某一深度处地温一年中变化幅度的一半称为地温年较差,如图2-4中的$A_z/2$。地温年较差在地表最大,随着深度增大而减小,到某一深度其值等于0,地温就不受气温影响而处于相对稳定状态,这一深度称为年变化深度。但在长周期气温波动及地下深层的地中热流影响下亦略有波动,且随不同地区、岩性、地质地貌及环境条件而有所变化(见表2-1)。从我国多年冻土区地温年变化深度的变化一般为10~18 m左右,但多数在13~15 m。

表2-1 多年冻土区地温年变化深度

地 区	大兴安岭	乌鲁木齐河上游	祁连山木里	黄河源区	青南-藏北高原
年变化深度/m	12~18	13~18	11~15	10~15	10~16

由图2-4可见,在最大季节融化层底面以上的地温随时间产生剧烈变化,属不稳定温度场;最大季节融化层底面至年变化深度内,地温随时间缓慢地变化,属基本稳定温度场;年变化深度以下地段的地温基本上不随时间而变化,可认为稳定温度场。

2.1.8 年平均地温 mean annual ground temperature
地温年变化深度处的地温。

图2-4表明,在多年气温波动影响下,地温年较差值为0处,即为年变化深度,该处的地温值称为多年冻土年平均地温(T_{cp})。在多年冻土区 T_{cp} 为负值,其值越低,表明多年冻土越发育、热状态越稳定、厚度愈厚。与此相反,季节冻土区的年平均地温,多处于零度以上。

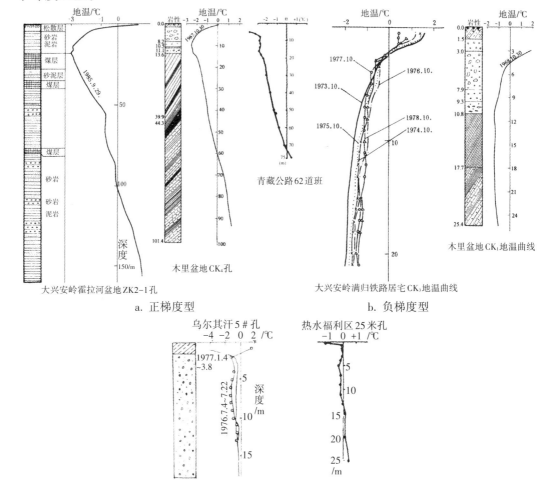

a. 正梯度型   b. 负梯度型

c.零梯度型

图2-5 多年冻土区地温曲线类型

多年冻土区的地温曲线随深度的变化状态展示着多年冻土的热稳定性,根据钻孔各深度点的年平均土温值连线大致可以判断多年冻土的温度状态和演变方向:

1.当各深度年平均土温的连线倾向于低温方向,上部土温低于下部,随深度增加而升高,为正梯度型(图2-5中a),它标志着年热流方向自下而上,年散热量大于吸热量,属于放热型地温曲线。表示短期气温波动或小范围的人为因素对冻土地温的影响较小,属于稳定性地温。反映在多年观测温度曲线的重复性较好,多年冻土处于稳定状态,多处于多年冻土区发育的腹部地带。

2. 当各深度年平均土温的连线倾向高温方向,曲线上段是沿深度下降,到一定深度,甚至达年变化深度以下土温才逐渐沿深度而上升,具有负梯度型(图2-5中b)。标志着年热流方向自上而下,年散热量小于吸热量,属于吸热型地温曲线,冻土是储热的。在短期内易受外界温度波动的干扰,多分布于连续多年冻土分布区的边缘地带(南北界或下界)和岛状多年冻土区。

3. 当各深度地温年平均值处于相等,且靠近 0 ℃的深度坐标轴线上,自上而下和自下而上的年热流量相等,属于零梯度型地温曲线,标志着多年冻土处于临界状态,当受外界干扰时,极易发生退化或进化。或者冻土上限较深至年变化深度以上的极小深度范围内出现局部的负地温曲线,属于残留型地温曲线。主要分布于岛状多年冻土边缘和靠近融区附近的零星多年冻土地段。

由于年平均地温反映了多年冻土的热稳定性,T_{cp}越低则多年冻土抗外界热干扰能力越强,冻土地基的热稳定性越好。因此,根据多年冻土年平均地温不同所反映的热稳定性进行地温带的分区,指导工程设计原则和应采取的热防护措施。表2-2是目前我国冻土界的地温分带资料。俄罗斯的多年冻土面积广、地温低、厚度大,对多年冻土地温的分区与我国有所不同,各工程建筑物的特点不同分区标准亦有不同(表2-3)。

表2-2　多年冻土地温带分带

带名		年平均地温/℃	多年冻土厚度/m		带界处的年平均气温/℃		分布地带	
			东北	西北	东北	西北	大小兴安岭	青藏高原
I	极稳定带	< −5.0		> 150	<−6.0	−8.5	高纬度大片多年冻土带,阴坡,沼泽化	高山地带
	稳定带	−5.0~ −3.0	>100	100~150				中高山地带
					−4.5	−6.5		
II	亚稳定带	−3.0~ −1.5	50~100	60~100	−3.5	−5.5	岛状融区多年冻土带	低山及沼泽泥炭中
	过渡带	−1.5~ −0.5	20~50	40~60				高平原、低山丘陵及河谷地带
					−2.5	−3.5		
III	不稳定带	−0.5~ 0.0	10~20	20~40			岛状冻土带	
					0.0	−2.5		
	极不稳定带	±0.0	0~10	0~20				河谷及岛状多年冻土地带

表2-3 不同部门的多年冻土地温分区

地温分区		I 极不稳定区	II 不稳定区	III 稳定区	IV 极稳定区	备注
年平均地温/℃	俄罗斯	$0 \geq T_{cp} > -1.0$	$-1.0 \geq T_{cp} > -3.0$	$-3.0 \geq T_{cp} > -7.0$	$T_{cp} \leq -7.0$	引自[4]
	青藏铁路	$T_{cp} \geq -0.5$	$-0.5 \geq T_{cp} > -1.0$	$-1.0 \geq T_{cp} > -2.0$	$T_{cp} \leq -2.0$	设计暂规[5]
	公路	$0 \geq T_{cp} > -0.5$	$-0.5 \geq T_{cp} > -1.5$	$-1.5 \geq T_{cp} > -3.0$	$T_{cp} \leq -3.0$	设计施工技术细则[6]

工程建筑物的病害调查表明,多年冻土年平均地温较低的地区,病害率低,路基较为稳定;年平均地温较高的地区,病害率高,路基稳定性差。这种情况直接影响着多年冻土区的工程建筑物设计原则和采取的热防护措施,工程界按多年冻土年平均地温高低划分为高温冻土区和低温冻土区,以确定地基基础的设计原则。鉴于不同工程建筑物的热影响环境不同,划分的界限值也有所差异:

青藏公路[8]:$T_{cp} \geq -1.5$ ℃归属于高温多年冻土区;

$\qquad\qquad$ $T_{cp} < -1.5$ ℃归属于低温多年冻土区。

青康公路[7]:$T_{cp} \geq -1.8$ ℃归属于高温多年冻土区;

$\qquad\qquad$ $T_{cp} < -1.8$ ℃归属于低温多年冻土区。

青藏铁路[5]:$T_{cp} \geq -1.0$ ℃归属于高温多年冻土区;

$\qquad\qquad$ $T_{cp} < -1.0$ ℃归属于低温多年冻土区。

2.1.9 冻土含水率 (冻土总含水率) water content in frozen soil

冻土中所含冰和未冻水的总质量与土骨架质量之比,用百分数或小数表示。

冻土含水率(ω),即冻土总含水率,是冻土中冰包裹体含水率(ω_B)、冰夹层间矿物冻结层含水率(ω_D)之和。冻土矿物夹层间含水率是由胶结矿物颗粒的孔隙冰含水率(ω_j)和未冻水含水率(ω_u)组成。即:

$$\omega = \omega_B + \omega_D = \omega_B + \omega_j + \omega_u \qquad (2\text{-}2)$$

由于ω_D是要仔细地剔出土矿物的试样来测定,试验非常复杂。因此,俄罗斯的多年冻土地基基础设计规范 CHuП,允许用黏性土的搓条界限含水率(即土的塑限含水率)来近似来代替[9],即$\omega_D \approx \omega_P$。这样,冰包裹体含水率就可由式2-3计算出来。即:

$$\omega_B = \omega - \omega_P \qquad (2\text{-}3)$$

那么,采用常规的国标《土工试验方法标准》规定的土的含水率测定方法来求得冻土总含水率。

未冻水含水率(ω_u),即在一定负温条件下,冻土中未冻水质量与干土质量之比。

一般是在实验室用量热法测定。当无试验条件下,可根据有关规范来确定。《冻土地区建筑地基基础设计规范》[10](JGJ 118-2011)的附录K中规定未冻水含水率的计算公式:

对于黏性土 $\qquad\qquad\qquad \omega_u = K(T)\omega_P \qquad (2\text{-}4)$

对于砂土 $\qquad\qquad\qquad \omega_u = \omega[1 - i_c(T)] \qquad (2\text{-}5)$

式中 ω_p——塑限含水率,以小数计;

K——温度修正系数,按表2-4取值;

i_c——相对含冰率,以小数计,按表2-4取值;

T——冻土温度,℃。

表2-4 不同温度下的温度修正系数 K 和相对含冰率 i_c 数值

土 名	塑性指数		温 度/℃						
			-0.2	-0.5	-1.0	-2.0	-3.0	-5.0	-10
砂 土	—	i_c	0.65	0.78	0.85	0.92	0.93	0.95	0.98
粉 土	$I_P \leqslant 10$	K	0.70	0.50	0.30	0.20	0.15	0.15	0.10
粉质黏土	$10 < I_P \leqslant 13$	K	0.90	0.65	0.50	0.40	0.35	0.30	0.25
	$13 < I_P \leqslant 17$	K	1.00	0.80	0.70	0.60	0.50	0.45	0.40
黏 土	$17 < I_P$	K	1.10	0.90	0.80	0.70	0.60	0.55	0.50
草炭粉质黏土	$15 \leqslant I_P \leqslant 17$	K	0.50	0.40	0.35	0.30	0.25	0.25	0.20

注:表中粉质黏土塑性指数 I_P 大于13及黏土 I_P 大于17两档数据仅作参考。

冻土与多年冻土中最重要的相成分指标是与天然地温相应的含冰率。为此,冻土的计算指标的定义:

相对含冰率(i_c):指冻土中冰的质量与总含水率之比。依式2-6计算:

$$i_c = (\omega - \omega_u)/\omega \tag{2-6}$$

体积含冰率(i_v):指冻土中冰的体积与试样体积之比。由于单位土体积的质量等于土的质量含水率乘以土的骨架颗粒密度(ρ_d),故体积含冰量的表达式:

$$i_v = \frac{\rho_d}{\rho_i} \times \frac{(\omega - \omega_u)}{(1 + \omega)} \tag{2-7}$$

式中 ρ_i——冰的比重,等于0.9g/cm³。

冰包裹体含冰率(i_B):指冻土中肉眼可见冰体的体积与试样体积之比。

$$i_B = \frac{G_s \omega_B}{\rho_i + G_s(\omega - 0.1\omega_u)} \tag{2-8}$$

式中 G_s——土固体矿物颗粒比重。

冻土湿密度(ρ_0):指原状构造冻土单位体积的质量,g/cm³。

$$\rho_0 = \frac{m}{V} \tag{2-9}$$

式中 m——试样土质量,g;

V——试样土的体积,cm³。

冻土干密度(ρ_d):原状构造冻土单位体积的干土质量。通常用计算法求得:

$$\rho_d = \frac{\rho_0}{1 + \omega} \tag{2-10}$$

冻土密度试验宜在负温条件下进行。无负温环境时,应采取保温措施和快速测定。浮称法适用于各类土,环刀法适用于土温高于-3 ℃黏质和砂质冻土,充砂法适用于试样表面有明显孔隙的冻土,联合测定法适用于砂土和层状、网状构造的黏质冻土。

冻土含水率实质上反映出冻土的含冰率,也直接表现出不同的冻土物理力学性质和基础工程的稳定(力学和热学稳定性)。根据冻土含水率与地下冰构造类型及其融化下沉性的相关关系,《冻土地区建筑地基基础设计规范》[10]表3.1.6将多年冻土的融沉性分为五级:不融沉、弱融沉、融沉、强融沉和融陷,对应地将多年冻土分为:少冰冻土、多冰冻土、富冰冻土、饱冰冻土和含土冰层五种冻土工程类别。表2-5为简化多年冻土工程分类。

多年冻土地基的融化下沉性,对于正确确定冻土地基基础的设计原则和基础类型,以及采取热防护措施的选择具有十分重要的现实意义。一般情况下,低含冰量冻土和高含冰量冻土两大类的设计原则和热防护措施有着本质上的区别。

表2-5 多年冻土工程分类

多年冻土工程类型		冻土总含水率/%			融沉系数	符号
		碎、砾石土	砂土粉土	黏性土		
低含冰量冻土	少冰冻土	<10	<14	$<\omega_p$	$\delta_0 \leq 1$	S
	多冰冻土	10~15	14~21	$\omega_p < \omega \leq \omega_p+4$	$1 < \delta_0 \leq 3$	D
高含冰量冻土	富冰冻土	15~25	21~32	$\omega_p+4 < \omega \leq \omega_p+15$	$3 < \delta_0 \leq 10$	F
	饱冰冻土	25~44	32~65	$\omega_p+15 < \omega \leq \omega_p+35$	$10 < \delta_0 \leq 25$	B
	含土冰层	>44	>65	$>\omega_p+35$	$\delta_0 > 25$	H

注:本表不含盐渍土、泥炭化土、腐殖土和高塑性黏土。

2.1.10 冻胀率(frost heaving ratio),冻胀力(frost-heaving forces)

冻胀率——指单位冻结深度的冻胀量。

冻胀力——指土体冻胀受到约束时产生的力。

当环境温度下降,土体温度降低到土中水分的冻结温度时,土中水分(外界向冻结锋面迁移的水分和孔隙原有水分)开始冻结,结晶成冰,并形成冰层、冰透镜体等形式的冰侵入体,引起土颗粒的相对位移,使土体体积产生不同程度的膨胀现象,称为冻胀。

土中孔隙水原位冻结造成土体积增大9%,为原位冻胀。其体积膨胀量为:

$$\Delta V = nS_r\alpha \tag{2-11}$$

式中 n——土体孔隙度,%;

   S_r——土体饱和度,%;

   α——水冻结成冰时的体积膨胀系数,约9%。

当土体冻结过程中,外界水分补给并迁移到某个位置冻结,体积则将增大1.09倍,即为分凝冻胀,其一维的垂直膨胀量(Δh)为:

$$\Delta h = \alpha \times \omega \times \rho_d \times H_f \times i + (1+\alpha)\int_0^t U_\omega \mathrm{d}t \tag{2-12}$$

式中 ω——土体质量含冰率,%;

   ρ_d——土体干密度,g/cm³;

H_f——土体冻结深度,cm;

U_ω——土中水分迁移速度,cm/d;

t——水分迁移时间,d。

可见,土体孔隙水的原位冻结产生的最大膨胀量也就是土体孔隙饱水时所产生的冻胀量。然而,在有外界水分补给的开放体系中,水分迁移引起的土中分凝冻胀量则构成土体冻胀的主要分量。

因此,土体冻胀变形的基本表征值是冻胀量。为表示土体冻胀的大小或强度,通常用单位体积土体的膨胀量来表示,即冻胀率或冻胀系数(η)

$$\eta = \frac{\Delta V}{V} \times 100\% \text{ 或 } \eta = \frac{\Delta h}{H_f} \times 100\% \tag{2-13}$$

式中 ΔV——土冻结时体积的膨胀量,cm³;

V——冻结前土体的体积,cm³;

Δh——土体冻结时高度的增量,cm 或 m;

H_f——土体的冻结深度,cm 或 m。

随着土层(包括多年冻土区的季节融化层)冻结深度不断地增加时,土层的冻胀率沿冻结深度的分布是不均匀的。在季节冻土区(图2-6,a)冻胀率随冻结深度的分布是上下部小,中部大。在多年冻土区(图2-6,b),在接近多年冻土上限时,冻胀率略有增加,呈现"K"形曲线分布。

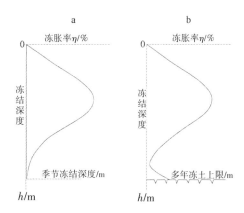

图2-6　冻胀率沿深度的分布

由此可见,土层的冻胀主要发生在上中部,下部的冻胀率较小。大量的观测资料表明:上部(1/3最大冻结深度)的冻胀量约占总冻胀量的30%~36%,中部(1/3~2/3最大冻结深度)的冻胀量约占总冻胀量的50%~53%,下部(余下1/3最大冻结深度)的冻胀量约占10%~16%。由此可见,2/3以上最大季节冻结深度的冻胀量约占总冻胀量的80%~90%。那么,可将1/2~2/3最大季节冻结深度称为"主冻胀带"或"强冻胀带",这是工程建筑物主要的防冻胀深度带。

地基土的冻胀性的大小取决于土的颗粒粒度组成、矿物成分、含水率及水分补给条件、交换阳离子成分及数量、冻结条件,以及外荷载作用等因素[11]。

1.土颗粒粒度组成的影响:随着土颗粒粒径变小,土与水的相互作用增强,土的渗透性减小。粉黏粒(<0.075 mm)含量占主要时,冻胀性最强。至黏粒(<0.005 mm)占主要时,虽然土粒与土壤水连接很强,但土的渗透性骤减而影响水分向冻结锋面迁移聚集,冻胀性降低(图2-7)。

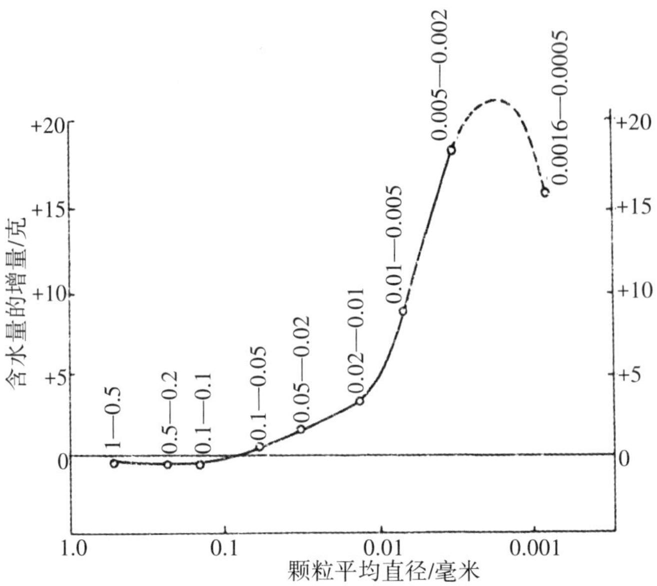

图 2-7　冻结时水分增量与土颗粒平均粒径的关系

　　粗颗粒土中的粉黏粒含量不大于5%,一般不会产生冻胀;若达12%时,冻胀率为2%;不大于30%时,冻胀率约达4%(图2-8)。

　　粗颗粒土用于防冻胀,必须满足两个条件:其一,土中粉黏粒含量应小于12%~15%(根据工程变形率控制要求确定);其二,冻结过程中必须能自由排水。

　　2.土的矿物成分的影响:黏土矿物成分、吸附容量和交换阳离子能力对土的冻胀性具有重要影响。

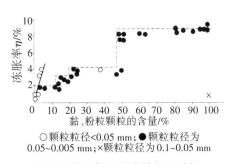

○颗粒粒径<0.05 mm;●颗粒粒径为0.05~0.005 mm;×颗粒粒径为0.1~0.05 mm

图 2-8　粗颗粒土冻胀性与粉黏粒含量的关系

　　蒙脱石具有较高的离子交换和吸附能力,能牢固地吸附大量水分,冻结过程中水分迁移量减小,冻胀性减弱。

　　高岭石晶格连接力强,不允许水分进入晶胞,离子交换能力较弱,亲水性较小,表面可移动水膜厚度较大,冻结过程中水分迁移量增大,故冻胀性增大。

　　水云母介于两者之间。

　　3.土中含水率的影响:当土中水分接近塑限含水率(ω_p)时,就出现冻胀,此含水率称为"起始冻胀含水率"(ω_0)。此后,土的冻胀率(η)随含水率(ω)增大而增大,在无外界水源补给条件下,最终稳定与饱和含水率冻结成冰(图2-9)。

$$\omega_0 = \alpha \, \omega_p \tag{2-14}$$

$$\eta = k \, (\omega - \omega_0)^n \tag{2-15}$$

式中　α——系数,据试验资料,一般在0.71~0.86之间,可取0.8;

　　　　k、n——试验常数。

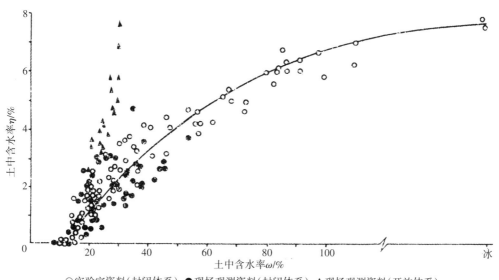

○实验室资料(封闭体系);●现场观测资料(封闭体系);▲现场观测资料(开放体系)

图2-9 土的冻胀率与含水率的关系

细颗粒土的含水率在液限含水率ω_L+17范围内,冻胀率与有效冻胀含水率$(\omega-\omega_0)$间的关系可近似用线性方程表示:

$$\eta = 0.277(\omega-\omega_0) \tag{2-16}$$

粗颗粒土的冻胀性随着土的饱和度(S_r)增加而增大的特性。

当有地下水存在条件下,土的冻胀性与地下水距冻结锋面的距离相关,且随该距离增大而呈指数衰减规律减小。一般可按土的毛细上升高度确定:砂性土为1.0~1.5 m;黏性土为2.0~2.5 m。地下水位低于此界线时,可不考虑地下水对土体冻胀性的影响。

4.附加荷载的影响:

附加荷载对地基土冻胀性具有明显的抑制作用。随着附加荷载的增加,增大土颗粒间的接触应力降低了土中孔隙水的结晶的冰点,同时也减少了水分向冻结锋面的迁移量,增加了土中未冻水的含量,从而减小了地基土的冻胀率,直至达到既定条件(土质、水分、土温)下冻胀率为零,这一压力称之为"中断压力"(图2-10)。

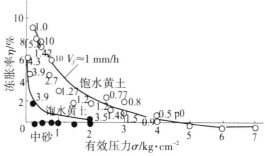

图2-10 冻胀率与附加荷载的关系

在含水率和冻结速度相似情况下,不同土质具有不同"中断压力"。其值随着土的粒度成分减小而增大,粗粒土较小,黏性土最大。

但是,"中断压力"不是一成不变的,随着土温减低,土中未冻水又会冻结而使冻胀率增加。

017

除上述几方面外,土的密度、盐分及含量、冻结速率等都会影响其冻胀率。

国标《冻土工程地质勘察规范》[12]GB 50324,根据地基土冻结过程中所出现的冻胀率大小分为五级:不冻胀、弱冻胀、冻胀、强冻胀、特强冻胀(表2-6)。

表2-6　土的冻胀性分类表

土的名称	冻前天然含水量ω/%	冻前地下水位距设计冻深的最小距离 h_w/m	平均冻胀率 η/%	冻胀等级	冻胀类别
碎(卵)石,砾、粗、中砂(粒径小于0.075 mm,颗粒含量均小于15%),细砂(粒径小于0.075 mm颗粒含量<10%)	不饱和	不考虑	$\eta \leq 1$	I	不冻胀
	饱和含水	无隔水层	$1 < \eta \leq 3.5$	II	弱冻胀
	饱和含水	有隔水层	$\eta > 3.5$	III	冻胀
碎(卵)石,砾、粗、中砂(粒径小于0.075 mm颗粒含量均大于15%),细砂(粒径小于0.075mm颗粒含量>10%)	$\omega \leq 12$	>1.0	$\eta \leq 1$	I	不冻胀
		≤1.0	$1 < \eta \leq 3.5$	II	弱冻胀
	$12 < \omega \leq 18$	>1.0			
		≤1.0	$3.5 < \eta \leq 6$	III	冻胀
	$\omega > 18$	>0.5			
		≤0.5	$6 < \eta \leq 12$	IV	强冻胀
粉砂	$\omega \leq 14$	>1.0	$\eta \leq 1$	I	不冻胀
		≤1.0	$1 < \eta \leq 3.5$	II	弱冻胀
	$14 < \omega \leq 19$	>1.0			
		≤1.0	$3.5 < \eta \leq 6$	III	冻胀
	$19 < \omega \leq 23$	>1.0			
		≤1.0	$6 < \eta \leq 12$	IV	强冻胀
	$\omega > 23$	不考虑	$\eta > 12$	V	特强冻胀
粉土	$\omega \leq 19$	>1.5	$\eta \leq 1$	I	不冻胀
		≤1.5	$1 < \eta \leq 3.5$	II	弱冻胀
	$19 < \omega \leq 22$	>1.5			
		≤1.5	$3.5 < \eta \leq 6$	III	冻胀
	$22 < \omega \leq 26$	>1.5			
		≤1.5	$6 < \eta \leq 12$	IV	强冻胀
	$26 < \omega \leq 30$	>1.5			
		≤1.5	$\eta > 12$	V	特强冻胀
	$\omega > 30$	不考虑			
黏性土	$\omega \leq \omega_p + 2$	>2.0	$\eta \leq 1$	I	不冻胀
		≤2.0	$1 < \eta \leq 3.5$	II	弱冻胀
	$\omega_p + 2 < \omega \leq \omega_p + 5$	>2.0			
		≤2.0	$3.5 < \eta \leq 6$	III	冻胀
	$\omega_p + 5 < \omega \leq \omega_p + 9$	>2.0			
		≤2.0	$6 < \eta \leq 12$	IV	强冻胀
	$\omega_p + 9 < \omega \leq \omega_p + 15$	>2.0			
		≤2.0	$\eta > 12$	V	特强冻胀
	$\omega > \omega_p + 15$	不考虑			

注: ① ω_p——塑限含水率(%),ω——冻前天然含水率在冻层内的平均值(%);

②盐渍化冻土不在列;

③塑性指数大于22时,冻胀性降低一级;

④<0.005 mm粒径含量>60%时,为不冻胀土;

⑤碎石类土当填充物大于全部质量的40%时,其冻胀性按填充物土的类别判定;

⑥隔水层指季节冻结层底部及以上的隔水层;

⑦对冻胀变形敏感的工程尚应考虑冻胀类别为"不冻胀"土的微弱冻胀量对工程的影响。

当土体冻结膨胀体积受到约束时，冰体扩张土颗粒间隙的平均胀力，即为**冻胀力**。平行作用于基础侧表面的冻胀力，称为切向冻胀力（图2-7中1）；垂直作用于基础侧表面的冻胀力，称为水平冻胀力（图2-7中2）；垂直作用于基础底面的冻胀力，称为法向冻胀力（图2-7中3）。

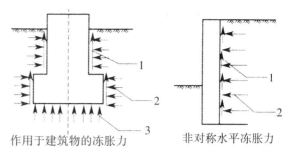

作用于建筑物的冻胀力　　　非对称水平冻胀力

图2-7　作用于建筑物基础的冻胀力

冻胀力的大小与地基土的土质、水分、土温、基础材质和埋置深度等因素有关。相同条件下，地基土的冻胀性越大，产生的冻胀力也越大。

相关规范给出切向冻胀力（σ_τ）、法向冻胀力（σ_n）和水平冻胀力（σ_h）的标准值可作为基础稳定性的验算。

对于一般工业与民用建筑工程，切向冻胀力标准值见表2-7。

表2-7　切向冻胀力标准值 σ_τ（kPa）[10]

冻胀类别 基础类别	弱冻胀	冻胀	强冻胀	特强冻胀
桩、墩基础	$30 < \sigma_\tau \leq 60$	$60 < \sigma_\tau \leq 80$	$80 < \sigma_\tau \leq 120$	$120 < \sigma_\tau \leq 150$
条形基础	$15 < \sigma_\tau \leq 30$	$30 < \sigma_\tau \leq 40$	$40 < \sigma_\tau \leq 60$	$60 < \sigma_\tau \leq 70$

注：表列数值以正常预制的混凝土桩为准，其表面粗糙程度系数取1.0，当基础表面粗糙时，其表面粗糙系数取1.1~1.3。

对于一般桥涵工程，其切向冻胀力值见表2-8。

表2-8　桥涵混凝土基础的切向冻胀力 σ_τ（kPa）[13]

	I_L		$I_L \leq 0$	$0 < I_L \leq 0.5$	$0.5 < I_L \leq 1$
黏性土	切向冻胀力 σ_τ/kPa	非过水建筑物	$0 < \sigma_\tau \leq 30$	$30 < \sigma_\tau \leq 80$	$80 < \sigma_\tau \leq 150$
		过水建筑物	$0 < \sigma_\tau \leq 50$	$50 < \sigma_\tau \leq 150$	$150 < \sigma_\tau \leq 250$
砂性土	S_r 或 ω/%		$S_r \leq 0.5$ 或 $\omega \leq 12$	$0.5 < S_r \leq 0.8$ 或 $12 < \omega \leq 18$	$S_r > 0.8$ 或 $\omega > 18$
	切向冻胀力 σ_τ/kPa	非过水建筑物	$0 < \sigma_\tau \leq 20$	$20 < \sigma_\tau \leq 50$	$50 < \sigma_\tau \leq 100$
		过水建筑物	$0 < \sigma_\tau \leq 40$	$40 < \sigma_\tau \leq 80$	$80 < \sigma_\tau \leq 160$

注：1.粉黏粒含量大于15%的碎石土，视其含水率按表中砂土采用；粉黏粒含量小于15%时，视其含水率按表中 $S_r \leq 0.5$ 或 $0.5 < S_r \leq 0.8$ 两栏采用；

2.粉质黏土和粉黏粒含量大于15%是砂土用表中的较大值；

3.未作处理的钢结构基础，按表列数值降低20%~30%。

法向冻胀力值见表2-9。

表2-9 法向冻胀力σ_n（kPa）[14]

冻胀类别	不冻胀	弱冻胀	冻胀	强冻胀	特强冻胀
法向冻胀力σ_n	0~30	30~60	60~100	100~150	150~210

注：表内数值可内插。

对于一般挡土墙等工程的水平冻胀力标准值见表2-10。

表2-10 水平冻胀力标准值σ_h（kPa）[10]

冻胀类别	不冻胀	弱冻胀	冻胀	强冻胀	特强冻胀
冻胀率η/%	$\eta \leq 1$	$1 < \eta \leq 3.5$	$3.5 < \eta \leq 6$	$6 < \eta \leq 12$	$\eta \geq 12$
水平冻胀力	$\sigma_h \leq 15$	$15 < \sigma_h \leq 70$	$70 < \sigma_h \leq 120$	$120 < \sigma_h \leq 200$	$\sigma_h \geq 200$

2.1.11 融化下沉系数（thaw-settlement coefficient）和
融化压缩系数（thaw compressibility coefficient）

融化下沉系数指冻土融化过程中，在自重作用下产生的相对融化下沉量。

融化压缩系数指冻土融化后，在单位荷重下产生的相对压缩变形量。

冻土融化后，水分排出，体积缩小，在自重作用下产生相对的下沉，但在冻结过程形成的土体结构仍保持这相对的稳定，如层状和网格状构造冻土形成的裂隙、空洞或其它缺陷等残留结构，只有在外荷载作用下才会压密（图2-8）。

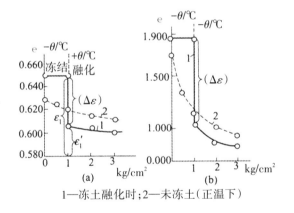

1—冻土融化时；2—未冻土（正温下）

图2-8 冻结砂（a）和黏土（b）的融化、压缩曲线

冻土融化过程中，在土体自重（实验室用10 kPa应力）作用下产生下沉，通常用融化下沉系数A_0表示：

$$A_0 = \frac{h_1 - h_2}{h_1} = \frac{e_1 - e_2}{1 + e_1} \times 100\% \tag{2-17}$$

式中　h_1、e_1——冻土试样融化前的高度（mm）和孔隙比；

　　　h_2、e_2——冻土试样融化后的高度（mm）和孔隙比。

一般地说，细颗粒土的A_0比粗颗粒土大，高含冰量冻土的A_0比低含冰量冻土大。

影响冻土融化下沉及压缩特性的因素很多,主要是冻土的粒度成分、含水率、密度和冻土构造。冻土的融化下沉系数(A_0)和压缩系数(α_0)的大小,主要取决于冻土的含水率和密度。一般说,冻土含水率大,A_0和α_0就大(图2-9),干密度大,A_0和α_0就小(图2-10)。它们的确定方法可参考《冻土地区建筑地基基础设计规范》的附录D[10]。

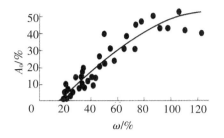 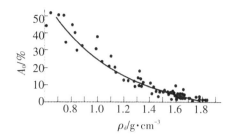

图2-9 冻土融化下沉系数A_0与含水率ω的关系　　图2-10 冻土融化下沉系数A_0与干密度ρ_d的关系

按冻土的融化下沉系数分为五级:不融沉、弱融沉、融沉、强融沉、融陷。并与冻土的总含水率及冻土工程类型建立相关的分级(表2-11)。

表2-11 多年冻土的融沉性分类

土的名称	总含水量 $\omega/\%$	平均融沉系数 A_0	融沉等级	融沉类别	冻土工程类型
碎(卵)石,砾、粗、中砂(粒径小于0.075 mm的颗粒含量均不大于15%)	$\omega < 10$	$A_0 \leq 1$	I	不融沉	少冰冻土
	$\omega \geq 10$	$1 < A_0 \leq 3$	II	弱融沉	多冰冻土
碎(卵)石,砾、粗、中砂(粒径小于0.075 mm的颗粒含量均大于15%)	$\omega < 12$	$A_0 \leq 1$	I	不融沉	少冰冻土
	$12 \leq \omega < 15$	$1 < A_0 \leq 3$	II	弱融沉	多冰冻土
	$15 \leq \omega < 25$	$3 < A_0 \leq 10$	III	融沉	富冰冻土
	$\omega \geq 25$	$10 < A_0 \leq 25$	IV	强融沉	饱冰冻土
粉、细砂	$\omega < 14$	$A_0 \leq 1$	I	不融沉	少冰冻土
	$14 \leq \omega < 18$	$1 < A_0 \leq 3$	II	弱融沉	多冰冻土
	$18 \leq \omega < 28$	$3 < A_0 \leq 10$	III	融沉	富冰冻土
	$\omega \geq 28$	$10 < A_0 \leq 25$	IV	强融沉	饱冰冻土
粉 土	$\omega < 17$	$A_0 \leq 1$	I	不融沉	少冰冻土
	$17 \leq \omega < 21$	$1 < A_0 \leq 3$	II	弱融沉	多冰冻土
	$21 \leq \omega < 32$	$3 < A_0 \leq 10$	III	融沉	富冰冻土
	$\omega \geq 32$	$10 < A_0 \leq 25$	IV	强融沉	饱冰冻土
黏性土	$\omega < \omega_p$	$A_0 \leq 1$	I	不融沉	少冰冻土
	$\omega_p \leq \omega < \omega_p + 4$	$1 < A_0 \leq 3$	II	弱融沉	多冰冻土
	$\omega_p + 4 \leq \omega < \omega_p + 15$	$3 < A_0 \leq 10$	III	融沉	富冰冻土
	$\omega_p + 15 \leq \omega < \omega_p + 35$	$10 < A_0 \leq 25$	IV	强融沉	饱冰冻土
含土冰层	$\omega \geq \omega_p + 35$	$A_0 > 25$	V	融陷	含土冰层

注:①总含水率ω,包括冰和未冻水。

②盐渍化冻土、冻结泥炭化土、腐殖土、高塑性黏土不在表列。

③粗颗粒土用起始融化下沉含水量代替ω_p。

2.1.18 冻土现象 features related to frozen ground

指土体中水的冻结和融化作用所产生的新形成物和中小型地形。如冰锥、冻胀丘、融冻泥流和热融滑塌等冻土现象。

冻土现象(或称冻土冷生现象,或称冻土冰缘现象)实质上是寒区的冷生过程产生的各种冰缘作用和形态。冰缘作用是指在寒冷气候环境下,岩土中水分的冻结和冰的形成与融化,造成岩土变形、位移和沉积物的改造等一系列过程及伴生出各种地貌形态,亦即冰缘现象。这些冻土地质地貌过程及现象,一般都对工程建筑的稳定性产生影响,故在工程界中又称为"不良冻土现象"。常见有冰锥、冻胀丘、厚层地下冰、热融沉陷与湖塘、热融滑塌、融冻泥流、斜坡蠕动、冻土沼泽湿地等等。前三种与水的冻结作用有关,后四种与冻土中地下冰的融化作用有关,冻土沼泽湿地与冻结和融化作用都相关。

1.冰锥及冻胀丘

寒季地表冻结后,承压的地下水出露地表,冻结形成锥状冰体和漫地冰盖。未出露冻结成冰核,形成冻胀丘。图2-11~2-15中可知,冻胀丘和冰锥(冰漫)都直接影响着工程的稳定性。

图2-11 青藏高原的冰锥(郭兴民摄)　　图2-12 东北加漠公路的冰漫(童长江摄)

图2-13 青藏公路多年生冻胀丘(童长江摄)　　图2-14 东北边防公路冻胀丘(冰锥)劈开树干

(童长江摄)

图2-15 黄河沿冻胀丘及地下冰(张森琦摄)　　　图2-16 青藏高原热融洼地(吴青柏摄)

2.热融作用引起的不良冻土现象

多年冻土区的高含冰量冻土地段,因自然和人为活动而受地表或地下的热干扰,使厚层地下冰融化,地面下沉,形成热融沉陷或湖塘(图2-16),边坡上形成坍塌(图2-17),沿着坡面形成溯源发展的热融滑塌(图2-19)和融冻泥流(2-18)及片状的泥流舌(图2-20)。

图2-17 黄河沿热融冲沟坍塌(张森琦摄)　　　图2-18 黄河沿地区的大型融冻泥流(张森琦摄)

图2-19　青藏公路红梁河热融滑塌（童长江摄）

图2-20　天山地区泥流舌（俞祁浩摄）

3 块石路基

3.1 一般规定

3.1.1 块石路基是多年冻土区保持公路路基稳定性的工程措施之一,属于特殊路基结构。

3.1.2 块石路基设计应根据《公路路基设计规范》和《公路工程技术标准》,并参考多年冻土区研究成果确定设计原则及路基设计高度。

3.1.3 块石路基设计应在掌握和综合分析冻土工程地质勘察资料,以及成功的工程经验的基础上,且充分考虑建设区的冻土环境影响确定设计方案(路基宽度和结构断面),确保其合理性和可靠性。

3.1.4 块石路基施工和检验,应严格遵循多年冻土区公路路基施工细则要求,确保工程质量。

3.2 原理及适用条件

3.2.1 块石路基的工作原理

块石路基是通过改变路堤结构以利用冷空气的对流、传导方式,增大路基内的冷量,达到保护路基下多年冻土,抬升冻土人为上限,稳定路基的冷却路堤。

3.2.2 块石路基适用条件

块石路基主要用于多年冻土区高含冰量冻土地段,以降低路基下多年冻土地温,保持或减小冻土上限变化(下降),治理和抑制路基下融化夹层产生与发展,保护多年冻土地基稳定性。

块石路基不适用于最小路堤高度小于1.5 m条件。

3.3 设计参数(指标)

3.3.1 块石粒径的选择

块石粒径宜选用150~300 mm范围,最小边长宜大于150 mm,长细比宜小于3,强度不小于30 MPa,压碎值不大于25%。孔隙内不得充填碎石或其它杂物,孔隙率不小于25%。

3.3.2 块石层的铺砌厚度

块石路基的铺砌厚度宜为1.0~1.5 m。富冰冻土地段宜选用1.0~1.2 m;饱冰冻土地段宜选用1.2~1.5 m。分二层填筑时(见图3-1),第一层(下层)厚度为0.8~1.0 m,粒径宜采用200~300 mm的块石,第二层(上层)0.2~0.5 m,粒径宜采用150~200 mm。

3.3.3 块石层铺砌位置

块石层铺筑位置应根据路基高度确定,路基高度≤2.5 m时,块石层宜铺筑在路面结构层下0.3~0.5 m;路基高度>2.5 m时,块石层宜铺筑在原地面以上0.3~0.5 m。

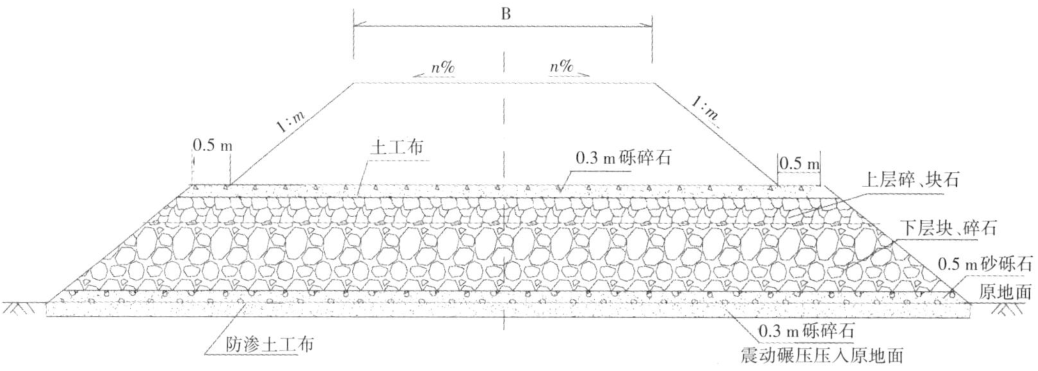

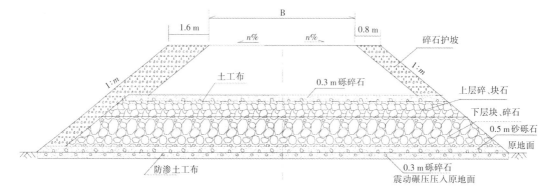

图 3-1　块石（碎石）路基设计示意图

3.3.4　辅助防护结构

块石层底部应铺设 0.5 m 厚的砂砾石层及防渗土工布，其顶部也应铺设土工布及砂砾石层，厚度一般为 0.3 m。

路堤两侧增设碎石护坡，构成"U"型块石（碎石）路基（图 3-2），其冷却路基的效果更佳。通常采用碎石粒径应大于 100 mm，厚度为 0.8 m（厚度大的效果优于厚度小的）。阳坡的厚度应大于阴坡厚度的 2 倍。

图 3-2　U 型块石（碎石）路基设计示意图

3.4　施工技术及方法

3.4.1　施工前技术准备

块石路基施工前，施工和监理人员应了解设计和施工意图，掌握相关技术、规定和要求。除路基施工技术要求外，还需掌握下列内容：

1. 详细核对设计文件。

2. 搜集施工地段的多年冻土工程地质和水文地质资料：

①多年冻土上限、冻土工程类型、分布及地温特点；

②地表水及地下水特点；

③地形地貌及冻土环境特征。

3. 核对土石方工程类型及分布，集中取弃土地点、位置，料源和运输条件，进行填料的复查与试验。

4.交通、通讯、修建各项临时工程的条件以及水源分布、水质及水量情况。

5.拟采用的新技术、新工艺、新结构及其要求。

6.既有工程的使用情况及与本工程的关系。

7.编制实施性的施工方案及组织设计

3.4.2　材料准备

按设计要求复核料场位置，根据块石(碎石)的用量测算料场储量，并做好下列工作：

1.对块石的品质进行试验(见检测与评定标准)。

2.按设计的料场位置，依据景观生态要求，确定石料的开采方案和实施。

3.按设计的粒径要求进行石料的破碎和筛选，依据用途进行分类储放：

块石：下层填料，粒径200~300 mm；

块石：上层填料，粒径150~200 mm；

辅助填料：护坡碎石，粒径80~150 mm；

　　　　　填料砾碎石，粒径小于100 mm。

4.按环保和景观生态要求，进行爆破、运输和完工后的环境恢复方案及实施。

3.4.3　基底处理

块石路基地段主要属高含冰量冻土地段，按设计和施工细则要求对多年冻土区原地面进行碾压，应根据路堤高度，采用不同方法对基底进行处理：

1.地面横坡缓于1:5，路基高度大于等于最小设计高度，且大于等于2.5 m(路床0.8 m及块石路基1.5 m)时，保存地表植被，平整地面，用重型震动压路机压实后方可铺设0.5 m的碎(砾)石工作垫层。第一层填土虚铺厚度不大于0.3 m，用重型震动压路机碾压，将砂砾(碎)石压入原地面下。第一层填土可不做压实质量检测。其后填土层的压实质量应达到路堤相应部位的压实质量标准。

2.地面横坡陡于1:5，路基高度大于等于最小设计高度，且大于等于2.5 m时，应将基底原地面挖成宽度不小于1.0 m的台阶，整平压实。压实质量达到路堤本体填土压实质量标准。

3.路堤高度小于最小临界高度，且小于2.5 m，且满足块石层填筑厚度时，应对基底多年冻土进行换填处理。换填宽度、深度应满足设计要求。

当地面横坡陡于1:5时，换填基坑底层做成宽度不小于1.0 m的台阶。

当用细颗粒土换填时，基坑底部应铺设0.3 m厚度的粗颗粒土作垫层。

当基底采用隔热层时，应在隔热层上、下铺设厚度不小于0.2 m的中粗砂垫层，隔热层的施工工艺按隔热层路基的规定执行。

4.基底处理完毕后，填筑基底土拱，土拱设置2%排水横坡。当地面为斜坡时，土拱为单面坡；地面为平坡时，土拱为"人"字型坡。平整度按土质路基要求控制，压实度按路床以下压实度控制。

5.基底上应先铺设防渗土工布，再铺设0.5 m砂砾石层，作为块石(碎石)层底部的辅助防护结构，压实度按路床要求控制。

6.经检查、验收合格后方可进入下道工序。

3.4.4 边坡码砌

为保持块石路堤及其边坡的稳定性,块石倾填前,可在路基填筑层的边坡两侧进行人工分层码砌,且随填筑高度而升高,终于高度不小于设计高度要求:

1.块石粒径300~350 mm。

2.每层码砌厚度不小于0.3 m,但不宜大于0.5 m。

3.坡率按设计要求控制。

4.块石应大面朝下摆放牢固。

5.层与层间应有错峰,缝宽度不小于50 mm。

6.块石间严禁用小块石填塞,保证通风孔隙。

3.4.5 块石填筑

块石层铺设层位应根据路基高度、路面结构层厚度等合理确定,一般宜铺筑在路面结构层以下0.3~0.5 m。块石层铺设厚度宜为1.0~1.5 m。

施工应采用分层填筑、分层摊铺、分层碾压、逐层检测质量的方法施工。

1.块石层分两层填筑:

①先铺筑第一层,即下层,厚度0.8~1.0 m,块石粒径为200~300 mm,尽量一次性填够。

②到达设计压实度要求后,再铺筑第二层,即上层,厚度0.2~0.5 m,粒径为150~200 mm,一次性填筑到设计高度。

2.块石层填筑要求:

①安排好石料运输路线,用自卸车运到填筑区段,根据算好每车料的摊铺面积,由专人指挥,等距离卸料堆放。不得采用装载机和推土机作运输机械。

②按水平分层,先低后高,先两侧后中央,后卸式投料。

③用机械(推土机或挖掘机)整平,厚度要均匀,局部不平整处用人工找平。

④防止投料时损坏两侧边坡已码砌的石料,有损坏处及时修复。

⑤块石层碾压后铺设碎石层及土工布,再填筑顶层辅助防护结构。

3.4.6 块石的压实

块石路基的压实用重型振动压路机或冲击式压路机沿线路纵向进行碾压。

1.直线段应先两侧,后中间;曲线段应先内侧,后外侧,进行反复碾压。

2.第一遍不震动静压,然后先慢后快,由弱振到强振,最后再静压一遍。碾压遍数一般不得少于6~8遍。

3.碾压的纵向行与行之间应重叠压实,纵向重叠宽度不小于0.5 m;前后相邻区段重叠长度不小于2 m。

4.压实应均匀,并控制块石层的整体稳定性。

5.压路机的线压力应与块石的抗压强度极限值相匹配,避免使块石破碎和挤压破坏骨架结构。压路机的最大接触应力必须符合块石的允许值(表3-1)。

表3-1 块石(碎石)允许最大接触应力

允许最大接触应力/MPa		压实层的变形模量/MPa	
压实开始	压实终了时	压实开始	压实终了时
0.4~0.6	2.5~3	30	100

6.块石层的表层(即上层的表层)应选择合适粒径小碎石在全宽范围找平,碾压平整。

7.待两侧的护道或护坡与块石层齐平,到达设计标高后,铺设土工布,覆盖两侧的护道或护坡表面,避免后期施工中细小土颗粒落入护道或护坡中。

8.作砂砾(碎)石辅助防护结构层,按路床碾压压实度要求控制。

3.4.7 过渡段施工

块石路基具有垂向过渡层和纵向过渡层填筑:

1.块石层的垂向过渡层(即块碎石层顶面与路床间的过渡段):

①通常在块石层铺砌完成后,用合适粒径的碎石铺设,使碎石层顶面达到平整;

②铺设一层土工布,目的是防止细小粒径的碎石或土颗粒漏入块石层内,影响通风降温效果;

③铺设砾碎石层,厚度0.3 m,最大粒径应不大于100 mm,但小于0.075 mm粒径的粉黏粒含量(重量比)应控制在小于12%~15%;

④填筑后碾压,压实质量按路堤压实度控制。

2.块石路基的纵向过渡段(即不同填料路堤间或不同路堤设计原则间的过渡段)如图3-3:

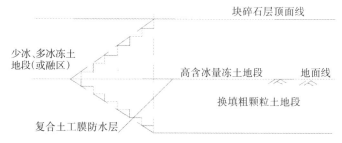

图3-3 过渡段处理示意图

①高含冰量冻土地段基底换填处理时,应向少冰多冰冻土(或融区)地段逐步过渡;

②块石层路堤底部应向少冰多冰冻土(或融区)地段延伸,逐步回缩过渡;

③过渡段长度和基底换填深度、填料应符合设计要求,连接坡度应不小于1:2;

④台阶纵向长度一般为1~2 m,高度0.3 m,且在块石层表面铺设一层土工布;

⑤按设计要求进行路基施工。

3.4.8 路堤填筑

按《公路路基施工技术规范》JTG F10执行。

3.4.9 护坡填筑

1.待块石路基层施工达到设计标高后,再进行碎石护坡施工;

2.碎石粒径为80~100 mm,厚度:阴坡0.8 m,阳坡1.6 m;

3.采用倾填施工法,用机械和人工方法保持护坡厚度的设计要求;

4.待碎石护坡达到块石路基层齐平时,全道面铺设土工布;

5.按设计要求进行砂砾(碎)石辅助防护结构层施工;

6.按设计要求做完路面结构层后,再进行碎石护坡倾填施工。

3.5 检测与评定标准

3.5.1 块石的强度、水解性、粒径等检测（满足设计指标要求）

对块石的品质进行试验：

①检验石料的强度，不低于30 MPa；

②进行压碎试验，压碎值不大于25%；

③选择洁净、无风化、无级配、无裂纹石料，取样进行抗冻试验；

④几种块石抗压强度极限值见表3-2

表3-2 几种石料的抗压强度极限值

石料种类	极限强度/MPa	允许压路机单位线载荷/N·cm⁻¹
软石料（石灰岩、砂岩）	30~60	600~700
中硬石料（石灰岩、砂岩、粗粒花岗岩）	60~100	700~800
坚硬石料（细粒花岗岩、闪长岩）	100~200	800~1000
极坚硬石料（辉绿岩、硬玄武岩、闪长岩）	200	1000~1250

3.5.2 压实方法和压实强度检测

满足设计结构层压实度要求，或按《公路路基施工技术规范》JTG F10-2006要求（表3-3）。

表3-3 路堤压实度

分区	路面底面以下深度/m	硬质石料孔隙率/%	中硬质石料孔隙率/%	软质石料孔隙率/%
上路堤	0.80~1.50	≤23	≤22	≤20
下路堤	>1.50	≤25	≤24	≤22

3.5.3 施工过程控制与检查

1.满足设计要求的施工过程控制要求。

2.或按《公路路基施工技术规范》JTG F10要求：

①施工过程中的每一层压实层，可用试验路段确定的工艺流程和工艺参数，控制压实过程；用试验路段确定的沉降差指标检测压实质量。

②路堤成型后的外观质量标准：路堤大粒径石料不松动，铁锹挖动困难。边坡码砌紧贴、密实，无明显的松动，砌块间承接面向内倾斜，坡面平顺。

③施工质量符合表3-4的规定。

表 3-4 填石路堤施工质量标准

项次	检测项目		允许偏差		检查方法与频率
			高速公路 一级公路	其他公路	
1	压实度		符合试验路确定的施工工艺		施工记录
			沉降差≤试验路确定的沉降差		水准仪:每40 m检测一个断面,每个断面检测5~9点
2	纵面高程/mm		+10,-20	+10,-30	水准仪:每200 m测4断面
3	弯沉		不大于设计值		–
4	中线偏位/mm		50	100	经纬仪:每200测4点 弯道加HY、YH两点
5	宽度		不小于设计值		米尺:每200 m测4处
6	平整度/mm		20	30	3 m直尺:每200 m测4点×10尺
7	横坡/%		±0.3	±0.5	水准仪:每200 m测4个断面
8	边坡	坡度	不陡于设计值		每200 m抽查4处
		平顺坡	符合设计要求		

块石路基

031

条文说明 // 3 块石路基

3.2 原理及适用条件

3.2.1 块石路基的工作原理

块石路基是通过改变路堤结构来利用冷空气的对流、传导方式，增大路基内的冷量，达到保护路基下多年冻土，抬升上限，稳定路基的气冷路堤。

据资料介绍[3]，加拿大在1920年修建埃德蒙顿至大努湖铁路时，路堤基底铺设0.8~1.2m的碎石层，改善施工条件，保护多年冻土地基。美国采用块石护坡和路堤，称之为"空气循环路堤"。俄罗斯，在贝阿铁路沿线多年冻土区，广泛采用大块石、碎石对冻土融沉病害进行治理，保持路基的稳定。苏联建筑部1990年发布的建筑规范BCH61-89中对大块碎石土、排水土加固斜坡等提高斜坡稳定性提出了一套计算方法。1986年青海省木里煤矿的专用铁路线，通过多年冻土沼泽化湿地时采用块石挤淤和块石（碎石）路基方法不但保护了多年冻土，且使冻土人为上限上升。1996年Goering[15]利用碎石路基降温法来避免冻土区路基的沉降。青藏铁路、青藏公路、青康公路等多年冻土区地段也广泛采用块石（碎石）路基。

多年冻土区的寒冷季节，空气温度极低，冷空气密度较大，向下流动，通过空气对流和热传导方式，使块石路基内的空气密度产生不均匀分布，通过块石层的多孔介质下降沉至路基底部，在冷热空气的密度差和温差作用下，驱使路基块石层内空气产生自然对流，使路基底部的热的气体上升，增加了基底的冷空气储量，降低了路基中的温度，从而达到保护多年冻土的目的。反之，暖季期间，外界温度较高，仅通过路基表面和坡面以热传导方式使热量传入路基内，加热了路基上层孔隙中的空气。密度小而轻的热空气在孔隙的上层，密度较大而重的冷空气在孔隙的下层，不能形成明显的对流，仅以传导方式进行热交换，其方向与热流相反，且空气的导热系数极小，仅0.025W·m^{-1}·K^{-1}，大大降低了热交换速率，仅小部分使路基内上层温度有所升高。所以，块石层能使寒季放热加强，暖季吸热减小，起到"阻热、传冷"特性所构成的"热屏蔽半导体作用"，终使块石路基内年均温度下降，促使冻土人为上限上升，冻土处于进化过程（图3-1）。据Goering的数值分析[4]，相对于普通路基而言，大孔隙块石路基发生的空气自然对流使路基年平均温度下降5℃。

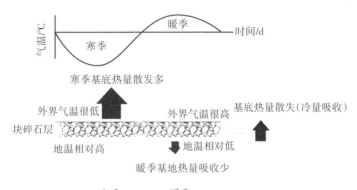

图3-1 块石路基降温机理示意图(引自[16])

3.2.2 块石路基适用条件

块石路基主要用于多年冻土区高含冰量冻土地段,以降低路基下多年冻土地温,保持或减小冻土上限变化(下降),治理和抑制路基下融化夹层产生和发展,保护多年冻土地基稳定性。

严寒的气候和多年冻土存在,使得多年冻土区的路基工程产生许多病害,与非冻土地区的病害完全不同的概念。其主要特点是:病害类型多、变化多,产生原因均与冻融过程有关。

多年冻土区产生路基变形有三类:寒季引起路基及路基下季节活动层冻结而产生冻胀变形;暖季冻结的路基及活动层解冻而产生沉降变形;多年冻土地基的升温和地下冰融化引起下沉变形。工程实践表明,多年冻土区路基病害(沉降变形)主要源于多年冻土上限下降引起地基不均匀热融沉降变形(图3-2及3-3)。

图3-2 青藏公路多年冻土路基热融沉陷变形

图3-3　大兴安岭嫩林线(左)及俄罗斯贝阿铁路(右)路基热融沉降变形

路基下的多年冻土上限变化反映了路基下多年冻土地基热状态的稳定性。就冻土地基而言,影响多年冻土区路基工程的热、力稳定性的因素可归纳为内因与外因。

内因:

①多年冻土层年平均地温高低(表3-1),反映多年冻土热稳定性;

②多年冻土层含冰程度多少,反映多年冻土工程类型。按《冻土工程地质勘察规范》[12]的多年冻土融沉性分级表确定,或根据多年冻土总含水率(ω)简化为表2-5;

③多年冻土层物质成分,反映冻土地基在冻结过程中水分迁移能量及重复分凝冰形成与富集条件。表2-5中碎、砾石土的含水率超过10%~15%,通常在下列两个条件下出现冰的富集:其一,土中粉黏粒颗粒(<0.074 mm)的重量大于15%;其二,冻结过程中地下水无法排出。

表3-1　多年冻土的年平均地温(T_{cp})分带

多年冻土年平均地温/℃	$0 < T_{cp} \leqslant -0.5$	$-0.5 < T_{cp} \leqslant -1.5$	$-1.5 < T_{cp} \leqslant -3$	$T_{cp} < -3.0$
地温带名称	极不稳定地温带	不稳定地温带	基本稳定地温带	稳定地温带

外因:

①气候特征(太阳辐射、气温、降水和蒸发热);

②路基几何形态(路堤高度、宽度、结构)、性状(面层、坡面和填料特性)及走向(朝向等);

③环境特征破坏程度(植被铲除、取弃土、积水等)。

多年冻土区路基工程修建必然会引起多年冻土环境的变化,如植被破坏、地表反射率和渗透性改变,积雪、风和地表径流条件恶化等等外部因素的变化,导致了地表与大气间的热量平衡遭受破坏,使传入路基内的热量增加,影响路基温度场的变化。这种变化引起路基下多年冻土内在因素的改变,使上限处地温的年平均值和多年冻土年平均地温升高,上限下降,高含冰量冻土融化,使路基产生不均匀融化下沉变形。

根据青藏公路路基病害调查表明[17],在含土冰层、饱冰冻土及厚层地下冰地段的路基变形最大,在十几米长路基范围内波峰与波谷高度差达到0.5 m,有的甚至超过

0.5 m。少冰冻土及多冰冻土地段路基变形最小，富冰冻土介于两者之间。粉质黏土、粉土等细颗粒土为主地段高含冰量冻土较发育，融沉量大，路基变形严重。各类严重路基病害，绝大部分发生在年平均地温高于-1.5 ℃的高温冻土区，年平均地温低于-1.5 ℃地区，不但路基相对稳定，路基病害也相对较少（图3-4）。

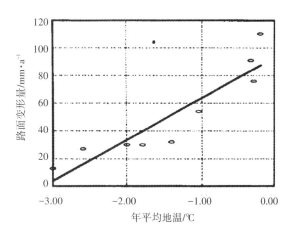

图3-4 年平均地温与冻土路基变形关系

从冻土路基病害的成因分析看，由于黑色路面等工程因素影响，改变了多年冻土原有的生存环境和热平衡状态，特别是改变了地面温度。众所周知，地表温度是影响和控制多年冻土温度场的主要因素，地表年平均温度低于0 ℃是多年冻土得以保存和发育的基本条件。根据青藏铁路风火山冻土站的观测资料，同一地区黏性土地表年平均温度比年平均气温要高2~4 ℃[3]，沥青路面则高出4~5 ℃。以此推算，在青藏高原，只有在年平均气温 $T_a \leqslant$ -2.6~ -2.8 ℃ 时，黏性土地面的温度年平均值（T_s）才能低于0 ℃。风火山地区的观测资料也表明，气温的冻结指数是融化指数的4.3倍，而沥青路面的冻结指数仅是融化指数的0.59倍（即融化指数是冻结指数的1.68倍）。就是说，沥青路面下的融化深度应是冻结深度的1.68倍。随着全球气候转暖，21世纪观测表明[89]，在高温冻土区，夏季沥青混凝土路面下温度远高于天然状态，相差10~15 ℃，冻结期基本相同；在低温冻土区，夏季沥青混凝土路面下温度比天然状态高出5~10 ℃，冬季，略低于天然状态的温度。就青藏公路清水河高温冻土区铺设沥青混凝土路面后，路面热量收入是支出的4倍，较砂石路面高出3~4倍，极端值达6倍。可见，在这种条件下，沥青路面将使路基对太阳辐射的吸收率增加远超过20%，且沥青具有阻隔路基表面的蒸发，使路基中蒸发耗热无法散发，地表热量的年周转循环下，会使热量在路基中集聚，引起路基下多年冻土上限下降，冻土融化。寒季的季节冻结层小于融化深度的情况下，形成融化夹层和凹槽，长年积水，且有逐年增大趋势。20世纪90年代青藏公路调查表明（表3-2），薄者0.5 m左右，厚者达5~6 m（如西大滩、楚玛尔河高平原）。

表3-2 青藏公路沿线典型路段沥青混凝土路面下多年冻土上限变化[18]

地 名		里程/km	年平均地温/℃	沥青混凝土路面下冻土上限/m			冻土工程类型
				1990观测	2001观测	变化范围	
楚玛尔河	斜水河~清水河南	K2932~K2958	-0.4~-1.3	2.4~6.0	6.0~8.0	2.0~3.6	HBFD
	楚玛尔河高平原~五道梁	K2963~K3000	-0.6~-1.2	2.5~4.6	7.0~8.5	3.9~4.5	HBFD
可可西里	五道梁南坡及盆地	K3004~K3013	-1.2~-1.5	3.5~4.1	6.5~7.5	3.0~3.4	HBFD

续表3-2

地 名		里程/km	年平均地温/℃	沥青混凝土路面下冻土上限/m			冻土工程类型
				1990观测	2001观测	变化范围	
北麓河	曲水河~秀水河	K3033~K3044	-0.3~-0.8	2.8~5.3	2.7~7.0	1.7~2.9	HBDR
风火山	北麓河南~风火山沟口	K3051~K3062	-0.8~-1.6	3.0~5.6	5.5~8.5	2.5~3.1	HBFD
	风火山西南坡	K3077~K3082	-3.0~-3.2	2.6~3.8	6.0~8.2	3.4~4.4	BD
乌丽盆地	乌丽盆地北段	K3110~K3115	-0.4~-0.5	2.3~3.0	6.5~7.0	4.0~4.2	BR
	乌丽垭口南坡	K3128~K3131	-0.6~-0.8	4.1~5.0	7.0~7.6	2.6~2.9	BR
沱沱河	沱沱河北岸北段洼地	K3136~K3148	-0.3~-0.5	3.4~6.0	7.0~7.5	1.5~3.6	HBDR
	沱沱河南岸阶地	K3155~K3159	-0.2~-0.5	3.1~3.6	6.5~7.4	3.4~3.8	B
捷布曲河	二十二工区以南	K3392~K3396	-0.5~-0.8	7.0左右	9.0~11.5	2.0~4.5	BR
	矿泉水厂南北段	K3402~K3413	-0.2~-0.4	6.0~7.0	8.5~12.0	2.5~5.0	BFR

注:H——含土冰层,B——饱冰冻土,F——富冰冻土,D——多冰冻土,R——融区

由此可见,多年冻土区的高地温、高含冰量地段,当受到外界热扰动(包括全球气候转暖、人类工程活动等)时,路基基底的地温升高将使路基下的多年冻土融化,冻土上限下降,使路基产生下沉而失稳。青藏铁路、青藏公路等大量实践证明,块石路基可使路基基底的地温降低,保持多年冻土地基的稳定性。表3-3及表3-4表明不同冻土环境和冻土特征下块石措施的工程效果。尽管2004年施工的蓄热影响尚未消除,但仅一年就产生了明显的效果,块石路堤基底的地温平均值比对比路段低了0.5~1.0 ℃。

表3-3 不同环境条件下相同块石路堤基底的地温变化(℃)[**]

观测年份	DK1082+725粒径0.3 m,护道宽:阴4 m,阳6 m		DK1142+700粒径0.3 m,护道宽:阴4 m,阳6 m		DK1262+390粒径0.3 m,护道宽:阴4 m,阳6 m	
	左路肩	右路肩	左路肩	右路肩	左路肩	右路肩
2004年	-0.17	-1.37	-0.08	-1.25	-0.40	-1.46
2005年	-0.28	-1.67			-0.63	-2.10

注:**引自2008年《青藏铁路建设总结科技创新卷——多年冻土篇(讨论稿)》

青藏铁路修筑后,选择了不同地区的8个断面进行观测表明(表3-5),经过2~3个冻融循环(2002—2004年),块石结构路堤下多年冻土上限普遍上升了1.4~5.3 m,冻土年平均地温越低的地区,降温趋势越显著。

表3-4 块石路堤原多年冻土上限处地温变化对比(℃)[**]

试验地点	冻土特征与年平均地温	工程措施	试验里程	2004年 左路肩	2004年 右路肩	2004年 中心	2005年 左路肩	2005年 右路肩	2005年 中心	降低温度 左路肩	降低温度 右路肩	降低温度 中心
五道梁	含土冰层为主,T_{cp}=-2.3~-2.4℃	片石护道	DK1082+625	-0.16	-1.17		-0.68	-1.99		0.52	0.82	
			DK1082+675	-0.36	-1.40		-0.66	-1.91		0.50	0.51	
			DK1082+725	-0.37	-1.25		-0.73	-1.75		0.36	0.50	
			DK1082+825	-0.06	-0.85		-0.16	-1.10		0.04	0.25	
			DK1082+775	-0.21	-1.00		-0.36	-1.85		0.15	0.85	
北麓河	含土冰层为主,T_{cp}=-1.4~-1.7℃	块石(碎石)路堤加片石护道	DK1142+660	-0.41	-0.89	-0.59						
			DK1142+700	-0.49	-1.01	-0.61						
			DK1142+530*	-0.32	-0.59	-0.49						
开心岭	含土冰层为主,T_{cp}=-0.65~-0.78℃		DK1262+390	-0.54	-0.91	-0.55	-0.67	-1.43	-0.98	0.13	0.52	0.43
			DK1262+430	-0.20	-0.32	-0.30	-0.28	-0.85	-0.50	0.08	0.53	0.20
			DK1262+530*	-0.08	-0.17	-0.07	-0.12	-0.19	-0.10	0.04	0.02	0.03

注:*为对比试验段;**引自2008年《青藏铁路建设总结科技创新卷——多年冻土篇(讨论稿)》

表3-5 青藏铁路块石路堤修筑后冻土上限变化(2002—2004)[19]

铁路里程	位置	地温分区	年均地温/℃	冻土工程类型	路堤高度/m	路堤结构	冻土上限/m 天然	冻土上限/m 人为	上限变化/m
DK1102+000	可可西里北坡低温区	Ⅳ	-2.4	DFH	3.6	堤+坡	1.6	1.51	+3.7
DK1160+592	风火山隧道出口对面	Ⅳ	-2.1	FBD	6.55	堤	1.5	2.75	+5.3
DK1053+600	楚玛尔河高平原	Ⅲ	-1.5	DBF	3.3	堤+坡	2.6	3.9	+2.0
DK1141+374	北麓河地区	Ⅲ	-1.36	H	4.84	坡	2.0	3.64	+3.2
DK1191+770	乌丽盆地	Ⅱ	-0.54	FB	3.7	堤	2.8	4.3	+2.2
DK1272+120	开心岭南坡盆地	Ⅱ	-0.8	FH	3.6	坡	2.9	5.1	+1.4
DK1273+455	开心岭南坡盆地	Ⅰ	-0.5	FH	4.0	坡	3.0	5.0	+2.0
DK1297+930	布曲河西岸阶地	Ⅰ	-0.34	BD	3.0	堤+坡	2.4	3.4	+2.0

注:D、F、B、H分别为多冰冻土、富冰冻土、饱冰冻土和含土冰层;

堤——为块石路堤;坡——为块碎石护坡。

Ⅰ——高温极不稳定冻土区,T_{cp}≥-0.5℃;Ⅱ——高温不稳定冻土区,-1.0≤T_{cp}<-0.5℃;

Ⅲ——低温基本稳定冻土区,-2.0≤T_{cp}<-1.0℃;Ⅳ——低温稳定冻土区,T_{cp}<-2.0℃;

块石路基

2003年,青藏公路五道梁地区也做了试验段(K3006+300)和一般填土路基(K3006+600)。观测表明[8],路基基底(路面下5.7m)地温(图3-5),不论是路基中心还是路肩位置,片块石路基基底地温年平均值均低于普通填土路基,寒季更为明显。路基下15m处年平均地温,片块石路基的左路肩、路中心、右路肩分别为-0.70、-0.73、-0.70℃,而对比断面的普通填土路基相应位置的地温分别为-0.49、-0.46、-0.48℃。数值说明,片块石路基的地温明显低于普通填土路基。

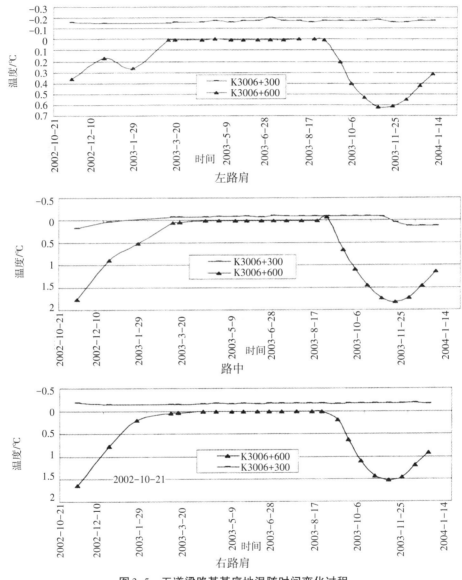

图3-5 五道梁路基基底地温随时间变化过程

(片块石路基(K3006+300)与普通填土路基(K3006+600))

中铁西北研究院在青藏高原风火山地区对敞开式碎石层的传输特性进行过研究(表3-6),在碎石层中,大孔隙的存在,使空气可在孔隙中自由流动。暖季,碎石层表面温度较碎石层孔隙中温度高,热空气无法进入孔隙中,具有一定的热屏障作用,空气在孔隙中以热传导为主,辐射是次要的,寒季碎石层孔隙中温度高于大气温度,密度较大的冷空气则很容易沉入大碎石层的孔隙中,将热空气挤出,说明热阻很小,具有"高传冷能力",则以垂直对流换热为主。

表3-6 暖季、寒季碎石层地温与天然土层地温的比较[4]

深度/m	碎石层地温/℃		天然地温/℃		差值/℃		备注
	暖季	寒季	暖季	寒季	暖季	寒季	
0.25	5.6	−20.1	6.4	−16.8	0.8	3.3	差值为天然土层地温与碎石层地温之差
0.4	5.1	−20.5	6.0	−14.2	0.9	6.3	
0.5	4.7	−20.9	5.7	−12.2	1.0	8.7	
0.6	4.4	−20.6	5.1	−11.9	0.7	8.7	
0.7	4.0	−20.3	4.3	−11.7	0.3	8.6	
0.8	3.4	−19.8	3.5	−11.5	0.1	8.3	
0.9	2.5	−18.9	2.7	−11.3	0.2	7.6	
1.0	1.6	−18.1	2.0	−11.0	0.4	7.1	
1.1	1.2	−17.2	1.3	−10.3	0.1	6.9	
平均差值					0.5	7.3	

3.3 设计参数(指标)

3.3.1 块石粒径的选择

块石粒径宜选用150 mm~300 mm范围,最小边长宜大于150 mm,长细比宜小于3,强度不小于30 MPa,压碎值不大于25%。孔隙内不得充填碎石或其它杂物,孔隙率不小于25%。

据资料介绍[20],块石层是具有高渗透性的多孔介质。根据多孔介质渗流理论,多孔介质内部发生自然对流的判别参数是瑞利(Rayleigh)数Ra,其表达式为[21]:

$$Ra = \frac{\rho g C \beta K H \Delta T}{\mu \lambda} \tag{3-1}$$

式中,C、β、μ分别为孔隙内流体的体积热容量、体积热胀系数、运动黏度;g为重力加速度;K为介质渗透率;H为介质层厚度;ΔT为介质底顶温差(适用于底板温度高于顶板);λ为介质的等效导热系数。

研究表明,存在一个临界瑞利数Ra_c,当$Ra < Ra_c$时,块石层处于稳定的单纯热传导状态,而当$Ra \geq Ra_c$时,块石层中将产生自然对流。因此,Ra_c成为能否发生自然对流的判据,其大小依赖于块石层的几何现状和边界条件。对于长高比为h_1,宽高比为h_2,六面均封闭(不可渗透),上下边界定温(下边界高于上边界),侧面绝热的三维长方体多孔介质区域,临界瑞利数Ra_c为:

$$Ra_c = \left(b + \frac{l^2}{b}\right)^2 \pi^2 \qquad (3-2a)$$

$$b = \left[\left(\frac{m}{h_1}\right)^2 + \left(\frac{n}{h_2}\right)^2\right]^{1/2} \qquad (3-2b)$$

式中,l,m,n分别为多孔介质在铅垂高度、水平长度和水平宽度方向的胞格数。

显然,从式(3-2a)看出,最小的临界瑞利数Ra_c为$4\pi^2$。随着长高比h_1或宽高比h_2的变大,最小的Ra的值迅速趋向$4\pi^2$,除了细高的长方体,即h_1或h_2远小于1外,侧壁对临界瑞利数的影响很小。在宽高比h_2大于1时,最小的Ra接近于$4\pi^2$。

赖远明等的试验表明[20],在顶部封闭条件下,路堤8个周期的平均温度进行对比,块碎石平均粒径为100 mm以下的碎石层的降温效果明显地比平均粒径大于100 mm以上的块石差,平均粒径为221 mm的块石层底部温度最低,降温效果最好(图3-6、7)。

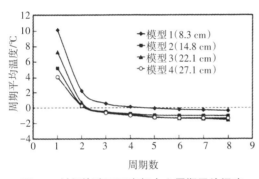

图3-6 封闭块碎石层底部中心周期平均温度
随时间变化　　　　图3-7 第8个周期封闭块碎石层底部中心
周期平均温度

表3-7表明颗粒径块石层第8个周期底部中心周期平均温度。从表中可看出,平均粒径为221 mm块石层底部的温度最低,为-1.57 ℃,比平均粒径148 mm和271 mm的块石层底部温度分别低0.52 ℃和0.19 ℃。这表明平均粒径为80~300 mm范围内,220 mm左右的粒径块石层降温效果最佳。也就是说,块石层的粒径为200~300 mm范围内,可以取得良好的降温效果。

表3-7 第8个周期封闭块碎石层底部中心周期平均温度

平均粒径/mm	83	148	221	271
底部平均温度/℃	−0.39	−1.05	−1.57	−1.38

在顶部开放条件下,块碎石层底部中心周期平均温度随时间变化曲线(图3-8),当块碎石层平均粒径为83 mm时,其底部中心平均温度始终降低很小(表3-8),明显不如顶部封闭条件的状态。随着粒径增大,其底部中心温度的周期较差增加,均在16~20 ℃。试验表明,块石层在顶部开放条件下,很容易受到外界因素的

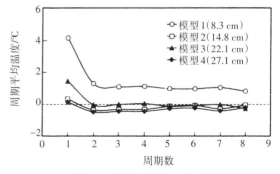

图3-8 开放块石层底部中心周期平均温度随时间变化曲线

直接影响,如风等,其内部往往以强迫为主,自然对流处于次要位置或很难发生。

表3-8 开放块石层底部中心温度周期较差

平均粒径/mm	83	148	221	271
平均温度/℃	8.85	16.26	17.78	19.08

青藏铁路北麓河块片石路堤的试验表明[22],块片石粒径为300 mm的块片石路堤,从路堤基底地温、原上限处地温和上限抬升幅度等均优于粒径为100 mm的块片石路堤(表3-9),路堤基底面地温降低(表3-10),路堤下冻土上限抬升(表3-11),有利于减小路堤阴阳坡融化深度的差异,调节阴阳坡地温的不对称性(表3-12)。

表3-9 不同块碎石粒径的工程效果对比

项 目	DK1142+700 块片石护道加宽**		DK1142+660 碎石护道加宽*		DK1142+530 普通路堤对比段	
	左路肩	右路肩	左路肩	右路肩	左路肩	右路肩
浅层地温/℃	0.99	−2.12	0.14	−2.13	0.21	−2.28
路堤基底地温/℃	−0.08	−1.25	−0.06	−1.09	0.15	−0.42
原上限地温/℃	−0.49	−1.01	−0.41	−0.89	−0.32	−0.59
上限抬升/m	1.04, 0.10	0.58, 0.15	0.91, 0	0.27, 0.19	0.33, 0.10	0.32, 0.10

注:*DK1142+640~+680,碎石粒径70~120 mm(平均粒径约100 mm),阳坡宽6 m,阴坡宽4 m;

　　**DK1142+680~+720,块片石粒径250~300 mm(平均粒径300 mm),阳坡宽6 m,阴坡宽4 m;

　　DK1142+510~+550,普通路基,作对比段

表3-10 块片石路堤基底面温度年平均值(℃)

	DK1142+530普通路堤对比段			DK1142+660碎石护道加宽			DK1142+700块片石护道加宽		
	左路肩	中心	右路肩	左路肩	中心	右路肩	左路肩	中心	右路肩
2004	0.30	−0.25	−0.54	−0.06	−0.63	−1.26	−0.13	−0.66	−1.46
2005	0.40	−0.35	−0.76	−0.05	−0.94	−1.60	−0.05	−0.99	−1.65
变化量	+0.10	−0.10	−0.22	+0.01	−0.31	−0.34	+0.08	−0.33	−0.19

表3-11 路堤冻土上限变化量

	DK1142+530普通路堤对比段			DK1142+660碎石护道加宽			DK1142+700块片石护道加宽		
	左路肩	中心	右路肩	左路肩	中心	右路肩	左路肩	中心	右路肩
上限变化量/m	+0.3	+2.0	+1.6	+2.4	+2.9	+2.6	+2.1	+3.0	+3.0

注:"+"表示冻土上限上升

表3-12   左右路肩最大融化深度的差值/m

	DK1142+530普通路堤对比段	DK1142+660碎石护道加宽	DK1142+700块片石护道加宽
2004年	1.3	0.8	0.8
2005年	1.3	1.0	0.9

室内模拟实验和工程实践表明,块石层粒径从80~300 mm 范围内,平均粒径为220 mm 左右时降温效果最好。

块石路堤选定最佳的粒径后,长期使用过程中其块石粒径、孔径和孔隙度还会发生变化,会影响长期效果。影响块石路堤对流换热长期效果的主要因素应包括:

1.块碎石的材质。主要为块碎石的强度、抗风化和抗软化能力,抗剪强度,颗粒大小、形状和透水性能等。块石的强度直接影响裂隙度发育。

2.风化作用。寒冷地区的寒冻风化作用异常强烈,岩石性质、水热条件、风和生物等条件是寒冻风化强弱的重要因子。环境温度波动于水汽冻融范围内,寒冻风化作用最为强烈。

3.冻土环境条件,包括气候、水文地质、冻土的冻融循环、生物作用等。冻土上限的变化会引起下伏土层地下水的径流动态变化和潜蚀作用,加速寒区的寒冻风化作用。

4.震动荷载作用,往往会使细小土粒挤入块石层中,使孔隙部分堵塞,影响对流换热效果。

据岩石冻融粉碎试验表明[23],冷却速率为2.64~8.3 ℃·h^{-1},冻融循环40次以上,火成岩和砂岩均无破损,灰岩有小块脱落;绢云母板岩冻融循环70次后左角脱落,70次后上侧脱落;泥灰岩冻融循环40次后有穴状脱落,70次后裂成数块,100次后彻底破碎。可见,硬质岩石比软质岩石的抗风化能力强,片石层的宽度较大,边坡部位遭受冻融循环的频率高。下面列举有关岩石的强度和风化程度分类(表3-13、表3-14),供选材时参考。

表3-13   岩石按强度分类

类别	亚类	强度/MPa	代表性岩石
硬质岩石	极硬岩石	>60	花岗岩、花岗片麻岩、闪长岩、玄武岩、石灰岩、石英砂岩、石英岩、大理岩、硅质砾岩等
	次硬岩石	30~60	
软质岩石	次软岩石	5~30	黏土岩、页岩、千枚岩、绿泥石片岩、云母片岩等
	极软岩石	<5	

注:强度值为新鲜岩块的饱和单轴极限抗压强度

表 3-14　岩石按风化程度分类

类别	风化程度	野外特征	风化程度参数指标		
			压缩波速度 $V_p/\text{m·s}^{-1}$	波速比 k_v	风化系数 k_f
硬质岩石	未风化	岩石新鲜,未见风化痕迹	>5000	0.9~1.0	0.9~1.0
	微风化	组织结构基本未变,仅节理面有铁锰质渲染或矿物略有变色,有少量风化裂隙	4000~5000	0.8~0.9	0.8~0.9
	中等风化	组织结构部分破坏,矿物成分基本为变化,仅沿节理面出现次生矿物。风化裂隙发育。岩体被切割成200~500mm的岩块。锤击声脆,且不易击碎;不能用镐挖掘,干钻不易钻进	2000~4000	0.6~0.8	0.4~0.8
	强风化	组织结构已大部分破坏,矿物成分已显著变化。长石、云母已风化成次生矿物。裂隙很发育,岩体破碎。岩体被切割成20~200mm的岩块,可用手折断。可用镐挖掘,干钻不易钻进。	1000~2000	0.4~0.6	<0.4
	全风化	组织结构已基本破坏。但尚可辨认,并且有微弱的残余结构强度,可用镐挖,干钻可钻进	500~1000	0.2~0.4	

注:1)波速比 k_v 为风化岩石与新鲜岩石压缩波速度之比。2)风化系数 k_f 为岩石与新鲜岩石饱和单轴抗压强度之比。3)岩石风化程度,除按表列野外特征和定量指标划分外,亦可根据地区经验按点荷载试验资料划分。4)花岗岩类的强风化与全风化、全风化与残积土的划分,宜采用标贯入试验,其划分标准 $N>50$ 为强风化;$50>N>30$ 为全风化;$N<30$ 为残积土。

3.3.2 块石层的铺砌厚度

块石路基的铺砌厚度宜在 1.0~1.5 m。富冰冻土地段宜选用 1.0~1.2 m;饱冰冻土地段宜选用 1.2~1.5 m(见正文图 3-1)。第一层(下层)厚度为 0.8~1.0 m,粒径宜采用 200~300 mm 的块石,第二层(上层)0.2~0.5m,粒径宜采用 150~200 mm。

影响块石路堤产生自然对流的主要参数是瑞利(Rayleigh)数 Ra,公式 3-1 中,H 为路堤块石层实际填筑厚度(高度),ΔT 为路堤块石下边界与上边界间的温差(适用于底板温度高于顶板温度)。只有当 $Ra≥Ra_c$ 时,块石层孔隙中的空气才能开始流动而产生自然对流,使块石层下边界向上边界传热的效应大于单纯的热传导。Ra_c 就成为能否产生自然对流的重要控制参数,其大小取决于块石层的形状和边界条件。

数值模拟研究资料表明[20,21,24],对于水平无限大厚度为 H 的多孔介质层,Ra_c 从 0 到 $4\pi^2$ 不等,其值由上下边界的传热和空气渗透条件所决定。对于有限区域的多孔介质,除了边界条件的影响外,区域的尺寸也会对对流的发生产生显著影响。宽高比 h_2 的二

块石路基

维矩形区域,在四边不透气、上下边等温、侧面绝热时,有

$$Ra_c = m^{-2}h_2^{-2}\pi^2(h_2^2l^2 + m^2)^2 \tag{3-3}$$

式中,正整数 m、l 为水平和高度两个方向的对流涡胞数,每一对 (m, l) 值称为一种对流模式。

对于宽高比为 $h_2 = m/l$ 的矩形多孔介质区域,其临界瑞利(Rayleigh)数 $Ra_c = 4l^2\pi^2$,最小 $Ra_c = 4\pi^2$,即 $l = 1$。也就是说,当 $h_2 = m$ 时,在高度方向最先产生的对流涡数为一个,而水平方向的对流涡胞数将有 m 个,其对流模式为 (m, l)。

为简化分析,在研究边界形式对路堤自然对流的影响时,只分析块石路堤本身的梯形区域,由于热传导过程中的温度振幅衰减,当冬季大气温度降到最低时,梯形路堤的上边界温度的绝对值应比下边界温度的绝对值大得多,以致路堤块石层的自然对流主要由上边界的负温值所决定。梯形路堤区域的上边界满足等温条件,下边界为近似等温,因为对于冬季气温降到最低时,沿下边界线的温度虽非严格等温,但沿下边界线的温度变化总体上比较小。对于空气渗透条件,上边界是直接暴露在空气中或冬季有厚层积雪以致低渗透材料就有透气定压边界和不透气边界的情况,而梯形路堤区域的下边界与土层接触,因土层的渗透率比块碎石层的渗透率小很多,可视为不透气边界。

对于梯形块石路堤区域来说,希望自然对流效应能使下面土层较多的热量通过路堤下边界经由块石层传到上面冷空气中去。表征通过路堤块石层底边($z = -0.5$)单位长度传热率的平均 Nusselt 数 Nu 被定义为

$$Nu = \frac{1}{L_d}\int_{L_d}\frac{\partial\theta}{\partial z}\Big|_{z=-0.5}\mathrm{d}y \tag{3-4}$$

式中 L_d 为块石路堤下边界的传热特征长度。设单纯热传导时的 Nusselt 数为 N_0,当 $Nu > N_0$ 时,表示块石路堤产生自然对流。

由表 3-15 为梯形路堤区域在不同瑞利(Rayleigh)数时的平均 Nusselt 数看出,当 $Ra = 20$ 时,它们已经有了自然对流,且随着 Ra 的增加对流效应也都相应地增强,$Ra = 80$ 时,两边坡不透气,路面透气的形式(即第4种边界)为最大,透气边界使冬季冷空气可通过对流循环直接进入路堤块石层内部,增强了路堤的降温效应。

表 3-15　不同边界条件下的平均 Nusselt 数[24]

序号	底边渗透、温度条件	上边渗透、温度条件	左右边坡渗透、温度条件	临界 Ra_c	单纯热传导的 N_0	Nusselt 数(Nu)		
						$Ra=20$时	$Ra=50$时	$Ra=80$时
1	不透气、等温	不透气、等温	不透气、等温	≈38	3.209	3.208	3.404	3.892
2	不透气、等温	不透气、等温	定压、等温	≈18	3.209	3.246	3.592	3.826
3	不透气、等温	定压、等温	定压、等温	≈16	3.209	3.278	3.655	4.187
4	不透气、等温	定压、等温	不透气、等温	≈20	3.209	3.211	3.476	4.244

块石层厚度: 大量研究表明[5,25,8],多年冻土区的路堤必须满足一个临界高度(见正文 1.0.2 条),其数值应根据多年冻土的冻土工程地质条件、冻土工程类型、冻土年平均

地温、多年冻土上限以及气温上升速率、路面结构类型等综合考虑。在考虑路基填土及汽车荷载等作用引起季节融化层的压缩性后，在气候变化背景下，多年冻土高温冻土区除应有路堤的合理设计高度外，还要采取调控路基基底温度的工程措施。

对于块石路堤来说，在给定的路堤合理设计高度下，既要满足公路路面结构层设计的基本要求，也要保证块石层在冬季自然对流的降温效应，路堤中块石层应满足一定厚度。这时，块石路堤中能否产生自然对流就完全取决于上、下边界间的温度差 ΔT，即块石层的高度 H 和温差 ΔT 必须达到一定的值，使得瑞利（Rayleigh）数 Ra 能大于产生自然对流的临界 Ra_c，由公式（3-1）可知

$$H\Delta T \geqslant \frac{\mu\lambda}{\rho g\beta KC}Ra_c \tag{3-5}$$

如果块石层高度 H 已经给定，则发生自然对流的临界温差 ΔT_c 可表示为

$$\Delta T_c = \frac{\mu\lambda Ra_c}{\rho g\beta KC}\frac{1}{H} = \frac{M_p}{H} \tag{3-6}$$

只有当 $\Delta T \geqslant \Delta T_c$ 时，路堤块碎石层中才会产生自然对流效应。

图3-9[24]就描述了冻土路堤块石层下、上边界间温度差的具体变化示意图。只有温度差 ΔT 大于临界温度差 ΔT_c 的那部分，才对块石层自然对流效应的强弱产生影响，并决定着自然对流效应延续的时间（图中竖线部分）。其中，t_1 为一个周期中块石层发生自然对流的起始时间，t_2 为自然对流的终止时间，显然 t_1、t_2 为下述方程在负温半周期内的两个实根

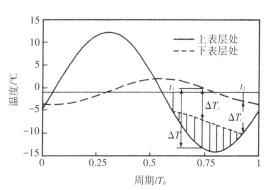

图3-9　路堤块碎石层中产生自然对流的温度

$$\frac{M_p}{H} = T(0,-H,t) - T_b \tag{3-7}$$

为反映表面温度下降越大、持续时间越长，其产生的自然对流效应就越强的特征，可定义为积温

$$A_t = \int_{t_1}^{t_2}[T(0,-H,t) - T_b - \Delta T_c]\mathrm{d}t \tag{3-8}$$

其为度量路堤块石层发生自然对流降温效应强度的积温指数，A_t 称为自然对流指数，℃·d。

块石路堤在冬季能产生自然对流的指数 A_t 要大于零，为使对流效应尽可能大，其值也就应尽可能大。图3-10为通过计算得到的一种路堤块石层在给定具体边界条件下的自然对流指数 A_t 随块石层高度 H 的变化规律[24]，H 比较小时，积温指数保持为零，块碎石层存在一个最小高度 H_{min}，当 $H > H_{max}$ 时，自然对流指数将大于零，而后，随着 H 的增加，指数也急剧增加。当 H 达到一定值后就进入缓慢变化阶段。当 H 增加到块石层下边界 $T(0,-H,t)$ 的波动趋近于 0 时，A_t 就达到最大值，即满足 $0 \leqslant A_t \leqslant A_{max}$。从图3-10可见，冻土区块石路堤的自然对流指数 A_t 随块石层填筑高度的变化规律有三个区域：

零区、急增区和缓变区,它们分别反映路堤块石层处于自然对流不发生阶段、急速阶段和平缓发展阶段。这个规律具有普遍性。

由此可见,路堤块石层中只有温度梯度较大的区域才有较显著的自然对流效应。鉴于温度在传播过程中的衰减,块石层下部的温度梯度已经很小,对自然对流效应的增强不起多大作用了。因此,块石层高度只要满足自然对流指数的0.8倍时即可,可定位为块石层的最大高度值H_{max}。

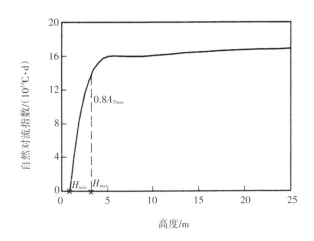

图3-10 自然对流指数随块碎石层高度的变化

$$H_{max} = H\Big|_{A_t = 0.8A_{T_{max}}} \qquad (3-9)$$

为此,在多年冻土区的环境条件下,基于块石层中的自然对流降温效应,块石路堤的块石层填筑高度只需取适当的数值即能满足

$$H_{min} \leqslant H \leqslant H_{max} \qquad (3-10)$$

根据数值模拟的结果[26,27],当路堤高度为3.5m时,块石层厚度为0.6 m情况下,路堤中心冻土上限有一定下降,深部(-15 m)冻土温度也有所下降。块石层厚度为0.6~1.5 m,随着块石层厚度最大,路堤高温区被块石层逐渐分为上下两部分,块石层中高温区减少,且范围也逐渐缩小,温度逐渐降低。说明块石层厚度范围内随着块石层增厚,块石层中空气的对流循环制冷能力逐渐增强。这一趋势可持续到块石层厚度达2.5 m。路堤块石层厚度再继续增加,冻土上限则下降,深部冻土温度亦上升(图3-11)。因此,在模拟采用的路堤结构下,块石层的最佳厚度为2.0~3.5 m,厚度为2.5 m时路堤中心冻土上限抬升到最高位置(图3-12)。根据青藏铁路和青藏公路的经验,块石层厚度应满足1.2~1.5 m。

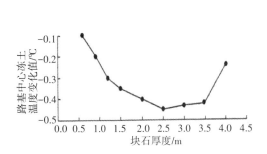

图3-11 块碎石路堤中心冻土上限深部(15 m)冻土温度随块石层厚度的变化

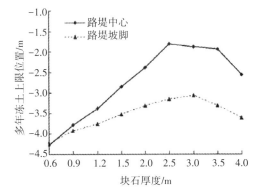

图3-12 不同块石层厚度的冻土上限变化

3.3.3 块石层铺砌位置

块石层铺筑位置应根据路基高度、路面结构层厚度等合理确定,块石层宜铺筑在路面结构层下0.3~0.5 m。

块石路堤空气的自然对流取决于瑞利数 Ra,当 $Ra < Ra_c$ 时,空气是静止不动的,只有 $Ra \geq Ra_c$ 时空气才开始产生对流。由公式3-1可知,块石层上下面的温差 ΔT 决定着瑞利数。因此,块石层上的覆盖层(包括路面结构层)厚度的变化对块石层路堤的冷却效果也存在着很大的影响,模拟实验表明[20],封闭条件下,2 m高的路堤下土体的温度低于5 m高的路堤。这是因为上覆盖层越厚,路堤表面负温度传到块石层顶面就少,引起块石层顶面的温差就越小,从而降低了块石层中空气的驱动力和对流速度,也就减弱了块石层的制冷能力。数值模拟表明[28],当覆盖层厚度小于2.0 m时,路基下活动层中融化盘基本消失,等于2.0 m时又出现有融化盘,且随着厚度增加而扩大,当厚度大于4.5 m时,多年冻土层地温逐渐升高。相对于普通路堤,块石路基均能很大程度地提高多年冻土上限,随着上覆砂砾石厚度的增加,坡脚多年冻土上限下降(图3-13),说明砂砾石厚度的增加降低了块石的总体制冷效果。因此,块石层铺设的位置应根据路堤高度、路面结构层厚度等因素综合考虑,块石层宜铺设在路床顶面以下0.3~0.5 m下,或在路床下面。如果路堤高度超过2.5 m时,可增大块石层底面的填土厚度及增设护坡,保持块石层的降温效应。

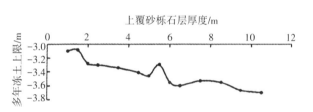

图3-13 上覆盖层厚度与块碎石路堤坡脚冻土上限的关系

从强化自然对流传热机制的角度出发,多年冻土区路堤的块碎石层铺设方式最好采用单一结构形式,其降温效果会比复合或混合结构形式好,能增大块石层底部的冷却能力。本条文建议块石层采用双层结构铺筑,既考虑工程施工,也以此防止或减少块石层孔隙的堵塞。但上层的块石粒径仍要选择大于150~200 mm为宜,因据青藏铁路北麓河试验段的碎石(粒径为70~120 mm)护道观测数据说明[29],暖季时,碎石层仅起到热屏蔽作用,并没有出现对流降温效果(图3-14)。

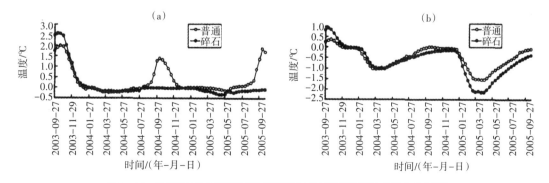

图3-14 青藏铁路北麓河试验段碎石护坡路肩基底温度的变化过程

碎石粒径为100(70 ~ 120)mm;(a)阳坡路肩(厚度1.6 m);(b)阴坡路肩(厚度0.8 m)

3.3.4 辅助防护结构

块石层底部应铺设 0.5 m 厚的砂砾石层及防渗土工布,其顶部也应铺设土工布及砂砾石层,厚度一般为 0.3 m。

路堤两侧增设碎石护坡,构成"U"型块石路基(正文图 3-2),其冷却路基的效果更佳。通常采用碎石粒径应大于 100 mm,厚度为 0.8 m(厚度大的效果优于厚度小的)。阳坡的厚度应大于阴坡厚度的 2 倍。

为了使块石路基达到设计要求的孔隙率,避免上覆土层细颗粒土落入块石层的孔隙中,保证块石层中的对流效果,孔隙率不小于 25%,压碎值不大于 25%,在块石层的上下界面上都应该铺设一层防渗土工布。块石层的下界面先在地面上铺设 0.5m 厚的砂砾石,经碾压密实后,随后铺设防渗土工布,再按设计要求填筑块石层。在块石层的顶面,先铺设一层土工布后才能填筑砂砾石。上层土工布应全断面宽度铺设,且对边坡也进行防护,保证块石层的孔隙与大气连通良好。必要时,可在边坡上铺设护道进行防护,防止细颗粒土充填块石层的孔隙,堵塞孔隙通道。块石层路基的孔隙不得充填碎石或其他杂物,下层填筑大粒径的块石,上层铺设粒径小些的块碎石。路基两侧应保持排水畅通,防止产生淤积或积水。

工程试验和室内试验、模拟均表明,路堤两侧铺设块碎石护道,可以改变路基坡面的热力状态和边界条件,减小坡面的年平均温度和坡面的温度较差。尽管暖季期间,碎石护坡仅起到隔热作用,冬季也没有出现预期的对流降温效果[29],但是与普通路基相比,碎石护坡路基的整体温度仍然有所降低,增加了冻土路基的热稳定性,从而改善了路基坡面的温度年平均值和年较差,以达到调节坡面温度的边界条件。

居于块石路堤的降温制冷和块碎石护坡的隔热降温作用,将两者组合构成 U 型块石路堤结构(见正文图 3-2)。青藏高原北麓河试验路堤的观测资料表明[30],U 型块石路基具有相助的降温效应。在路基下 0.5 m、原天然上限和路基下部 5 m 深处的地温,从 2004 年开始观测至 2007 年,它们的地温分别降低到−3.67 ℃、−3.31 ℃ 和−2.36 ℃,其降幅分别达到 1.13 ℃、1.28 ℃ 和 0.77 ℃(图 3-15,3-16,3-17)。

多年冻土上限的变化亦非常明显。2004~2006 年 U 型块石路堤下多年冻土上限抬升幅度达 0.9~1.4 m,甚至进入了路堤本体,其幅度比普通路基大 0.86 m,路基中心要大 0.5 m(表 3-16)。

从 U 型块石路基的热状态看,不仅多年冻土上限逐年上升,且土体温度逐年降低(图 3-17),路基下部 5 m 深处降温幅度较大,甚至 10 m 深度左右的多年冻土地温仍见有降温趋势。这充分说明 U 型块石路基具有极为显著的降温作用。

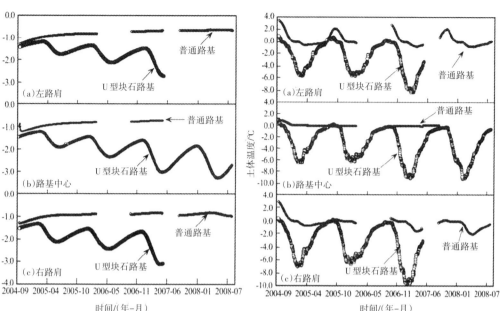

图 3-15　路基原地表下 0.5m 深度土体温度变化

图 3-16　路基下部原冻土上限附近土体温度变化

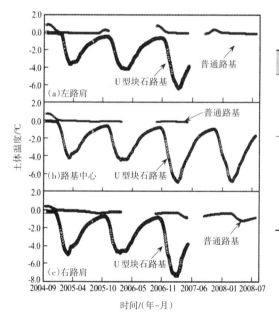

图 3-17　路基下部 5 m 深度冻土温度变化

表 3-16　普通与 U 型块石路基下部冻土上限深度/m

年份		2004	2005	2006	2007
普通路基	左路肩	2.26	2.08	2.28	2.12
	路中心	2.27	1.40	1.56	
	右路肩	2.00	0.70	0.84	0.68
U型块石路基	左路肩	1.50	0.86	0.64	0 高于原地面
	路中心	1.42	0.64	0.20	
	右路肩	1.20	0.62	0.10	

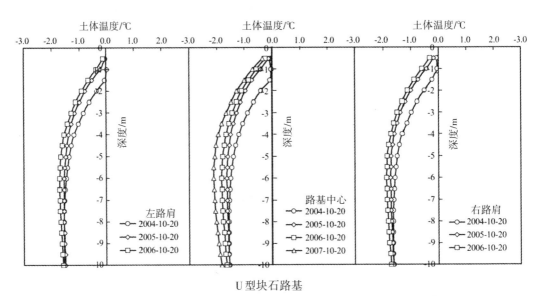

图3-17 2004—2007年普通路基和U型块石路基下部土体热状态的变化

3.4 施工技术及方法

块石路基施工工艺流程如图3-18

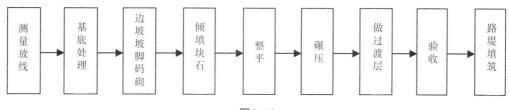

测量放线 → 基底处理 → 边坡坡脚码砌 → 倾填块石 → 整平 → 碾压 → 做过渡层 → 验收 → 路堤填筑

图3-18

图3-19 青藏铁路块石(碎石)路基施工

4 通风管路基

4.1 一般规定

4.1.1 通风管路基是通过与大气的对流换热来冷却路基的特殊路基结构,为多年冻土区保持公路路基稳定性的工程措施之一。

4.1.2 通风管路基设计应执行《公路路基设计规范》和《公路工程技术标准》规定,并参考多年冻土区研究成果确定设计原则及路基设计高度。

4.1.3 通风管路基设计应在综合分析冻土工程地质勘察资料、建设区的冻土环境影响因素及工程成功经验的基础上,进行相关的热工计算确定设计方案。

4.1.4 通风管路基施工和检验,应严格遵循多年冻土区公路路基施工细则要求,恪守工序,精心施工,确保工程质量。

4.2 原理及适用条件

4.2.1 通风管路基的工作原理

通风管路基是在路基一定高度的位置贯通铺设管道,在自然对流和风的作用下,密度较大的冷空气能将管中的热空气挤出,并不断地将周围土体中的热量带走而"冷却路基",达到增加路基的冷储量,降低路基下多年冻土地温,抬升上限,提高路基热稳定性的冷却路堤。当没有风的强迫流动时,由于密度差导致管中空气流动的效应可以理解为"烟囱效应"。

4.2.2 通风管路基适用条件

通风管路基主要用于多年冻土区高温高含冰量冻土地段,且路基走向垂直(或近于垂直)主风向的地段。一般的高路堤或低路堤条件下,通风管可冷却管下路堤,增加地基冷储量。

在风沙较大的地段,通风管路基应采取一些防沙措施,或改进通风管结构形式,避免出现堵塞,影响通风效果。

4.3 设计参数指标

4.3.1 通风管材质与管径(D)的选择

通风管的材质采用钢筋混凝土,专业厂家预制生产。管的接头建议采用柔性钢承口管(见图4-1)。

管中空气的流速与管体的几何特征有关($v \propto D/L$)。对于强迫对流,不同长径比通风管情况是不一样的。理论分析,通风管强迫对流的合理长径比为:$L/D \leqslant 30$。

通风管管径(D)宜采用0.4 m~0.7 m,管径与长度(L)比值需大于0.02(青藏铁路试验段的管径与长度比值为0.03)。

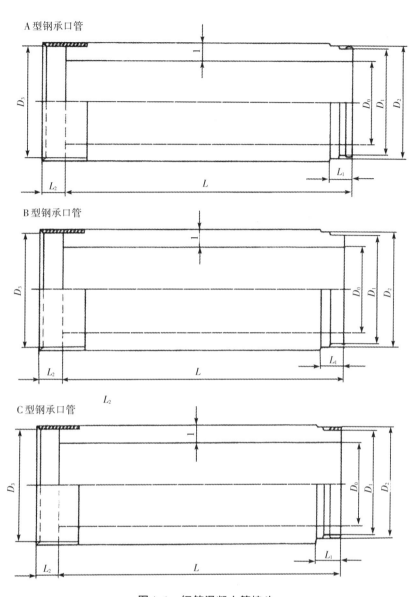

A 型钢承口管

B 型钢承口管

C 型钢承口管

图 4-1 钢筋混凝土管接头

材质为钢筋混凝土预制管,每节长为 1.0~2.0 m,管壁厚度(δ)为 50~80 mm。建议:

当 $D=0.4~0.7$ m 时,$\delta=50~80$ mm;

当 $D=0.7~1.0$ m 时,$\delta=80~120$ mm;

当 $D=1.0~1.2$ m 时,$\delta=120~180$ mm。

4.3.2 通风管敷设间距(S)

通风管埋置深度确定后,可根据暖季需通风管带走的热量,经计算确定通风管敷设间距。

通风管敷设间距应小于"冷却半径"R,同时应考虑施工压实半径:

$$R = k\left(\frac{D}{D_0}\right)^{\alpha} \tag{4-1}$$

式中：$D_0=1.2$ m；$k \approx 3.5\sim4.5$ m；$\alpha \approx 0.3\sim0.5$

D——管径，m。

通风管间距（S）为通风管外径的3~4倍，$S/D \leqslant 4$。根据试验，通风管净间距为1.0~1.5 m较为合理。

4.3.3 通风管埋设高度（H）的确定

通风管埋设的位置应根据当地主导风向与风速、地表径流、风沙及积雪等自然因素综合确定，应避开路堤坡脚的静风区（图4-2）。

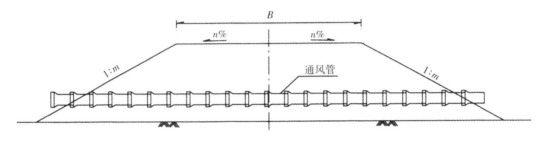

图4-2 通风管路基设计示意图

通风管的埋置深度一般应大于3~5倍管径，大管径取小值，小管径取大值。一般宜铺筑在距地面以上0.5~1.0 m，或路堤中部。

通风管两端应伸出路堤边坡外，长度宜大于0.3 m（可能的话，进风端口加喇叭集风套和自动开闭门）。

4.3.4 辅助防护结构

通风管底部及周围应铺设0.1 m厚的中粗砂垫层。

通风管管顶应铺设0.1 m厚的中粗砂盖层。

为防止暖季热空气进入通风管引起路基融化深度增大，造成路基地温升高，可在进风口安装"自控风门"装置。

如果采用"透壁式"通风管（图4-3）时，管外应包裹一层具有一定强度的透水、透气性很强的纱网（网孔应小于$\phi0.5$ mm），防止细小土颗粒进入管内。

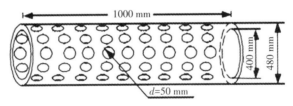

图4-3 透壁式通风管尺寸

进风口和采风口处设置竖管的采风口和排风装置，使通风管形成"烟囱"效应，并安装活动式或固定式"风帽"。

4.4　施工技术及方法

4.4.1　通风管质量检验

按通风管结构设计进行定型生产,选择气候、养生和环境条件较好的地方集中预制。进场时必须对每批次自检合格产品进行抽样,交由专门质检机构进行检测,提供第三方检测报告。检验内容:

1.检验批次通风管产品的合格证及第三方检测报告;

2.抽样检测通风管的抗压强度,必须达到设计要求;

3.通风管尺寸必须符合设计要求,检查外观及管内的平整、光洁;

4.承插口的完整性,有无裂口,碰撞损伤。

4.4.2　施工前技术交底

1.施工技术人员必须掌握与明确设计意图、要求和质量控制;

2.准备使用的材料、机械设备,人员配备与分工;

3.举办施工人员学习班,简明介绍设计要求、施工要点与注意事项;

4.进行现场示范工程的全过程(放样、沟槽开挖、铺设砂垫层与压实、通风管施工、侧向回填与压实、管顶填筑等)。

4.4.3　基底处理

1.确认特殊路基的高温高含冰量冻土地段的范围;

2.按"宁填勿挖"原则,地面草皮及植被不清除;

3.按第3章3.4.3节,块石(碎石)路基"基底处理"方法进行处理;

4.按设计要求进行通风管下的路堤路床填筑与压实。

4.4.4　路堤填筑

1.底层路基填筑应超出设计路基两侧宽度0.3 m,目的在于保持路基边坡的压实度;

2.基底土拱垫层厚度不小于0.5 m,按地形设4%的横坡,水平地面设"人"字形横坡;

3.通风管设计高度以下,按设计要求进行路基填筑,压实度达基床设计要求;

4.路基填筑高度达通风管顶面设计高程以上0.1～0.2 m时,即时整平路基面,并碾压,压实度按基床质量控制要求;

5.检测路基面的平整度和压实度,合格后才可进行通风管敷设安装。

4.4.5　沟槽开挖

1.按通风管位置与高度的设计要求,在路基面上恢复中线,测量和标志通风管的安设位置及开挖线。

2.采取人工或机械(开槽机或挖沟机)按预设的标志桩进行沟槽开挖。

3.沟槽宽度和深度应大于通风管外径0.1~0.2 m,自路基阳坡向阴坡倾斜,坡率为2%;宽幅路面时,沟槽自线路中心向两侧"人"字横坡,坡率为4%。

4.清理干净沟底的浮土。

4.4.6　通风管基底垫层施工

1.沟槽中铺设中粗砂垫层,厚度满足设计要求。

2.采用人工铺设,要求平整,压实。

4.4.7 通风管敷设

1.用人工或小型起重设备将通风管放入沟槽,摆放平整。

2.两端伸出路堤坡脚,其长度应满足设计要求,通风管端头应取直、整齐。

3.按坡率4%"人"字形横坡铺设通风管,对接紧密、顺畅,防止积水和渗漏引起管底冻胀。通风管长度误差可在中间管节调整。

4.通风管安装到位,经检查合格后,人工用中粗砂回填管侧和管顶,掩埋整个通风管。

5.整平沟槽,用小型压路机或平板夯将回填料压实。

4.4.8 管顶路堤填筑

1.采用自卸汽车运输填料,并用推土机进行初平,平地机进行终平,平整面不得有明显的局部凹凸。

2.如是非渗水性填料,平整面应做成4%向两侧排水的横坡。

3.路堤采用重型振动压路机压实,沿线路纵向进行,由两侧向中间进行碾压。各区段交接处互相重叠压实,纵向搭接长度不小于2.0 m,行间横向压实重叠宽度不小于0.4 m。

4.碾压时按规范要求控制压实度和平整度。

5.路堤填筑完成后。严格按设计结构要求进行路堤表面排水横坡、平整度、边坡整修。

4.5 检测与评定标准

4.5.1 通风管材质、规格、质量及基本技术性能,应符合设计要求

1.混凝土抗压强度按《混凝土强度检验评定标准》GB/T 50107的规定执行。制管用混凝土强度等级不得低于C30。

2.外观质量、尺寸偏差:从受检批中采用随机抽样的方法抽取10根管子,逐根进行外观质量和尺寸偏差检验。合格标准(表4-1):

① A类项目必须全部合格;

② B类项目的超差不超过2根,项目的超差不超过2项;

③ 外压荷载检验符合设计要求时,则判该产品力学性能合格。如有不符合要求时,允许从同批产品中抽取2根进行复检,复检结果如全部符合设计要求时,则剔除原不合格的1根,判定该批产品力学性能合格,复检结果仍有1根不符合要求时,则判定该批产品力学性能不合格。

4.5.2 通风管的埋设位置、间距、排水坡度等控制与检测,按表4-2要求。

4.5.3 通风管沟槽开挖前,路基压实度、平整度等质量检测,应表4-2要求。

4.5.4 通风管埋设后,路基压实度与平整度检测,应满足路基结构层设计要求。

表 4-1　检验项目及类别

序号	质量指标	检查项目	类别	允许偏差	备注
1	外观质量	黏皮	B	无	
2		麻面	B	无	
3		局部凹坑	B	不大于 5 mm	
4		蜂窝	A	无	
5		塌落	A	无	
6		露筋	A	无	
7		空鼓	A	无	
8		裂缝	A	不允许	
9		合缝漏浆	A	不应有	
10		端面碰伤	A	总向长度不超过 100 mm,环向长度极限值 60~80 mm	
11	尺寸偏差	承口直径(D_3)	A	接头:柔性、刚性±2	刚性接头承插口管测 D_1
12		插口直径(D_1)	A	接头:柔性±2,刚性±4	
13		承口长度(L_2)	B	接头:柔性、刚性±3	刚性接头承插口管测 L_1
14		插口长度(L_1)	B	接头:柔性+3、-4,刚性±6	
15		管子公称内径(D_0)	B	柔性、刚性:+4、-8	
16		管壁厚度(t)	B	柔性、刚性:+8、-2	
17		管子有效长度(L)	B	柔性、刚性:+18、-10	
18		弯曲度(δ)	B	≤管子长度的 0.3%	
19		端面倾斜(S)	B/A	≤10 mm	顶进施工为 A 类
20		保护层厚度(C)	A	不小于 15 mm	
21	物理力学性能	裂缝荷载	A	符合设计要求	
22		破坏荷载	A		
23		混凝土抗压强度	A		

057

表 4-2　通风管路基施工质量检测标准　　　　　　　　　　单位:毫米

项次	检测项目	允许偏差	检测方法与频率
1	路基压实度	符合设计规定	灌砂法、灌水法,每一压实层每 100 m 检测 3 点
2	平整度	15	3 m 直尺,每 200 m 检测 2 处×10 尺
3	通风管埋设高程	±30	水准仪,每 100 m 检测 3 点
4	通风管铺设间距	±10	直尺,每 100 m 检测 4 点
5	中线偏位/mm	50	水准仪,每 100 m 检测 4 点
5	横坡/%	±0.3	水准仪,每 100 m 检测 2 断面
6	管槽宽度、深度	±0.5	直尺,每 100 m 检测 4 点
7	管顶路基压实度	符合设计规定	灌砂法、灌水法,每一压实层每 100 m 检测 3 点

条文说明 // 4 通风管路基

4.2 原理及适用条件

4.2.1 通风管路基的工作原理

在寒冷季节,冷空气密度加大,在自然对流和风的作用下将路基管道中的热空气挤出,并不断地将周围土体中的热量带走,以达到增加路基的冷储量,降低路基下多年冻土的地温,保护冻土路基处于低温或冻结状态。

据资料[31],从流体力学原理可知,当流体从大空间进入圆管时,流动边界层有一个从零开始增长直到汇合与管子中心线的过程。同样,当流体与管壁之间有热交换时,管子壁面上的热交换也有一个从零开始增长直到汇合于管子中心线的过程。当流动边界层及热边界层汇合于管子中心线后,这时流动及换热充分发展,以后热强度保持不变。可定义从进口到充分发展段之间的区域为入口段。入口段的热边界层较薄,局部表面传热系数较充分发展段要高,且沿着主流方向逐渐降低。如果边界层中出现湍流,则因湍流的扰动与混合作用会使局部表面传热系数有所提高,在逐渐趋于一个定值(图4-1)。

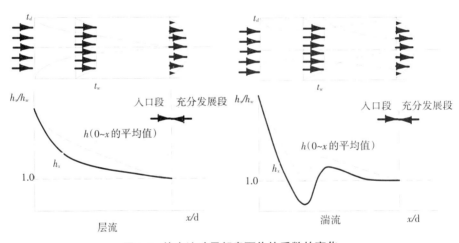

图4-1 管内流动局部表面传热系数的变化

实验研究表明,层流时入口段长度L由下式确定:

$$\frac{L}{d} \approx 0.05 Re Pr \tag{4-1}$$

式中 d——管内径;

Re——雷诺数;

Pr——普朗特数。

在湍流情况下,只要 $L/d > 60$,则平均表明传热系数就不受入口段的影响[32]。亦即是 $d/L > 0.017$,青藏铁路试验路段的 d/L 实质上均大于0.02。因此,要充分利用入口段换热效果来强化换热,从而使通风管有效地保护冻土。

空气在通风管内的流动会出现两种情况，一则是由于外力迫使流体穿越通风管时，空气流是有一定压力的，此种流动为强迫对流。另则是由于冷、热空气流体各部分的密度差产生的浮升力而引起，即为自然对流。空气流过通风管壁面时与管外土体相互间产生的换热过程，即为对流换热，这种过程既包括流体位移所产生的对流作用，同时也包括流体分子间的导热作用。它体现导热和对流的联合作用。

强迫对流是整个流体有整齐的宏观运动，因而流体的流速对换热系数的大小产生很大影响，而自然对流只是流体内部不存在整齐的宏观运动，因而浮升力的大小则是影响换热系数大小的作用因素。当空气通过管内的流动是以自然对流方式进行时，流体的运动状态主要以层流方式为主，当空气通过管内的流动是以强迫对流方式进行时，流体的运动状态主要以湍流方式为主。强迫对流的放热系数为 $20\sim100$ W/($m^2 \cdot$ K)，自然对流的放热系数为 $1\sim10$ W/($m^2 \cdot$ K)。可见强迫对流的放热系数是自然对流的 2 倍。

不同长径比通风管情况下，强迫对流是不同的。由于空气在流动过程中受到管内粗糙度、雷诺数及管道弯曲度等影响，其风压将沿程降低。为保证空气以一定的初速度穿越通风管时，空气流的初速度必须大于空气流穿越通风管时所损失的风压。管内的流动状态（层流或湍流）是以其临界速度为分界点，低于临界速度的空气流过通风管的方式为层流，高于临界速度的空气流过通风管的方式为湍流。临界速度值取决于流体物性与流道的形状和大小。层流时，沿壁面法向方向的热量转移依靠导热；湍流时，最贴近壁面一薄层具有层流性质，在薄层之外，热量的转移出依靠导热极力外同时还依靠湍流扰动的对流机理。

一般情况，管道里能保持层流流动的临界雷诺数为：$Re = 2300$。

根据资料计算[33]，青藏高原地区，0 ℃条件下，空气运动黏性系数为 $\nu=(2.30\sim2.73)\times 10^{-5}$ m^2/s。

对于内径 d 为 0.4 m 的通风管，其临界速度：

$$V_{lj} = \frac{\mu Re}{d} = 0.132 \ \text{m/s} \tag{4-2}$$

对于内径 d 为 0.3 m 的通风管，其临界速度：$V_{lj} = 0.176$ m/s

根据计算结果，目前青藏铁路的设计，通风管内层流与湍流分界的临界速度非常小，空气流几乎不可能以层流方式流动。因此，通风管内强迫对流的空气热交换是湍流方式。

为此，在路堤中埋设通风管可以起到两种作用：

1.暖季填筑较高路堤时，填料带入到路堤内的热量，可以经通风管中的空气对流方式将热量带出，加速路堤的冻结，消除路堤中融土夹层和基底的融土核，提高冻土路基的稳定性。

2.一般高度的路堤，通风管除可降低路堤体的温度外，还可以作为冷源增加冻土地基的冷储量，提高冻土路基的热稳定性。

在寒季，通风管中空气的对流，可增加传入路基下多年冻土的冷量，降低多年冻土地基的温度。在暖季，通风管中空气的对流，有可能改变路堤的融化深度。因此，冻土区路堤通风管的设计应注意暖季时所带来的不利作用。

4.2.2 通风管路基适用条件

多年冻土路基工程变形破坏和沉降的核心原因是多年冻土地基受热作用而导致基底下冻土融化所致,特别是高含冰率多年冻土区的路基工程,增强冻土地基的热稳定性是冻土路基稳定性的关键因素。路堤中埋设通风管是保证冻土路基热稳定性的重要工程措施之一。

采用通风管来冷却冻土路基,必须使寒季的输入路基内的冷量要大于暖季输入路基内的热量,亦即是说,只有当所处地段的气温能使通风管内表面冻结指数大于融化指数的环境条件,才能保证通风管路堤的稳定性。为维持路堤下冻土地基的多年冻土天然上限保持不变,或有所抬升,就必须满足气温的冻结指数大于2倍的融化指数,即通风管下的冻结深度是融化深度的1.41倍以上(表4-1)[4],才能起到冷却冻土地基的作用。

表4-1　青藏高原多年冻土区的气温、冻结指数和融化指数

地　区	年平均气温 /℃	气温冻结指数 Ω_f/℃·d	气温融化指数 Ω_t/℃·d	Ω_f/Ω_t	备注
楚玛尔河高平原	-4.9	-2703	539	5	
五道梁地区	-4.7	-2576	476	4.4	
风火山地区	-5.6	-2770	354	6.8	资料[4]
沱沱河地区	-3.4	-2323	717	2.2	
温泉地区	-3.1	-2043	589	2.5	
土门格拉地区	-4.2	-2406	529	3.5	
玛多地区	-3.9 ~ -4.0	-2079	756	2.75	资料[89]
花石峡地区	-42				

青藏铁路清水河通风管路堤试验段,属于连续多年冻土区,天然上限为1.2~2.5 m,冻土厚度为50~120 m,含土冰层、饱冰冻土和富冰冻土均有分布,厚层地下冰埋藏深度为1.2~2.5 m,厚度为0.2~3.0 m。通风管为PVC管和钢筋混凝土管,管径为0.3 m和0.4 m,管间距以管径的1.5倍布设,埋置深度为路基面下2.0 m。通风管路堤填高平均4.96 m(左路肩5.60 m,路中心5.07 m,右路肩4.22 m),普通路堤填高平均4.42(左路肩4.89 m,路中心4.55 m,右路肩3.83 m)。试验段的气象资料:冻结指数为2300 ℃·d,融化指数为730 ℃·d。

观测结果表明(表4-2),通风管(埋深2 m)内的融化指数仅为普通路基相同深度层面融化指数的50%。通风管内的冻结指数是融化指数的2~4倍,是普通路堤的4~6倍。这充分说明,路堤中的通风管具有明显的"阻热、导冷"效应。同样,通风管路堤下

的冻土人为上限也抬升许多,移至上升到路基内(表4-3及图4-2)。

表4-2　清水河试验段通风管路堤和普通路基的融化指数与冻结指数(℃·d)对比[22]

断面位置	位置	2002年		2003年		2004年	
		融化指数	冻结指数	融化指数	冻结指数	融化指数	冻结指数
DK1026+370 通风管路堤 (混凝土管)	路基表面	4332.86	−59.19	4130.06	−6.08	4223.45	−55.31
	通风管内壁	679.96	−1611.36	424.36	−1207.59	318.20	−1151.15
	通风管外壁	875.03	−1677.90	626.24	−1231.36	431.83	−1172.06
DK1026+252 普通路堤	路基表面	3641.20	−202.12	3312.61	−83.25	3606.32	−163.17
	相当于管内壁位置	754.95	−458.14	844.78	−301.26	607.77	−181.61
	相当于管外壁位置	968.80	−606.86	670.23	−187.44	786.14	−287.64

表4-3　通风管路堤和普通路堤的天然上限与人为上限对比[22]

断面位置	孔位	路基填高/m	天然上限/m		人为上限(从原地面起算)/m		
			测温	勘探	2002年	2003年	2004年
DK1026+370 通风管路堤	天然地面孔		1.8		1.91	1.92	1.84
	左侧坡脚孔			2.00	2.10	2.00	2.60
	左路肩孔	6.91			−0.42	−1.05	−0.95
	路中心孔	5.64	1.4		−1.15	−1.64	−1.89
	右路肩孔	4.84			0.21	−0.11	−0.24
	右侧坡脚孔			1.33	1.63	1.60	1.60
DK1026+525 普通路堤	天然地面孔		1.45			1.40	1.35
	左侧坡脚孔			1.42	1.61	2.04	2.24
	左路肩孔	5.60			1.09	1.01	1.21
	路中心孔	5.07	1.44		1.45	0.95	0.95
	右路肩孔	4.22			1.35	1.27	1.36
	右侧坡脚孔			1.95		1.80	1.90

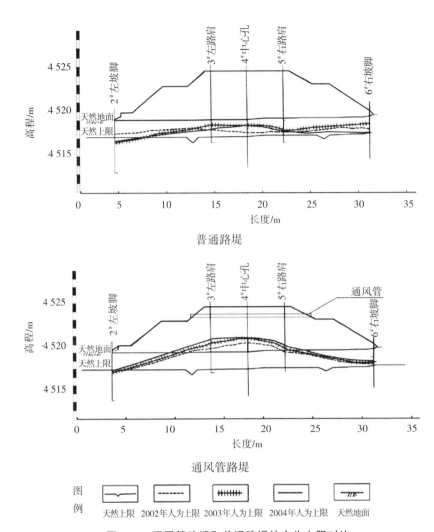

图例　天然上限　2002年人为上限　2003年人为上限　2004年人为上限　天然地面

图4-2　通风管路堤和普通路堤的人为上限对比

从沉降变形曲线(图4-3)[22]亦可看出,工程施工后第二年通风管路堤的沉降变形就逐步稳定,沉降速率明显减缓。但普通路堤则仍有下沉,尚无稳定,特别是阳坡面的沉降变形仍继续。由此表明,路堤中埋设通风管可以提高路堤的稳定性。

青藏铁路北麓河试验段的资料亦表明[34],天然孔浅层(3m)土体地温随时间变化的情况(图4-4),4月下旬开始融化,回冻于10月,在融化期间施工必然还会使土体地温升高。采用通风管路基措施后,路基中心孔的地温变化表明,由路堤施工前最大融化深度2.0 m变至施工后仅为1.0 m深度范围(图4-5)。对比两者的变化范围、尺度和时间的差异,路基中心孔剧烈的温度(冻融交替)仅限于1.0 m范围,而天然孔融深达2.0 m左右,两者的差值范围内的温度差别达3~4 ℃。路基中心孔升温和降温过程明显滞后于天然孔地温的变化,且幅度也小得多。显然,这是填土和通风管双重热阻效应影响下的结果,致使路堤的冻结期维护时间要比天然状态下长2~3个月。214国道K417段路基坡脚通风管下2 m范围的监测亦表明,一年后地温整体降低了0.3~1.5 ℃[35]。

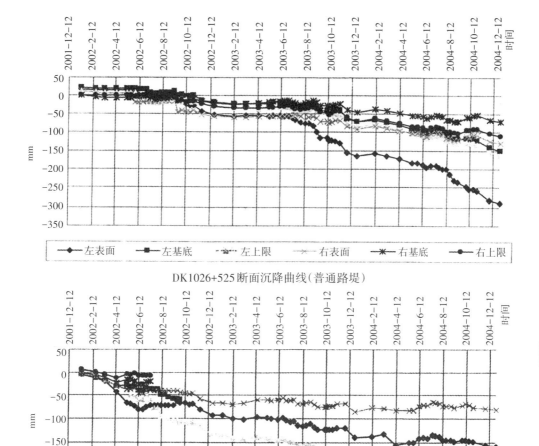

图4-3　通风管路堤与普通路堤沉降变形曲线对比

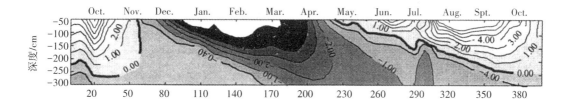

图4-4　青藏铁路DK1140+927断面天然孔地温随深度-时间变化等值线图

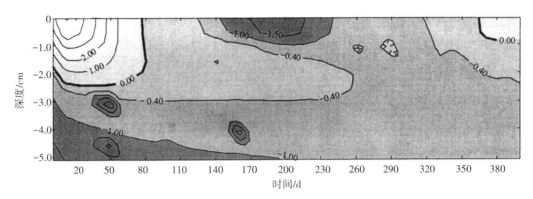

图4-5 青藏铁路DK1141+237断面路基中心孔地温随深度-时间变化等值线图

同样,通风管路堤的室内模型试验研究表明,经过20天的降温,通风管路堤底部温度降低了11.33~11.77 ℃,而未加通风管结构的路堤仅降低了5.84~6.32 ℃,即通风管结构路堤有助于保护路堤下天然冻土的热稳定性或可进一步使冻土发育[36]。

鉴于青藏公路高达60%[37]的冻土区路段遭受沉降破坏研究表明,高温高含冰率冻土地段的路基融沉变形破坏最为严重。采用冷却、降温的工程措施,以消除或减弱外界热量对路堤下多年冻土温度的影响是保护多年冻土地基热稳定性的重要举措。室内模型试验和工程试验研究结果都充分说明,路堤中埋设通风管是有效保护冻土路基的工程措施之一。

表4-4 青藏铁路环境与通风管内气温(℃)统计表

位 置	平均气温	最高温度	最低温度
环境气温	−3.61	9	−18
XBH300(中心)	−1.79	8	−16
XBH400(中心)	−2.04	8	−16
XBH300(左侧)	−1.32	9	−14

表4-4是青藏铁路通风管试验段的环境温度与通风管内的气温统计表[22]。从表中看出,通风管内年平均温度普遍高于环境气温,两者差值沿通风管中风向(从右侧至左侧)逐渐增加:右侧进风口平均气温比环境气温高0.1~0.4 ℃,中心高1.6~1.8 ℃,左侧出风口高出2.1 ℃。管中气温最高值与环境气温最高值相差不大(<1 ℃),但最低温度相差较大,其中出风口最大,相差4 ℃;中心次之,相差2 ℃;进风口基本相同。从换热的角度看,融化期,环境温度与通风管内温度基本相同,两者间温度梯度很小或没有,换热基本停止;冻结期,环境温度低于管中气温,整体上通风管处于放热状态,这有利于保护路基下的多年冻土。这说明,暖季期间,路堤中采用通风管降温措施不一定会给路基下的多年冻土带来不良的影响。

试验表明,为保证通风管中气温的负积温,当地年平均气温低于−2.0~ −3.5 ℃地区采用通风管路堤能保证降温效果。

为反映路堤通风管内温度与空气温度特性的关系,引入n系数的概念,即通风管内的积温与空气积温的比值:

$$n = \frac{I_s}{I_a} = \frac{\int_0^{\theta_s} T_s(t)\,\mathrm{d}t}{\int_0^{\theta_a} T_a(t)\,\mathrm{d}t} \qquad\qquad (4\text{-}3)$$

式中，I_s——通风管内的积温，℃·d；

$\quad I_a$——空气的积温，℃·d；

$\quad T_s(t)$——通风管内温度随时间而变化；

$\quad T_a(t)$——空气温度随时间而变化；

$\quad \theta_s$——计算通风管积温延续时间；

$\quad \theta_a$——计算空气积温延续时间。

清水河试验段的气象资料得出不同年度的 n 系数值（表4-5）：

表4-5　清水河试验段通风管内外壁的 n 系数[22]

断面位置	位置	2002年		2003年		2004年	
		n_t	n_f	n_t	n_f	n_t	n_f
DK1026+370 通风管路堤 （混凝土管）	路基表面	1.74	0.77	1.04	0.54	1.83	0.47
	通风管内壁	0.93	0.70	0.58	0.53	0.44	0.50
	通风管外壁	1.20	0.73	0.86	0.54	0.59	0.51

由此可见，冻结指数略小于融化指数，通风管内冻结指数和融化指数的均在0.5左右，这表明，暖季期间，通风管下的路堤仍有一定的融化深度。室内外的试验也表明，在单一风向影响下，通风管轴向方向上引起路堤阴阳坡两侧温度分布的不对称性也逐渐明显，会逐渐导致路堤融化深度的不对称性。因此，采用通风管措施冷却路基地温时，应防止通风管的负面影响，为防止这种不对称性的影响，在暖季期间通风管两端口应采取一些措施，如堵塞或关闭，或者在端口处采用其他结果形式。

4.3　设计参数指标

4.3.1　通风管材质与管径（D）的选择

目前青藏铁路和青藏公路试验段所采用的通风管材质有两种，即PVC塑料管和钢筋混凝土管。通风管与路基的传热效果主要取决于通风管材料的导热系数及其他一些结构系数，导热系数大的材质，能具有较大的传热效果。

PVC管在长轴方向具有连续性和延展性，避免了钢筋混凝土管间连接的复杂性和不均匀变形引起的脱节和错位。但PVC管的导热系数较小，耐久性较差，易损率较高，特别是管的进出口端易受高原紫外线影响而出现变质和破损。

钢筋混凝土管，通常是预制的，每节长度一般为2 m。质量保证条件下，混凝土管具有较高的强度，较大的导热系数，破损率小，耐久性强，不易变质。采用柔性钢承口接头较好，管外平顺，施工较易达到平整、严密，特别是布设在块石面上的通风管，更易施工。

通风管路堤的应用原理就是将路堤修筑的人为活动以及由于气候转暖所带入路基的热量通过通风管带出，同时在寒季期间又能将空气的冷量传入路基，以保持冻土路基的冻结状态。多年冻土区通风管路堤能有效地降低路基温度是由于高原具有较长的冻结期(长达8~9个月)、大而多风天气(最大风速可达45 m/s),以及通过通风管冷空气的强迫对流换热所造成的。因此,在外界一定条件下,路堤中的通风面积将影响通风管与冻土路基的换热效果,通风管路堤通风面积是由通风管的管径和数量所决定。

通风管管径的大小将影响管内的空气流体的运行形式,进而影响换热效果。通过通风管与流体的换热分析,确定合理的管径,充分发挥通风管的换热效果。

根据青藏铁路北麓河试验段资料[22],按照2倍管径的管间距考虑,Φ400通风管路基单位面积内的通风面积占10.4%,路中心管壁的平均温度为−2.04 ℃,而Φ300通风管路基单位面积内的通风面积占7.85%,路中心管壁的平均温度为−1.79 ℃。显然,增加管径的通风降温效果好于小管径的效果,将增加路基的热稳定性。但在升温时它的负面影响也较小管径严重。在考虑通风管管径对路基降温效果影响时,按照给定路堤宽度通风管换热面积等效方法布设通风管。一般情况下,需要计算由通风管带走热量的通风面积,再折算成单位长度路基所需的排管数量级间距。

仿真试验结果表明[38],对于0.4 m通风管来说,管间距较小,负温温度波传递深度较大,储冷效果越好(表4-6),降温效果就越明显。相反,在暖季期间,通风管的吸热更容易沿深度传递,反而使路基的融化深度变得较大(表4-6)。因此,综合分析,管径为0.7~1.0 m较为合适。就青藏铁路试验情况看,通风管管径应大于0.4 m,同时满足长径比为$L/D \leq 30$或管径与长度比值需大于0.02。

表4-6   不同管径下温度波(−4 ℃)在各年的最大传递深度及各年最大融化深度(m)[38]

方案		第2年		第4年		第6年		第8年		第10年	
		传深	融深	传深	融深	传深	融深	传深	融深	传深	融深
管径D=0.4 m	管间距L_1=0.8 m/15根	−1.68	−1.31	−3.48	−1.12	−5.94	−0.95	−7.01	−0.94	−8.11	−0.94
管径D=0.7 m	管间距L_2=1.4 m/9根	−1.39	−1.23	−3.22	−0.96	−5.78	−0.89	−6.80	−0.86	−7.83	−0.86
管径D=1.0 m	管间距L_3=2.0 m/6根	−1.35	−1.14	−3.05	−0.92	−5.40	−0.87	−6.31	−0.85	−7.17	−0.83

注:传深——为−4 ℃温度波的最大传递深度,m;融深——为最大融化深度,m

4.3.2   通风管敷设间距(S)

从图4-6[38]的仿真试验结果可以看出,通风管不论采用那种管间距布设,到第6年后,整个冻土层的地温都会降低到−1.0 ℃以下,冻土层从高温不稳定状态的冻土区进化为基本稳定状态的冻土区。到第9年前后,冻土层的地温可降低到−2 ℃以下。表4-7可看出,管间距越小,负温温度波传递深度越大,储冷效果越好,降温效果越明显。说明在给定的管间距范围内,各种不同间距的布设方式都能取得较好的降温效果,对路堤降温效果差异不明显。和初始的多年冻土上限(2 m)相比,通风管埋设后,路堤冻土的人为上限有较大幅度抬高。同时,通过比较看出,管间距越小,路基的融化深度反而增大,这是因为大气中较高的气流进入通风管内,使通风管大量吸热而增大了融化深度。但计算结果尚得验证。

表4-7 不同管间距下温度波(-4℃)在各年的最大传递深度及各年最大融化深度(m)[38]

方案	第2年		第4年		第6年		第8年		第10年	
	传深	融深	传深	融深	传深	融深	传深	融深	传深	融深
管间距L_1=2D	-1.60	-1.37	-4.07	-1.12	-5.58	-1.04	-6.48	-0.96	-7.30	-0.96
管间距L_2=3D	-1.40	-1.23	-4.00	-1.03	-5.50	-0.95	-6.32	-0.95	-7.13	-0.87
管间距L_3=4D	-1.35	-1.20	-3.90	-0.96	-5.40	-0.86	-6.20	-0.85	-7.00	-0.82

注:D——管径,D=0.4 m;传深——为-4 ℃温度波的最大传递深度,m;融深——为最大融化深度,m

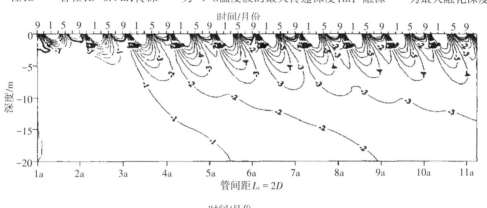

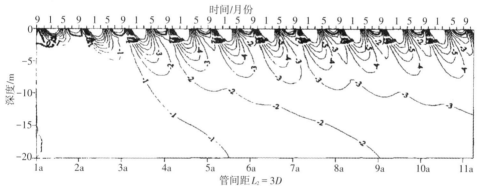

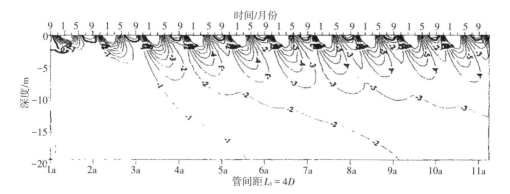

图4-6 不同管间距沿剖面的温度随时间的分布状态

通风管路基

以青藏公路五道梁通风管试验路为计算模型进行有限元计算,重点分析了通风管管距对通风管路基温度场的影响[39]:通风管管径 D=0.5 m,填土路堤高度 H=2.6 m,通风管埋深 h=1.85 m(通风管下边缘距原地面0.5 m),通风管净间距 L_1=2D、L_1=4D、L_1=6D、L_1=8D。分析表明:①寒季,通风管间距对管下温度场有影响但影响有限(图4-7a),温度沿深度分布有一个极值,即最高温度,此温度随管间距增大而增高。曲线在深度4 m以上变化明显,且间距越小路基土温越低,以下几乎不受影响;②寒季,通风管间距对管间路基温度场的影响较为明显,随着管间距的增大通风效果逐渐减小。管距2D和4D的路基温度场沿深度分布曲线呈"S"形,有两个极值点:最高温度和最低温度(图4-7b)。最低温度在通风管中心高度附近,管距越小,最低温度越低。管距6D和8D的曲线在深度4 m以上有一个极值点,即最高温度,6D的极值点在深度2 m处,最高温度为-1.8 ℃。8D的极值在深度4 m以下影响很小;③暖季,路基通风管管下最低温度出现在深度3.5 m处,随着管距增大而升高,表明在暖季小管距通风管路基的状况优于大管距通风管路基状况;④暖季,管间路基最低地温在深度1 m处,以上小间距通风管路基管间土体温度受气温影响较大,以下小间距通风管路基管间土体温度低于大间距通风管路基的管间土体温度。由此可见,管间距越小,寒季冷却路基的作用越明显,但暖季期间也将吸入越多的热量,不利于保护冻土。

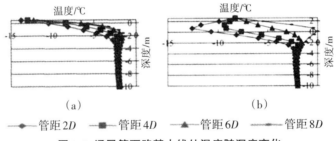

—◆—管距2D —■—管距4D —▲—管距6D —×—管距8D

图4-7 通风管下路基中线处温度随深度变化

青藏铁路北麓河试验段不同管径路基中心地温随深度变化曲线表明[22],施工后,通风管路基下地温影响范围可达2.0 m以下(图4-8)。若按3年期间,以变幅1.0 ℃为据,路堤下地温的最大影响范围可达2.1 m;若将通风管的埋设高度0.7 m计算在内,则此范围可达到2.8 m,远大于目前设计通风管净间距为2倍的管间距(0.6~0.8 m)。为安全考虑,通风管的管间距可增大3至4倍的管径,即1~1.5 m。

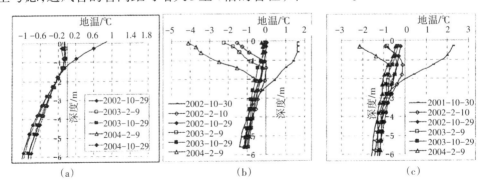

图4-8 青藏铁路北麓河试验段通风管下地温随深度分布曲线(原地面起算)

(a)一般路基;(b)通风管路基,管径300 mm;(c)通风管路基,管径400 mm

4.3.3 通风管埋设高度(*H*)的确定

确定通风管的埋置深度时,主要考虑路基通风管下的填土和原季节融化层能否在冻结期间完全快速回冻,也即是说,通风管的埋置深度在很大程度上直接影响着通风管对保护冻土的效果。根据有关埋地管道的传热计算[40],当忽略土壤–空气界面热阻的影响下,管道与土壤间的换热系数可近似取为:

$$h = \frac{2\lambda}{D \ln \frac{4H}{D}} \qquad (4-4)$$

式中: λ——土壤的导热系数,W/(m·K);

D、H——分别为通风管管径和埋置深度。

由公式(4-4)可知,在一定简化条件下,换热系数与通风管的管径、埋置深度有关。埋的越深,换热系数越降低,对通风管周围的冷却效果越差。由(4-4)式,通风管的埋深与管径的相对大小在一定程度上影响着通风管与土壤的换热系数。根据极值定理可得[31]:

$$\frac{H}{D} = \frac{e}{4} \qquad (4-5)$$

可见,要使换热系数达到一定值,通风管埋深与管径则成正比,埋深越大,相应地管径也就越大。

根据仿真试验[41],路堤高度为3.0 m时,自路堤面起算,通风管埋置深度设置为2.5 m、2.0 m和1.5 m的方案。通风管埋深2.5 m的方案(图4-9a)到第5年11月左右,整个冻土层的地温已经降低到–1.0 ℃,到第8年11月后,整个冻土层相继降低到–2.0 ℃;通风管埋深2.0 m的通风管方案(图4-9b),到第6年7月左右,整个冻土层地温才降低到–1.0 ℃,到第9年12月整个冻土层降低到–2.0 ℃,与前者比滞后一年多的时间;通风管埋深1.5 m方案(图4-9c),要到第7年3月左右,整个冻土层才降低到–1.0 ℃,到第11年3月降低到–2.0 ℃,与埋深2.5 m方案相比,整整推迟了2年多。由此看,通风管埋置深度对降低路基地温有明显的影响,通风管埋置深度越大,即越靠近原地表面埋设,冷却路基的效果越好。

根据青藏铁路试验段通风管埋置深度两种:管底置于路堤中线(即高位埋设——ZB)和管底置于原地表面以上0.7 m(即低位埋设——XB,图4-10)。施工2年后,依据监测断面路基中心进入2.5~3.0 m深度多年冻土的热通量计算(表4-8)表明[22],通风管高位埋设(ZB)和填土路基(DB)的热收支仍表现为吸热,而通风管低位埋设(XB)则开始出现放热,表明通风管对下伏多年冻土已经开始起到散热、降温作用。试验说明,通风管低位埋设对路基降温效果较高位埋设好。

但是,考虑到地面水流、风沙、积雪以及地面风速降低等因素的影响,通风管位置接近地面埋设距天然地面的距离不应小于500 mm。

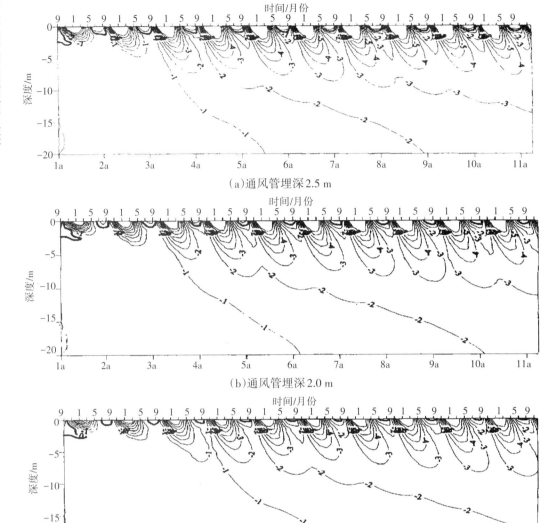

(a) 通风管埋深 2.5 m

(b) 通风管埋深 2.0 m

(c) 通风管埋深 1.5 m

图 4-9　不同埋置深度通风管下地温随时间变化的分布状态图

图 4-10　青藏铁路通风管路基

表4-8　青藏铁路北麓河通风管试验段路基中心进入2.5~3.0 m深度多年冻土的热量

断　面	年份	热流量/kJ·m⁻²		
		吸热	放热	差值
DB	2003	15.9	0.0	15.9
	2004	13.1	0.0	13.1
ZB混凝土Φ400 mm	2002	26937.3	0.0	26937.3
	2003	16012.3	0.0	16012.3
	2004	7649.1	0.0	7649.1
XB混凝土Φ400 mm	2002	18833.3	0.0	18833.3
	2003	4169.0	−3096.9	1072.1
	2004	2759.7	−9982.4	−7222.7

4.3.4　辅助防护结构

1.自控风门通风管的降温效果

鉴于全球升温和暖季对通风管路基降温效果的影响,为进一步增强通风管路基的降温效果,在通风管两侧(或一侧)安装自控风门装置(图4-11)。自控风门装置是根据金属的热胀冷缩性能设置的自动开关风门,暖季期,金属片受热伸展而推动风门,关闭通风管进风口,寒季期,金属片冷却收缩而拉动风门,使风门张开。通过自控风门有效阻挡空气的热流进入通风管,进一步提高通风管路基的降温效果,该措施具有长期使用的有效性。

图4-11　通风管路基自控风门装置[42]

青藏铁路北麓河通风管路基试验段(DK1141+237~+280),路堤高度3.5 m,通风管中心线距天然地面高度为1.5 m。试验观测结果表明[42],寒季期间,有及无自控风门通风管路基的管内温度变化基本一致,这时自控风门处于开启状态。暖季期间,随着环境温度的不断升高,自控风门处于关闭状态,由此导致通风管内对流换热及温度状态发生改变(图4-12):自控通风管路基的温度较无自控通风管路基的温度低些,中心位置的温度最低,阳坡温度高些(表4-9)。这种现象表明,自控通风管路基中暖季空气对流作用的消除,路基传热以热传导方式为主。中心部位距吸热边坡的距离最远,热阻最大,故升温幅度最小。通过通风管内壁平均气温与空气平均气温比较可知,通风管内壁的平均气温均低于空气平均气温,说明在通风管路基中,暖季期间空气对流存在对路基的加热作用。但通过自控风门装置几乎消除这种加热作用,使得通风管内壁的平均气温在中心部位最低,比无风门通风管路基低 1.13 ℃,靠近坡部位低 1.49 ℃。

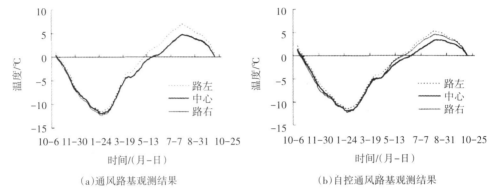

(a)通风路基观测结果　　　　　(b)自控通风路基观测结果

图4-12　通风管路基及自控风门通风管路基管内不同位置的温度随时间变化过程

表4-9　不同路基结构通风管内壁温度平均值

路基结构	暖季通风管内壁不同位置平均温度/℃		
	路左	中心	路右
通风管路基	4.95	3.06	3.14
自控通风管路基	3.46	1.93	2.99
差值	1.49	1.13	0.15

通过路基下 -3.0 m 的多年冻土上限附近自控通风管路基与通风管路基的实测资料对比,自控风门通风管路基下多年冻土上限附近温度得到更有效的降低(图4-13):①降温更迅速,最低温度的差值不断地扩大;②放热时间延长,增加40天;③放热过程更明显,不仅斜率大,且增幅也大。根据监测温度数据进行计算,得到两种措施路基下多年冻土上限附近热流密度随时间变化的结果(图4-14),自控通风管路基的放热(正值为放热,负值为吸热)为通风管路基的2倍,相对就能快速降温。不同时期自控通风管路基与通风管路基的融化深度和融化速率曲线(图4-15)[143]表明,自控风门通风管路基到达最大融化深度的时间要提前20天。

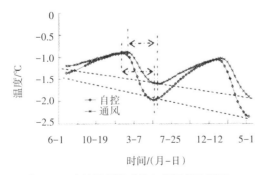

图4-13　自控通风管路基与通风管路基下
-3.5 m处 地温随时间变化对比

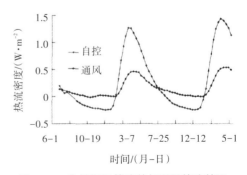

图4-14　自控通风管路基与通风管路基下
-3~-3.5 m处热流密度随时间变化过程

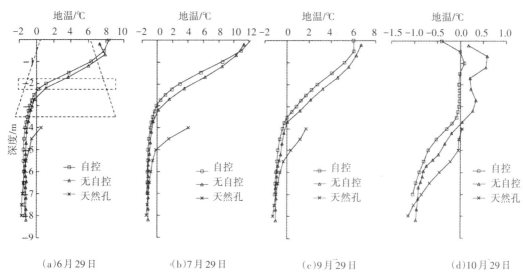

图4-15 管径300 mm通风管路基有无自控风门装置在不同时期的地温变化曲线

(a)6月29日   (b)7月29日   (c)9月29日   (d)10月29日

有关成本问题,据试验者的初步估算,大致需要增加10%的成本。

2."透壁式"通风管的使用效果

目前路基内埋设是通风管的管壁主要为无孔密闭的,依靠较大的冷空气密度,自身重力以及风力的作用带走管内的热空气,并通过冷空气与管壁间的热传导方式逐步使管外周围介质热量散失,以降低路基地温。"透壁式"通风管是在管壁开有许多大孔,类似于抽水井管的"滤水管",使进入通风管的冷空气通过壁孔传入管外周围介质,直接进行传导和对流换热,加速路基的降温效果。

"透壁式"通风管可按通风管的管径、接口设计,管壁孔眼可在混凝土通风管预制后开孔,或者采用特殊设备进行预制。在满足通风管强度要求条件下,孔眼的直径尽量大些,通常采用50 mm,"梅花桩"形式布孔(图4-16a)。为防止管周土颗粒进入管内,影响通风效果,应在透壁式通风管外包裹一层透水、透气性很强的纱网。

(a)预制"透壁式"通风管   (b)路基试验段"透壁式"通风管埋设现场

图4-16 预制"透壁式"通风管及现场埋设[44]

通过试验,透壁通风管路基具有较好的冷却能力,路基下的融化盘很小。透壁通风管较有效地将管内因路基水分蒸发产生的蒸发热带走,加大通风管与路基间的热交换,有利于路基土体温度的降低。

3.通风管路基的管口集风与防堵

在青藏铁路设计过程中,对通风管路基使用中有几个问题一直纠结不定,导致不能大量使用:其一,通风管路基的降温效果很大程度取决于通风管的通风量。这与风向与通风管轴向的一致性有关;其二,通风管关口的堵塞。在青藏高原的环境条件下,风沙在路堤边坡处的淤积较为频繁和严重;其三,暖季期间,通风管内热量影响其降温效果。

由于铁路和公路的线路走向不断地变化,风向与通风管轴向的一致性将影响着进入通风管的风量,从而影响着通风管路基的降温效果。在管径一定条件下,通风管进风口的有效面积,即横截面积,则取决于通风管轴向与风向的一致性。当它们同向时,则能达到最有效的进风量。当处于斜交时,仅有平行通风管轴向的风速分量能进入通风管。假设通风管管口的风速为 u,与通风管轴向的夹角为 φ,则沿通风管方向的风速分量 u' 为[45]:

$$u' = u \cdot \cos\varphi \tag{4-6}$$

那么,通风管的进风量为:

$$L = 3600 F_0 \cdot u' \cdot \cos\varphi \tag{4-7}$$

式中,F_0 为通风管横截面,也可认为通风管进风口有效面积,等于通风管横截面积在风速方向的投影面积,即 $F = F_0 \cdot \cos\varphi$。

当风速一定时,路堤通风管进风口横截面积在风速方向的投影面积越大,通风管进风量也就越大,寒季进风量大将更有利于路基的降温。

因此,在通风管的进风口加装自然迎风的采风口(图4-17),在出风口装置或加装自控风门。即在通风管进风口安装一根高出通风管一定高度的竖向采风管,进风口采风管可装"风帽",既可设置为固定的,亦可设置为随风而摆动的活动式的。采风集风口可尽量增

图4-17 通风管路基采风口

大,以增强进入通风管的风量。同时可以避免管道堵塞。出风口处也设置竖向高于进风口或路面的通风管,利用空气密度差和"烟囱"效应,使进入通风管后的冷空气,通过路基内而被加热的空气迅速带出。

在既有路基条件下,通风管亦可作为治理路基沉降的工程措施。通风管可在路基边坡(一侧或两侧)埋设,降低路基边坡的地温而达到降低整体路基的地温,防治边坡沉降。214国道的试验段(图4-18)[46]和加拿大育空比佛河试验场(图4-19,4-20)属边坡通风管降温措施。一般每段长约20 m,向进风口倾斜,坡率为2%左右,并设置进风口和采风口。

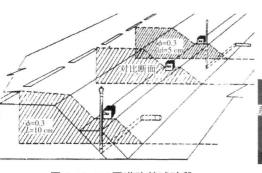

图4-18 214国道路基试验段

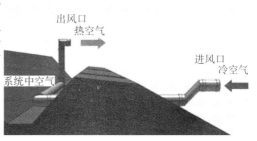

图4-19 加拿大育空比佛河通风管试验场

图4-20 加拿大育空比佛河试验场通风管进出口风口(Paul Murchison)

(2012年中加寒区道路运营技术国际研讨会资料)

当路基为宽幅路面时,出风口可安装在中间隔离带,通风管的进风口仍设置活动式采风口(图4-21),增大通风管的采风量。出风口的管帽可设计为"斗笠式",可自由出风。通风管自路基中心按"人"字形铺设,坡率为4%左右。

图4-21 宽幅路面的通风管路基进风口和采风口布设

4.4 施工技术及方法

通风管路基施工工艺流程图:

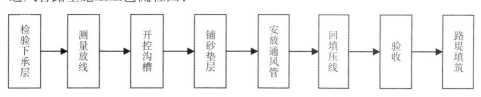

5 热棒路基

5.1 一般规定

5.1.1 热棒路基是通过热棒内工质循环的蒸发、冷凝过程,将路基下部多年冻土中的热量源源不断地输送到大气环境,使多年冻土环境温度不断地降低,直到上下温度相等而终止制冷过程。热棒是一种单向传热元件,只能把大气的冷量传到地下,不能把大气的热量传到地下。故此,热棒路基是防治多年冻土融化,长期维持路基稳定性的工程措施之一。

5.1.2 热棒路基设计应执行《公路路基设计规范》和《公路工程技术标准》规定,并依据多年冻土研究成果确定设计原则及路基设计高度。

5.1.3 热棒路基设计应在综合分析冻土工程地质勘察资料、冻土环境影响因素及工程成功经验的基础上,进行相关的热工计算确定热棒自身参数要求和热棒路基设计方案。

5.1.4 热棒检验和热棒路基施工,应严格遵循多年冻土区热棒路基施工细则要求,格守工序,精心施工,确保工程质量。

5.2 原理及适用条件

5.2.1 热棒路基的工作原理

热棒路基是在路基两侧路肩位置直插或斜插的液、汽两相对流循环热传输装置,即热棒(也称热虹吸)。通过热棒管内工质的蒸发、冷却循环过程,不断地将路基下多年冻土的热量带到大气中散发,从而使路基下多年冻土的土温降低。

5.2.2 热棒路基适用条件

热棒用于多年冻土地区各类工程建筑物,以防治地基冻土融化或冻土退化引起的融化下沉问题。热棒路基可长期维护冻土 路基的稳定。

新建路段,热棒路基可用于高温高含冰量冻土区或冻土退化地段,防止冻土地基的热融沉陷问题。

改建路段,热棒可用于治理路基工程中因冻土路基热融所引起的路基不均匀沉陷、纵向裂缝等病害问题。

病害治理,热棒可用于治理冻土路基病害地段的热融下沉,保持路基稳定性。

5.3 设计参数指标

5.3.1 热棒参数的确定

热棒参数指热棒自身的设计参数,包括管壳、工质、冷凝器(叶片)等。热棒的设计与制作可由专业厂家根据工程要求和环境条件进行热工计算、生产(《热棒》GB/T 27880)[47]。

路基工程或其他工程建筑物的热棒常用规格见表5-1,设计时可根据冻土路基的使用要求和冻土工程地质条件进行热工计算,确定相应的热棒规格和选择热棒的形状(见图5-1)。一般情况下,热棒使用年限不少于30年。

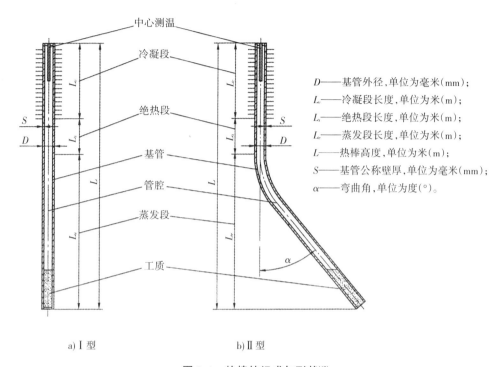

D——基管外径,单位为毫米(mm);
L_c——冷凝段长度,单位为米(m);
L_a——绝热段长度,单位为米(m);
L_e——蒸发段长度,单位为米(m);
L——热棒高度,单位为米(m);
S——基管公称壁厚,单位为毫米(mm);
α——弯曲角,单位为度(°)。

a) Ⅰ型　　　　　　　b) Ⅱ型

图5-1　热棒的组成与形状[47]
表5-1　常用热棒规格和尺寸(据GB/T 27880)

标准外管直径 D/mm	长度 /m	管壁厚度 /mm	冷凝段长 /m	绝热段长 /m	翅片高度 /mm	翅片厚度 /mm	翅片节距 /mm	开齿高 /mm	齿宽 /mm	额定功率 /W
30~45	≤6	2.5~3.5	≤2	≤1	≤25	≤2	5~20	5~20	2~8	200
45~60	≤9	3.5~4.5	≤3	≤1	≤25	≤2	5~20	5~20	2~10	240
60~80	≤12	4.0~5.5	≤4	≤2	≤30	≤2	5~25	10~25	2~10	300
80~100	≤20	5.0~6.5	≤5	≤2	≤40	≤2	5~25	10~35	2~12	500
90~110	≤30	5.0~7.5	≤6	≤3	≤40	≤2	5~25	10~35	2~12	700
110~130	≤40	6.0~8.5	≤8	≤4	≤50	≤2	5~30	20~40	2~12	1000

　　热棒在寒季的产冷量和降温效果,与热棒蒸发段直径和长度等有关,其热工计算性能应由试验确定,如无试验资料时,可参考表5-2[10]选用(见《冻土地区建筑地基基础设计规范》JGJ 118)。

表5-2　热棒产品性能(据JGJ 118-2011)

标准外管直径/mm	Φ51	Φ60	Φ76	Φ83	Φ89	Φ108
冷凝段长度/m	2.50	2.50	2.50	2.50	2.50	2.50
冷凝(散热)面积/m²	20.7	2.43	3.08	3.36	3.61	4.38
蒸发段长度/m	6.0	6.0	6.0	6.0	6.0	6.0
热流量/W	54.3	62.2	72.7	77.0	80.5	90.9
寒季产冷量/MJ	986.1	1128.5	1318.8	1397.5	1461.2	1648.6
最大平均降温/℃	5.5	6.3	7.4	7.8	8.2	9.2
融土冻结半径/m	0.89	0.95	1.02	1.05	1.08	1.12

注:1.平均风速4.5m/s,热传输半径2.0m;

　　2.冻土导热系数1.67W/(m·℃),融土导热系数0.79 W/(m·℃),融土体积潜热56.27MJ/m³;

　　3.热棒热流量为冷凝段与蒸发段之间温差为10℃之值;

　　4.寒季产冷量为寒季时间长210d,温差10℃之值;

　　5.根据需要制作各种形状、管径、长度的热棒产品。

5.3.2　热棒设置间距

热棒的数量应能使热棒路基的地基土,在寒季末的温度场分布基本均匀较为合理,即路基中单根热棒冷冻地基土圆柱体(有效影响半径)至少应彼此相切。为此,热棒间距应不大于2倍的热棒寒季有效热传输半径。

热棒的传热有效半径与当地的气候条件、冻土地温、土体的导热系数等因素有关,应通过试验或数值模拟分析来确定。青藏高原和东北大兴安岭地区的试验资料表明,热棒寒季的有效热传输半径(有效传热影响半径)一般为1.5 m～2.0 m,即热棒间距为3 m~4 m。

热棒路基的两端,应向非热棒路基方向延长的距离至少为2倍的热棒纵向间距,也就是说,热棒路基的两端的端头外,至少应增加两排的热棒。

5.3.3　热棒的合理埋深

热棒的埋置深度应根据使用的目的确定。多年冻土区路基工程,一般根据需要治理地段路基的多年冻土上限深度确定,应保证热棒在多年冻土中的长度不小于2~3 m,通常应在上限以下1.0~2.5 m。

5.3.4　热棒的敷设方式

目前使用的热棒产品形式多为"直棒"形。部分试验地段的热棒亦有"L"形,或"发卡"形,主要应用于新建路段。一般说,在我国多年冻土区的气候条件下,采用"发卡"形热棒的效果不很理想。

"直棒"形热棒的敷设方式有单棒竖插、单棒斜插、双棒竖插和双棒斜插等。一般情况下,双棒优于单棒,斜插优于直插。工程应用时,可按下列原则确定敷设方式:

1.视工程需要和环境、施工条件允许的情况,采用斜插热棒的敷设方式具有较理

想的效果,斜插的角度为75°(热棒与地面水平线的夹角)或更小些;

2.在高温高含冰量冻土和冻土退化区,地势较平坦和路堤高度<2.5 m条件下,宜设置双向热棒;

3.高路堤具有阴阳坡影响,或地面横坡陡于1:5,多年冻土人为上限出现偏移时,宜在阳坡敷设热棒。

5.4 施工技术及方法

5.4.1 热棒质量检验

根据工程项目地段的气候、冻土工程地质及工程需求,按热工计算提出的热棒技术要求,检验定制生产的热棒是否符合设计要求。

1.核查热棒"出厂检验报告"和"产品出厂质量证明文件",及到货的发货标志等;

2.抽查热棒的总长度、直径、散热片类型及长度、表面防腐、反射涂层的颜色及质量是否符合设计要求;

3.检查热棒运输、搬运中是否有损坏,要求外观金属光泽、光滑无毛刺、焊缝平整、翅片不倒状、表面防腐均匀无损等;

4.现场抽检热棒质量,传热性能。最简便方法是热水法,在蒸发段用高于80 ℃的热水浸泡,随即在冷凝段检测其温度变化,热量传递是否敏感;

5.检验合格后,热棒应整齐、规则地堆放在紧靠施工现场的专用场地,避免受损(特别注意翅片),且覆盖。

5.4.2 热棒施工前的准备

1.技术准备

① 技术人员应充分了解设计意图和要求,按设计要求确定热棒埋设的位置、间距、埋深和垂直度等。编制施工组织设计和流程图;

② 培训施工人员,熟悉施工程序、过程和质量控制;

2.设备准备

① 成孔设备,钻孔机械或挖孔设备;

② 吊装设备,选择和制作合适的起吊机械;

③ 专用设备,热棒防护、搬运、固定和捣实等装置设备等。

3.材料准备

① 回填砂土,按设计要求规格的细砂和数量;

② 水,回填填料时的工程用水;

③ 工棚、便道、电源和照明、环境保护与恢复等用料。

5.4.3 热棒安装施工

1.施工准备

① 热棒定位,按设计要求将热棒安装的位置,用木桩标定指定位置;

② 施工场地,根据具体情况选择合适的钻孔设备,做好设备实施的平台,如钻机支座,电源,水源,防护,运输等;

③ 钻机固定,钻机进入施工平台,准确对位(垂直钻进或斜钻角度定位);

④ 人员分工,按施工组织设计分工负责。

2.成孔

按设计与热棒施工工序要求,垂直或斜插热棒均待路基修建或改建结束后,立即在两侧边坡上稍作平整或支护,作为钻机作业平台。钻机进入作业平台后:

① 根据施工准备的热棒埋置地点的定位木桩,立起钻架,准确定位。

② 固定钻机,依据不同地质和环境条件,用不同的方法固定钻架和钻机。

③ 钻进角度,根据热棒埋置的设计,确定钻进角度(垂直或与水平线夹角)。通常依据钻机类型确定钻进角度的控制,要求偏差不大于5 mm。

④ 钻孔直径,根据热棒的外径确定,但钻孔直径应比热棒外管直径大50~100 mm。

⑤ 钻孔深度,依据热棒的设计埋置深度确定,但终孔深度应比设计埋置深度深0.1~0.2 m。

⑥ 施钻:开孔时,采用导向装置,控制钻进角度。避免钻进中钻头下附,可预留一定倾斜角;原则上应采用干钻,视地层情况亦可加入少量冷水。易塌孔地层中,应在钻进中加入黏土,以达到泥浆护壁,或采用套管护壁;慢速钻进。

⑦ 终孔,钻孔达到设计深度后,即可结束钻进,随后应进行孔径和孔深检查,并清除干净钻孔中的残渣,且清理钻孔周边杂土,盖好孔口。

3.吊装

热棒吊装前,应在现场对热棒的防腐、保温、防水层处理等相关项目进行检查。

① 吊装设备就位,利用热棒冷凝段端部的环型槽作受力系吊(产品设计吊点)。要求吊车吊臂有效长度超过热棒总长1.0m。

② 起吊,根据热棒的长度,采取必要的防护措施,避免因设备摇摆而出现危险。起吊过程中,严格禁止热棒冷凝段翅片受碰撞和蒸发段端部在地面拖行。

③ 将热棒对准钻孔,徐徐放入孔内就位,按设计要求将孔内热棒导正。

④ 经检查(插入深度、垂直度或倾角)合格后,用支架等固定。

4.回填

热棒吊装入孔、固定后,用水中沉砂法回填热棒与孔壁间的孔隙,要求回填密实:

① 将冷水灌满钻孔。

② 徐徐贯入经筛选中细砂,每次贯入一定量的中细砂后,随即轻轻晃动热棒和用细小木棍捣实(注意别损坏热棒的防腐层)。

③ 随着中细砂灌入,孔中多余的水便自流出。灌入砂量应与计算数量(热棒与孔壁间隙的体积)相符。

④ 随即进行热棒导正纠偏,用支架物将热棒固定,待回填砂冻结后方可拆除支架。回冻时间与冻土温度有关,一般需5~10天。

5.现场清理与恢复

① 热棒安装完成后,对施工现场进行清理,将施工垃圾和多余砂土清理,远运到指定弃土堆放地点,填埋垃圾。

② 恢复路基边坡原状。

5.4.4 热棒安装验收

热棒安装施工验收,应包括两阶段:

① 热棒安装完成后,应即按设计要求验收热棒的安装质量,检查现场清理和路基边坡恢复质量。

② 5~10天后应检查填砂的回冻情况,热棒状态,验收合格后才拆除支架物。

5.5 检测与评定标准

5.5.1 热棒质量保证措施

严格热棒进场的质量检查,不合格产品严禁使用。除了厂家的产品合格证外,按《热棒》GB/T 27880的规定,委托第三方检测和进行现场抽查。质量检测:

1.外观质量

具有金属光泽,无裂纹、凹坑及毛刺缺陷,焊缝平整光滑。用油漆做防腐处理的热棒外表面应成膜均匀、无裂纹及结疤,翅片间无镶入物。

2.规格尺寸:按表5-1。

3.尺寸偏差:热棒及翅片、开齿规格尺寸偏差应符合GB/T 1804中C级规定(粗糙,偏差极限值为±2~3mm)。

4.弯曲度:热棒外壳直线段的弯曲度应不大于1.5 mm/m。

5.启动特征和等温特征应符合表5-3和表5-4的规定。

表5-3 启动特征

热棒长度 /m	从加热开始至稳定工作状态所需时间/min
≤4	≤3
≤6	≤4
≤8	≤5
≤10	≤5.5
≤12	≤6
≤16	≤6.5
≤20	≤8
≤30	≤8.5
≤40	≤9

表5-4 等温特征

热棒长度 /m	冷凝段沿长度方向温度差 /℃
≤8	≤2
≤12	≤2.5
≤20	≤3
≤30	≤2.5
≤40	≤4

5.5.2 热棒安装施工质量验收

监理方应在现场全程监理,严格按热棒安装技术要求施工,按设计要求,检测热棒位置准确性、埋入深度和路基下人为上限。

5.5.3 热棒工作状态检测

三种方法检测热棒工作状态。

1.埋设温度传感器法

每批次选择一定数量的热棒,施工时一齐完成。沿着热棒侧边(沿路基纵向)或两个之间布设温度传感器,观测地温变化状况和有效影响范围。

一般测温水平间距(距热棒壁起)为:0、0.2、0.5、1.0、1.5、2.0、3.0 m(单侧布置到4.0 m)。

观测时间:施工结束后,即时起进行观测,而后:第2天、第4、6、10、15天,若进行长期观测,则在第20、30、40、60、90、120、180、270、360天继续进行,此后,每半年测一次,最好坚持三年。(见附录6)

气温观测,附近有气象站最好,无气象站时,可用通风干湿表进行观测,按气象观测要求进行换算。

2.红外热像仪法

采用远红外热像仪监测热棒的工作状态(适于寒季进行)。该仪器比较简便,随行车即可对所有热棒进行扫描,立即就可发现热棒的工作状态。

3.测温法

即在冷凝段的翅片间贴上高灵敏温度传感器,采用高精度便携式数据采集仪不断地采集翅片上的温度变化数据,使用通用的绘图软件即可了解热棒的工作状态。为避免太阳照射及风的影响,宜选择夜间进行观测。

条文说明 // 5 热棒路基

5.2 原理及适用条件

5.2.1 热棒路基的工作原理

热棒路基是在路基两侧路肩或坡脚位置直插或斜插液、汽两相对流循环的热传输装置,即热棒(也称热虹吸)(图5-1)。它是由一根密封的钢管组成,管内充有工质,管的上部焊有散热片,置于空气中,称为散热器(也称冷凝段),插入多年冻土地基的部分称为蒸发器(也称蒸发段),蒸发段与冷凝段之间部分称之为绝热段。

当冷凝段与蒸发段之间出现温差(冷凝段温度低于蒸发段温度)时,冷凝段汽体工质压力小于蒸发段汽、液界面的饱和蒸发压,蒸汽开始冷凝。与此同时,蒸发段汽体工质吸收了汽化潜热蒸发成汽体,在压差作用下,汽体工质沿着管内空腔上升至冷凝段,与较冷管壁接触,放出汽化潜热冷凝成液体,在重力作用下沿着管壁回流至蒸发段,吸收热量再蒸发。由此可见,只要冷凝段与蒸发段之间存在温差,热棒中的液、汽两相的循环就会启动。连续制冷,直到温差消失。如此往复循环。

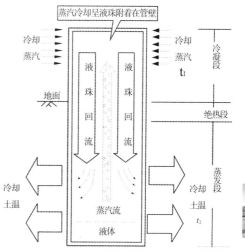

图5-1 热棒工作原理示意图

插入多年冻土地基的热棒,在寒季,当热棒下端环境温度t_2(路基下多年冻土)高于热棒上端环境温度t_1(路基上部大气)时,热棒蒸发段的管内的工质液体受热后蒸发变成蒸汽,形成蒸汽流而上升至冷凝段;当冷凝段的蒸汽受到管外的冷空气冷却而成液珠,在重力作用下,沿着管壁回流到蒸发段。通过热棒管内工质的蒸发、冷却循环过程,不断地将路基下多年冻土的热量带到大气中散发,从而使路基下多年冻土的土温降低,直到热管蒸发段和冷凝段的温度相等时,这个过程就停止。在暖季,当$t_1 > t_2$时,热管冷凝段的蒸汽不能冷却呈液珠,无法产生汽、液两相对流循环,也就不能与蒸发段的蒸汽产生冷量自动交换,不能将路基外部的热量带到路基下的多年冻土中。所以,热棒是一种单向传热元件,气温低于地温时,能够产生制冷作用,使地基冷却、降温,气温高于地温时,不会向地基传热而升温。

热棒的热传输是利用"温差"和"潜热"进行的,靠管内的工质蒸发和冷凝来进行热量的传输。热棒中蒸汽的高速流动(可接近声速),使之传热效率非常高,是液体对流传热的效率60倍以上。据美国北极基础有限公司资料,如果热棒设计得当,其传热效率可达到150 000 kcal/(m·h·℃)以上。热棒的有效(视)导热系数远远高于其他物质(表5-1)。

热棒路基

表 5-1　热棒有效导热系数与其他物质导热系数的比较[4]

有效导热系数	热棒	液体对流	铜	钢	冻土	融土
kcal/(m·h·℃)	208040	3566	327	37	1.9	1.2

　　热棒冷凝器与蒸发器之间存在 0.006 ℃温差时,即可启动工作。液体对流桩(俄罗斯有些热棒的工质采用煤油),通常要求空气温度低于土体温度 2.33 ℃时才能启动工作。

　　目前寒区工程中使用的热棒是重力式的,管中没有毛细管芯,管中的液体工质不能上升到冷凝段,而需靠工质的蒸发和冷凝来完成热传输。只要沿着热棒长度范围内存在温差,液体工质的蒸发和冷凝就随处都会发生,直至完成消失。因此,蒸发段的温度分布是均匀的,具有等温性。

5.2.2　热棒路基适用条件

　　热棒工作的最主要影响因素是冻土地温变化与气温冻结能力。地温与气温之间的温度差值是低温热棒启动和持续工作的主要影响因素,一般认为启动温差为气温低于地温 1 ℃[49]。冻结指数越大,热棒累积工作时间越长,尽管气温升高的趋势不可避免,但冻结指数的减少主要是温度值,负温持续时间减少并不剧烈,热棒仍可持续工作。由表 5-2 可见,在多年冻土区的年平均气温都较低,负温期在 5~8 个月,这对热棒持续启动和散热导冷有利,气温与地温的温差变化不大,热棒的启动工作条件(气温低于启动温度差不能小于 0.2 ℃[49])受影响很小。

表 5-2　我国多年冻土区主要地段的气温资料

地　区		年平均气温/℃	极端最高温度/℃	极端最低温度/℃	平均风速/m/s	年平均地温/℃	备注
青藏高原	楚玛尔河高平原	-4.3~ -4.9	23.1	-46.1	4.9	0~ -1.5	资料来源[22]
	五道梁	-4.7	23.2	-33.2		-0.5~ -1.8	
	北麓河	-3.8	23.2	-37.7		-0.5~ -1.0	
	风火山	-5.2~ -5.6	23.6	-27.7		-1.8~ -2.6	资料来源[22]
	沱沱河	-3.4~ -4.0	24.7	-45.2		0~ -0.5	
	土门格拉	-4.2				-1.0	
	安多(谷地)	-2.2~ -2.9	23.3	-36.7	3.58~3.73	-0.5	热棒试验段
黄河源	玛多	-3.9~ -4.0	22.9	-41.8		-0.5	
	花石峡	-4.2				-1.0	
	玉树	3.2	28.7	-26.1			
柴木地区	木里	-5.8		-35.7	4.9	-1.0~-1.5	
	江仓	-5.6	21.1	-36.3		-0.5~ 1.0	
	热水	-2.4					
大小兴安岭	漠河	-3.7~ -4.0	35.2	-52.3		-1.3	中俄输油管线报告
	根河	-4.5	37.7	-49.6	1.6		
	牙克石	-2.2	35.8	-45.4	2.1	0~-0.5	
	加格达奇	-0.4	38.2	-45.5		-0.1	中俄输油管线报告
	伊春	0.3	37	-47		0~ -1.0	
	嘉荫	0.1	36.5	-44.8		0~ -1	资料来源[8]
	黑河	-0.3	37.7	-44.5		0~ -0.5	
	孙吴	-1.5	35.2	-48.1		0~ -0.3	

鉴于热棒具有高效的热传输效率,工作启动温差很小和单向传热的特性,加上无需外加动力,不需部件的运动、无噪声干扰、无需日常养护维修和使用年限可达30年等优点。这些优越的特性和优点,非常适合于人烟稀少、缺乏动力的边远地区使用,特别是气候寒冷青藏高原地区使用。近年来,青藏铁路、青藏公路、国道214和青藏高压输电线路等工程得到广泛的应用并取得良好的效果。

热棒作为一种汽液两相的对流换热装置,具有无能耗、启动温差小、高效率地降低热棒周围土体温度的特点。因此,热棒被广泛地应用于降低基底地温、保护多年冻土热稳定性,又因其施工方便,适用于新建、改建、补强工程和病害治理等。

多年冻土的热稳定性取决于自身的热状态和外界热力扰动(全球气温升高和人为热力作用)。多年冻土地基变形量则取决于冻土地基的含冰程度(含冰率)。当多年冻土地基受热而使地下冰融化,导致地基变形,出现热融下沉时,采取各种工程措施降低冻土地基的地温,就能减小和抑制冻土的热融下沉变形。

从我国多年冻土区分布和年平均地温来看(表5-3,表5-4),适于工程建筑地段的低山丘陵、平原和高平原地区,多年冻土的年平均地温均较高,低于-2.0 ℃的地段较少,绝大部分都处于0 ℃~-1.5 ℃。青藏高原多年冻土区的地温区分布情况(见表2-2)。沿青藏铁路多年冻土有四个地温区(表5-5):高温极不稳定多年冻土区(Ⅰ)、高温不稳定多年冻土区(Ⅱ)、低温基本稳定多年冻土区(Ⅲ)和低温稳定多年冻土区(Ⅳ)。山区为低温冻土区,平原、盆地和谷地为高温冻土区。214国道,除了鄂拉山山顶及巴颜喀拉山垭口段的多年冻土年平均地温在-1.5 ℃左右,其他地段的地温均在-0.5~-1.0 ℃左右(图5-2)。

表5-3　中国东北多年冻土的分布特征[1][48]

多年冻土区	年平均气温/℃	年平均地温/℃	多年冻土所占面积比例/%	多年冻土厚度/m
大片或断续分布	< -5	-1.5~ -4.2	70~80	50~100
大片-岛状分布	-3~ -5	-0.5~ -1.5	30~70	20~50
岛状及零星分布	0~ -3	0~ -1	<5~30	5~20

表5-4　中国西部多年冻土的分布特征[1]

分布地区	峰顶海拔高度/m	多年冻土面积/10⁴km²	多年冻土下界海拔高度/m	年平均气温/℃	年平均地温/℃	多年冻土厚度/m
阿尔泰山	4374	1.1	2200~2800	< -5.4	0~ -5.0	
天 山	3963~7435	6.3	2700~3100	< -2.0	-0.1~ -4.9	16~200
祁连山	3616~5808	9.5	3500~3900	< -2.0	-0.1~ -2.3	5~140
昆仑山	6488~7723		3900~4200	< -2.5	-0.2~ -3.5	60~120
喀喇昆仑山	8611		4400		(-23.4)*	(750)**
昆仑山-唐古拉山北坡丘陵	4700~6305	150.0		< -5.0	-1.5~ -3.5	60~130
高平原及河谷	4500~4650			-4.0~ -5.0	0~ -1.5	0~60
唐古拉山南坡	4500~4780		4600~4700	-2.0~ -5.5	0~ -2.0	<20 30~60

注:*为峰顶活动层底部年平均温度计算值;**为峰顶最大厚度计算值

表 5-5 青藏铁路多年冻土地温分区[22]

地温分区	年平均地温/℃	全长/km	占总长/%	分布地区
Ⅰ	$T_{cp} \geqslant -0.5$	197.43	35.7	楚玛尔河高平原、北麓河盆地、沱沱河盆地、通天河盆地、布曲河谷地、扎加藏布河盆地等
Ⅱ	$-1.0 \leqslant T_{cp} < -0.5$	87.118	15.7	
Ⅲ	$-2.0 \leqslant T_{cp} < -1.0$	113.981	20.6	昆仑山、可可西里山、风火山、乌丽山区、唐古拉山、头二九山等山区
Ⅳ	$T_{cp} < -2.0$	49.740	9	
融区		105.489	19	西大滩、沱沱河、通天河、布曲河、安多

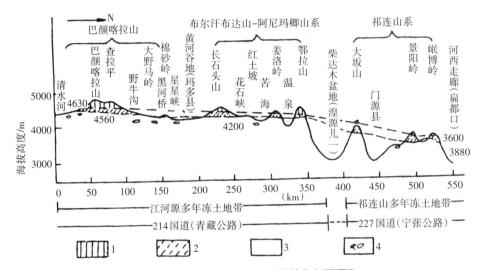

图 5-2 青藏高原东部冻土分布简化剖面图[7]

1—连续多年冻土地区；2—不连续多年冻土地区；3—融化地区；4—埋藏冻土揭露点

表 5-6 青藏铁路沿线各区段冻土工程地质特征统计表[22]

地貌单元	长度/km	融区		高含冰量冻土		$T_{cp} \geqslant -1.0$ ℃		$T_{cp} < -1.0$ ℃	
		长度/km	百分比/%	长度/km	百分比/%	长度/km	百分比/%	长度/km	百分比/%
西大滩断陷谷地	14.08	6.72	47.73	1.78	12.6	7.36	52.27		
昆仑山区	30.83	0.53	1.7	18.90	62.8	6.32	21.9	23.99	79.1
楚玛尔河高平原	67	3.1	4.4	51.44	76.3	33.86	53	30.04	47
可可西里山区	52	0.11	0.2	38.98	75.1	9.75	18	42.14	81.2
北麓河盆地	20.99	0.09	0.4	3.28	15.7	12.78	61.1	8.13	38.9
风火山区	19.89	0.5	2.5	8.3	42.8	6.17	31.9	13.2	68.1
尺曲河河谷地	27.7	0.79	2.9	11.94	44.4	20.08	74.6	6.83	25.4
乌丽盆地	9.3			5.5	59.1	9.3	100		
乌丽山区	15.19	13.51	88.9	1.18	70.3	1.68	100		
沱沱河盆地	24.3	12.22	50.3	5.36	45.4	12.08	100		
开心岭山区	17.21	8.28	48.1	5.5	65.6	1.55	17.3	7.39	82.7
通天河盆地	20.19	2.3	11.4	14.4	80.4	14.09	78.5	3.8	21.5
布曲河谷地	75.24	36.13	480.1	20.46	52.2	39.11	100		
温泉断陷盆地	34	9.4	27.6	2.26	9.2	24.6	100		
唐古拉山及山间盆地	118.51	17.05	14.39	32.19	27.16	76.6	75.5	24.86	24.5
合计	546.43	110.72	20.26	221.47	40.53	275.33	50.39	160.38	29.35

从青藏铁路多年冻土区的含冰率看(表5-6),高含冰量多年冻土区占线路总长的40%以上。据20世纪末青藏公路勘察报告资料,多年冻土区的高含冰率冻土地段占线路总长的54%以上(表5-7),其中饱冰冻土和含土冰层就占了39%。高平原、盆地、湿地及山前坡积区往往都属于高含冰率冻土区。沥青路面路基下分布有融化夹层的路段占全长的57%[8]。

表5-7 青藏公路沿线大片多年冻土地区天然上限以下冻土类型

地 区	间距/km	各种冻土类型的累计/km					
	占比/%	少冰冻土	多冰冻土	富冰冻土	饱冰冻土	含土冰层	融 区
昆仑山区	52.0	4.0	10.0	9.0	3.5	20.7	4.8
	占比/% 7.7	1.92	19.2	6.8	39.8	9.2	
楚玛尔河	53.7	6.54	5.60	7.19	12.36	21.41	0.60
	占比/% 12.2	10.4	13.4	23.0	39.9	1.1	
可可西里山	52.9	3.74	7.1	5.96	14.75	21.35	0
	占比/% 7.1	13.4	11.3	27.9	40.3	0	
北麓河	11.05	0.78	2.69	0.70	5.13	1.55	0.2
	占比/% 7.2	24.3	6.3	46.4	14.0	1.8	
风火山	53.4	7.3	9.55	3.7	19.05	13.8	0
	占比/% 13.7	17.9	6.9	35.7	25.8	0	
沱沱河	66.95	16.50	4.4	9.95	13.2	0	22.90
	占比/% 24.6	6.6	14.9	19.7	0	34.2	
开心岭	30.5	0	7.4	4.7	4.1	11.3	3.0
	占比/% 0	24.3	15.4	13.4	37.0	9.9	
通天河	21.5	6.8	0	1.1	3.3	2.0	8.3
	占比/% 31.6	0	5.1	15.4	9.3	38.6	
布曲河	97.56	16.78	2.1	3.75	12.3	0	62.63
	占比/% 17.2	2.2	3.8	12.6	0	64.2	
唐古拉山区	55.44	9.54	9.86	13.72	17.94	3.4	0.98
	占比/% 17.2	17.8	24.7	32.4	6.1	1.8	
桃二九山区	50.0	11.0	4.0	24.0	3.0	8.0	0
	占比/% 22.0	8.0	48.0	6.0	16.0	0	
总 计	545.00	82.98	62.70	83.77	108.63	103.51	103.41
	占比/% 15.2	11.5	15.4	19.9	19.0	19.0	

注:冻土类型以上限以下1 m深度范围内的冻土总含水量确定

热棒路基

在青藏高原东部宁张公路(227国道)和青康公路(214国道)沿线的多年冻土大部分属于退化性(表5-8),仅在高山及湿地地带的地温较低外,都处于不连续和岛状多年冻土地带。花石峡试验段的冻土类型具有代表性(表5-9)。

表5-8　江河源多年冻土地带沿214国道不连续多年冻土上、下界变化[7]

地区	巴颜喀拉山		玛多融区	长石头山	苦海滩融区	姜洛岭	温泉融区	鄂拉山
谷峰高程/m	南5207	北4728	4215	4546	4133	4461	3940	4495
纬度	34°N	34°20′N		35°N		35°15′N		35°30′N
上界/海拔,m	4630	4468		4380		4330		4300
下界/海拔,m	4560	4370		4200		4200		4200
退化幅度/m	>50			约130		50~100		

表5-9　花石峡试验段冻土类型[7]

一级地带	江河源多年冻土地带					
二级地区	融化地区(Ⅲ)		不连续多年冻土地区(Ⅱ)		连续多年冻土地区(Ⅰ)	
亚区及代号	季节冻土亚区(Ⅲ2)	埋藏冻土层亚区(Ⅲ1)	非冻土岛亚区(Ⅱ2)	冻土岛亚区(Ⅱ1)	干燥亚区(Ⅰ2b)	湿润亚区(Ⅰ2a)
公路里程/km	K407+0~K409+200	K409+200~K416+500	K416+500~K418+700	K418+700~K420+700	K420+700~K426+000	K426+000~K427+000
海拔高程/m	4220~4290	4290~4320	4320~4330	4330~4370	4370~4470	4470~4520
年平均地温/℃	>0	-0.1	>0	-0.1~-0.2	-0.3~-0.4	-0.9~-1.0
多年冻土厚度/m		<10(埋深9 m)		15~18	<40	50~60
冻土类型	融区及季节冻土	高温不稳定多年冻土层	融区及季节冻土	高温不稳定多年冻土层	高温不稳定多年冻土层	中温过渡型多年冻土
气象站年平均气温/℃	(-3.0)		观测年份	96 | 97 | 98	(-5.0)	(-5.5)
			年平均值	-4.2 | -5.3 | -3.3		

由此可见,在高温、高含冰率多年冻土区修建工程建筑物都势必会使冻土地基的地温升高,地下冰融化,冻土上限下降,最终导致建筑物变形、破坏。为此,在新建、改建工程中应采取特殊工程措施(如热棒等)保持冻土地基的热稳定性。

热棒在国内外寒区工程已广泛应用,用于解决基础冻胀、融沉等许多冻土工程问题,如:(1)用来改善多年冻土分布区工业与民用建筑建筑物的地基、煤厂内部、低温储存库、桩基和基础、地上管道、输水池、输电线路、桥墩、涵洞等等的修建与运营时的地基稳定性。(2)用来防治道路、机场跑道、堤坝等工程于运营时的冻胀和融沉问题;建造

"冻土墙"和防渗幕、冰岛、冰道和冰渡口;防治多年冻土的热融、热侵蚀、融冻泥流、冻胀等不良过程。(3)用来形成冻结壁,成为地下工程、采矿工程的冻结壁,以及寒区存储危险性废弃物的天然容器壁。(4)对土壤进行化学、物理改良。

20世纪70年代,美国阿拉斯加1200 km的输油管道工程,采用了112 000根热桩(热棒+钢管桩)。热棒直径50~750 mm,长度8~18 m,工质为氨。热棒安装后,管道支柱和6 m深处冻土温度迅速下降,到1975年元月初,地温达-24 ℃,4月回升至-7.0 ℃,夏天仍保持0 ℃以下。至今已运营30年。

Kubaka大坝建立在冻结地基上,在富冰细砂层有2m的煤层,建坝时,用热棒形成一个不渗透的冻结地基,极大地减少蓄水大坝的沉降的可能性。

Manitoba北部50 km的高速公路,20世纪70年代末期修建。80年代初地基出现严重问题,冻土退化引起路肩失稳和路面纵向裂缝。1995年重铺30 km路面,采用热棒防治措施起到良好效果。

Douglas Goering(2001,2003)报道了多年冻土区的费尔班克斯Loftus道路采用的"发卡式热棒",中间夹有一层刚性绝缘(热)板。阿拉斯加Bethel机场跑道冻土路基安装热棒以控制多年冻土的融化下沉(McFadden,1985)。阿拉斯加的费尔班克斯附近农场环形路及休斯敦安大略湖的海湾铁路,使用热棒代替反渗透聚合薄膜,通过冻结土体形成反渗透层来阻止水的影响(Hayley,1983)。

20世纪60年代早期,苏联学者С.П.Гапеев提到过热传导桩。列宁格勒铁路运输设计院、莫斯科铁路运输设计院和西伯利亚研究站曾用煤油做工质,设计了单相单管和多管热传导装置,用于伊尔库茨克公路和雅库茨克水库坝基等工程。

日本于1985年采用热棒建设热棒冷库。

中国于1987年由铁道部科学研究院西北研究所经室内研究,1989年在青藏高原五道梁进行现场试验。2001年青藏铁路设计于清水河进行试验研究,而后在青藏铁路建设中大量使用,热棒路基累计长度达44.1 km[4]。竣工后陆续追加了许多路段,保证了冻土路基的稳定、运行速度和安全。

2002年青藏公路二期改造中开始大量使用热棒,以冷却冻土地基,提高冻土上限,治理路基热融下沉、边坡滑塌和纵向裂缝。总计使用了1558根[8],另有180根科研对比热棒,取得了良好的效果。

2003年铁道部批准了哈尔滨铁路局冻土病害整治试点工程,在我国大兴安岭多年冻土区运营近50年的既有铁路牙林线嫩林线路基病害整治试验研究,选择了病害较严重的三个地区中的五个路段,共3 km和5座涵洞,采用φ108和φ89两种规格的热棒,共1342根。经历一个冬季,使路基底多年冻土上限普遍提高了25%~70%[50],上升幅度一般为1.5~3.0 m,最大达4.0 m。

2005年伊春岛状多年冻土区亦用以整治公路病害[51]。

2007年柴达尔(热水)至木里的地方铁路建设中,在高温高含冰率地段采用热棒以防止路基沉降[52]。

2010年青藏高原输电线路杆塔基础采用热棒来保持冻土地基的冻结状态和稳定性,取得良好效果[53]。

5.3 设计参数指标

5.3.1 热棒参数的确定

由热棒的工作原理可知,在寒季,热棒不断地采集空气的冷量,传输到热棒的蒸发段,再通过热棒与周围土体的热交换,使土体温度降低,且将冷量扩散范围增大,到达平衡。到大气回暖,热棒采冷效果下降,产冷量比向四周扩散的冷量要小,就停止扩散。到下一个年度大气的寒季时,热棒又进入下一个"采冷-扩散"的热周转循环。可见,热棒的产冷量就决定了热棒路基设计的工程效应。热棒自身参数直接决定着热棒的制冷效果和工作效率。

热棒参数指热棒自身的设计参数,包括冷凝段与蒸发段长度、翅片数量、工质等。这些参数的确定通常是由专业厂家按国标《热棒》(GB/T 27880)的要求直接生产。在热棒路基设计时,应根据地区的自然环境条件和热棒自身的应用技术条件提出热棒的产品要求。

作为热棒路基的热棒是埋设于冻土地基中,形成大气-热棒-地基热交换系统。该系统中的热棒传输功率取决于几个因素:①热棒的几何尺寸;②热棒制冷工质的种类;③热棒构成材料的热物理性质;④热棒周围土体的热物理性质;⑤热棒内壁与工质间的放热系数和冷凝器壁到空气的散热条件;⑥土体与空气的温度等。

热棒的管壳材质与工质的种类是决定热棒运行质量和使用年限的关键因素[4]。首先,管壳材料与工质必须相容,即两者是不能起化学反应的。其次,不同工质热棒的最佳工作温度范围是不同的。常见的管壳材料有低碳钢、不锈钢、铜、铝等,常用的工质有氨、二氧化碳、丙烷、氟利昂等。热棒工质的选择应根据使用要求的工作温度范围和管壳耐压性能,以及工质与管壳材料的相容性(表5-10)来确定,如果不相容,在化学反应过程中生成的气体和其他物质将可能使热棒不能工作。热棒的工作温度范围一定要在工质的凝固点和临界温度之间(表5-11),且应避免在接近临界点即凝固点附近。因接近凝固点时,工质的饱和蒸汽压及密度均很低,蒸汽流动速度大,易形成大的蒸汽压降或出现声速限、携带限。接近临界点时,工质的品质因素将大大下降,压力过高。一般说,工作温度在工质的正常沸点附近较好。

表5-10 工质与管壳材料的相容性[4]

工质 \ 管壳材料	低碳钢	铝	铜	不锈钢
氨(NH₃)	相容	相容	不相容	相容
二氧化碳(CO₂)	相容	相容	相容	相容
丙烷(C₃H₈)	相容	相容	相容	相容
氟利昂₂₂(CHCL₂F₂)	相容	相容	相容	相容

表 5-11　常用工质的物理参数[4]

工　质	凝固点 /℃	沸点 /℃	临界温度 /℃	临界压力 /kg/cm²	工作温度范围 /℃
氨(NH₃)	−76.15	−33.45	132.15	115	−63.15~66.85
二氧化碳(CO₂)	−57.60	−77.40(升华)	31.04	75.3	−46.6~15.64
丙烷(C₃H₈)	−18.77	−42.10	96.80	43.4	−151.7~48.8
氟利昂₂₂(CHCL₂F₂)	−160.00	−40.80	96.00	50.8	−129.3~48.4

目前,我国寒区土木工程中使用的热棒均按国家标准(GB/T 27880)[47]制作,管基普遍使用冷拔(轧)无缝碳钢管。工质选用优等品级的液体无水氨(液氨)或工业液体二氧化碳。氨热棒,其物理特性见表5-11,汽化潜热达 333.89 kcal/kg。在其工作温度范围内,只要蒸发段与冷凝段间存在温差。热棒都能启动工作,进行热量的正常传输。

热棒的外露部分的表面,一般都用防腐油漆处理成白色、银灰色,以提高其对太阳的反射率和本身的长波辐射率,处理合适的冷凝器表面的反射率可达0.96,长波辐射率可提高到0.95。

热棒路基设计时,热棒的产冷量,即热棒在实际工作中的有效功率,不仅取决于热棒本身的额定功率,还取决于实际工作的时间及周围土体的温度、气温、风速及热阻等。不同的冻土地质条件,热棒的产冷量也不同。因此,在热棒路基设计计算过程中应收集相关的资料:①气温;②风速;③地表温度;④路基几何尺寸及各层土的物理、热物理参数;⑤路基的地层岩性;⑥冻土类型、天然及人为冻土上限、年变化深度及年平均地温。实际上,热棒路基体系中,热棒的有效功率比其额定功率小得多。所以,不能简单地用工作时间和额定功率来直接计算热棒的传热量(产冷量),需要通过计算热棒有效功率才能求得其在寒季工作期间的产冷量(Q_y)。

《冻土地区建筑地基基础设计规范》[10]以及相关资料[4][54-58]都介绍了埋置于地中的热棒,其产冷量计算方法。

1.单根热棒的产冷量 Q_y 计算

(1)热棒热通量 q 的计算

热棒–地基系统的热流通量 q,取决于该系统中"热流通道"上的热阻、气温和土体的温度(图5-3)。热棒的热通量 q 可按下式计算:

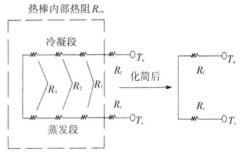

图5-3　热棒–地基系统热传输流程图

$$q = \frac{T_s - T_a}{R_f + R_{cw} + R_s} \tag{5-1}$$

式中　T_s——蒸发段土体计算期的平均温度;

　　　T_a——冷凝段表面计算期的平均温度;

　　　R_f——冷凝器表面的放热热阻;

R_{cw}——热棒内部热阻；

R_s——热棒蒸发段土体的热阻。

热棒内部热阻包括：管壳热阻 R_1，工质液体膜热阻 R_2 和工质蒸发与冷凝热阻 R_3，即为冷凝器壁的热阻 R_{cw}。

通常情况下，冷凝器的放热热阻 R_f 和土体热阻 R_s 较其他热阻要大得多，在实际计算中，忽略其他热阻，仅考虑土体热阻和冷凝器放热热阻，为此，公式5-1变为：

$$q = \frac{T_s - T_a}{R_f + R_s} \tag{5-2}$$

那么，热棒在工作期间的产冷量为：

$$Q_y = q \times t \tag{5-3}$$

（2）冷凝器散热热阻 R_f 的计算

热棒冷凝器散热热阻 R_f 是冷凝器形状、尺寸、表面温度、气温和风速等各种岩石的函数，可用下式计算：

$$R_f = \frac{1}{\alpha A} \tag{5-4}$$

$$\alpha = 2.75 + 1.51 v^{0.2} \tag{5-5}$$

式中　A——冷凝器的有效散热面积；

　　　α——冷凝器的表面有效放热系数；

　　　v——平均风速。

冷凝器的有效散热面积：　　$A = 2nA_1 + 2\pi Rh$

式中　A_1——单圈翅片的面积（圆环面积）；

　　　n——翅片的数量；

　　　R——翅片的间距；

　　　h——翅片的高度。

（3）土体热阻 R_s 的计算

垂直埋入地基土中的热棒，其蒸发段传热影响范围内，把土体看成是均匀的等温介质，圆柱体的热阻 R_s 的计算公式：

$$R_s = \frac{\ln\left(\frac{2r}{D}\right)}{2\pi \lambda L_e} \tag{5-6}$$

式中　D——热棒的外直径；

　　　L_e——蒸发段长度；

　　　λ——热棒影响范围内土体平均导热系数；

　　　r——热棒的有效传热影响范围。

2.热棒的耗冷量 Q_m

考虑到上限抬升所消耗的潜热远大于显热，计算中忽略显热部分，假定耗冷量即为土体消耗的潜热。计算为：

（1）主要抬升部分的面积。假设路基中心冻土人为上限抬升1m，路基两侧坡脚冻土上限不动，则 $A_0 = (4/3ab)$，即为抛物线面积的计算公式。

（2）不考虑水分迁移，单位体积的土体的潜热值$L=\rho_d\omega l_0=45.21\ \text{MJ}$，其中$l_0$为水的结晶潜热量，其值为334.9 kJ/kg；

（3）热棒间距S，按4 m计算，热棒的耗冷量：$Q_m=LA_0S$

因此，计算应满足产冷量与耗冷量的基本设计要求：$Q_y\geq KQ_m$，K为安全系数。

3.热棒产冷量Q_y与其直径D、散热面积A、蒸发段长度L_e、间距S，及土体导热系数λ的关系[57]

由热阻的计算公式可知，在气温T_a、地温T_s一定条件下，热棒产冷量Q_y是其直径D、散热面积A、放热系数α、蒸发段长度L_e、间距S，及土体导热系数λ的函数，即：

$$Q_y=f(D,A,L_e,\alpha,S,\lambda)$$

（1）热棒产冷量Q_y与其直径D的关系

不考虑整个参数间的耦合效应，以D为变量，视其他参数为常数，用数学拟合得：

$$Q_y=f(D)\approx1500D+956.2(\text{MJ})$$

由此可见，随着热棒直径D的增大，产冷量Q_y线性地增大，但增量较小。直径D每增加1 mm，Q_y增加1.5 MJ。这样，通过调整直径D来增加热棒的产冷量Q_y作用不大。

（2）热棒产冷量Q_y与其散热面积A的关系

同样可得：$\qquad Q_y=f(A)=131.5A+162.0(\text{MJ})$

可见，Q_y随A的增加而线性增加，其增量为A每增加1 m^2，Q_y增加131.5 MJ。设计中可通过调整散热面积A来满足热工计算的要求。

（3）热棒产冷量Q_y与其蒸发段长度L_e的关系

同样可得：$\qquad Q_y=f(L_e)=-10.3L_e^2+187.6L_e+372.6(\text{MJ})$

由式可知，产冷量Q_y与蒸发段长度L_e的关系是非线性关系。将上式微分得到产冷量增量ΔQ_y与蒸发段长度增量ΔL_e的关系式

$$\Delta Q_y\approx(-20.6L_e+187.6)\Delta L_e(\text{MJ})$$

当$L_e=187.6/20.6=9.1$m后，再增加L_e，提高产冷量Q_y的效果不大。可参照表5-12的计算资料合理选取蒸发段长度L_e。

表5-12　产冷量增量ΔQ_y与蒸发段长度L_e的关系表

L_e/m	ΔL_e/m	ΔQ_y/MJ	L_e/m	ΔL_e/m	ΔQ/MJ
3.5	1	115.5	5.5	1	74.3
4.0	1	105.2	6.0	1	64.0
4.5	1	94.9	7.0	1	43.4
5.0	1	84.6	8.0	1	22.8

（4）产冷量Q_y与热棒管间距S的关系

这未考虑热棒群桩效应的影响，据青藏铁路及有关研究的成果，热棒的传热影响范围在1.5~1.8 m。从理论上讲，若S大于3.6 m，热棒就没有群桩效应了。实践中，若S大于3.6 m，其影响也不大。

（5）产冷量Q_y与土体导热系数λ的关系

同样的方法可得：$Q_y=f(\lambda)\approx-118.5\lambda^2+628\lambda+335(\text{MJ})$

$$Q_y\approx(-237\lambda+628)\Delta\lambda(\text{MJ})$$

由此得表5-13所示。考虑到土体导热系数 λ 精度的误差 $0.1\text{W}\cdot\text{m}^{-1}\cdot{}^\circ\text{C}$，产冷量 Q_y 误差不到2%。因此，设计计算中可通过土体基本物理参数直接查表得到热工参数。

表5-13　产冷量增量 ΔQ_y 与土体导热系数增量 $\Delta\lambda$ 的关系表

$\lambda/\text{W}\cdot\text{m}^{-1}\cdot{}^\circ\text{C}$	$\Delta\lambda/\text{W}\cdot\text{m}^{-1}\cdot{}^\circ\text{C}$	$\Delta Q_y/\text{MJ}$	$\lambda/\text{W}\cdot\text{m}^{-1}\cdot{}^\circ\text{C}$	$\Delta\lambda/\text{W}\cdot\text{m}^{-1}\cdot{}^\circ\text{C}$	$\Delta Q_y/\text{MJ}$
1.0		39.1	1.5		27.3
1.1		36.7	1.6		24.9
1.2	0.1	34.4	1.7	0.1	22.5
1.3		32.0	1.8		20.1
1.4		29.6	1.9		17.8

（6）安全系数 K 的选取

热棒的纵向间距 S 的确定涉及安全系数的选取。如不考虑热棒群桩效应的影响，间距 S 就只有和耗冷量 Q_m 有关。以路基下多年冻土上限抬升1 m的面积和水的结晶潜热 $L=45.21$ MJ，代入到耗冷量公式 $Q_m=LA_0S$，设计中应满足的基本要求：$Q_y \geqslant KQ_m$ 就可得到安全系数 K 与管间距 S 的关系（表14）。

表5-14　安全系数与产冷量增量 ΔQ_y、管间距 S 的关系表

K	$\Delta Q_y/\text{MJ}$	S/m	K	$\Delta Q_y/\text{MJ}$	S/m
1.0	0.0	4.4	1.6	565.2	2.8
1.2	188.4	3.7	1.8	753.6	2.4
1.4	376.8	3.1	2.0	900.2	2.2
1.5	473.1	2.9			

从表5-14可见，安全系数 K 对产冷量 Q_y 的影响很明显，它直接决定了管间距 S 的选取，进而决定其他参数的选定。考虑到冻土人为上限不是1年，而是3~5年才能稳定的，这就有较大的安全储备。因此按一般工程标准选取安全系数 $K=1.5$ 的话，就偏大；考虑到热棒路基第一年的有效传热系数为0.9左右，选取安全系数 $K=1/0.9=1.1$，管间距 S 大约为3.9 m。在全球气候转暖对工程长期稳定性的负面影响时，对高等级的路基工程，将安全系数 K 提高，如选取1.2，则得管间距 $S=3.6$ m左右，应该说较为合理。但在热棒群桩效应的作用下，提高热棒本身的功率比减少管间距更应合理一些。由此可见，实际工程中管间距选取3~4 m应该是可行的。

5.3.2　热棒设置间距

热棒采集冷量工作期间，逐渐地向热棒周围土体传播，且随着时间（寒季）逐渐扩大，（图5-4[50]）也就是说，随着离热棒距离的增加，地温是逐渐升高（图5-5[50]）。热棒冷量在地中所能传递的最大距离就是热棒的作用（影响）半径。从温度的角度看，随着远离热棒水平方向增加，温度梯度减小而出现零值。当然，热棒作用的半径与蒸发段外壁面温度和周围土体的导温系数（热扩散系数）有关，且含有相变，故这传热过程是非线性的（图5-6[59]）。

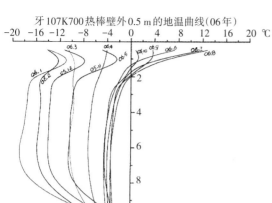

图5-4 热棒壁外0.5m处地温随时间变化

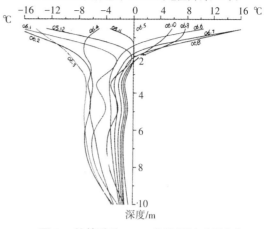

图5-5 热棒壁外1.75m处地温随时间变化

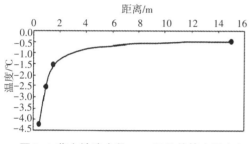

图5-6 柴木铁路中段3.5m深处热棒水平方向
的温度曲线(09.12.11)

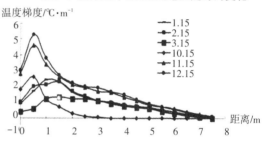

图5-7 沿远离热棒方向温度梯度的变化

青藏公路的试验研究,热棒的工作时段为每年的10月中旬至翌年的3月中旬,此间,热棒蒸发段外壁与周围土体间的温度变化较大,形成较大的温度梯度,其余时间的温度曲线较为平缓,温度梯度变化较小。从热棒水平方向的温度梯度的变化情况看,其温度梯度收敛于0的范围约达7.6 m[8],以梯度为0.1 ℃考虑,其传播范围可达5~6 m[50]。工程应用中,不能以此为据,应采用热棒工作的有效影响范围作为设计依据,从图5-7[8]可看出,热棒的有效影响半径为2.25 m。

青藏铁路的试验资料,楚玛尔河高平原的清水河试验段观测认为1.45 m[8]。在安多试验段的观测资料表明[60](图5-8[61]),不同直径热棒的影响影响半径亦不同,ϕ60 mm、ϕ89 mm和ϕ108 mm的有效传播范围分别为1.8 m、2.3 m及2.55 m。实际上反映了不同热棒功率的作用。表5-15为青藏高原安多试验段的观测资料。

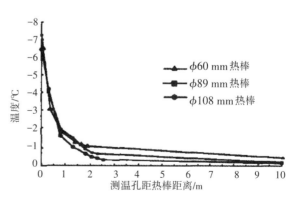

图5-8 热棒水平距离的温度变化曲线

表5-15　安多天然地面热棒(φ89,翅片高度25 mm)周径3~8 m深度内平均地温(℃)

时 间	距热棒壁外的距离							
	侧壁 0 m	1#孔 0.3 m	2#孔 0.8 m	3#孔 1.3 m	4#孔 1.8 m	5#孔 2.05 m	6#孔 2.3 m	天然孔 10 m
2004.11.10—2005.4.20	−6.47	−3.73	−2.10	−1.73	−1.11	−0.95	−0.87	−0.30
2005.11.9—2006.4.20	−6.06	−3.38	−1.94	−1.58	−1.05	−0.91	−0.83	−0.32

根据上述资料可知，寒季工作期(10月中旬至翌年3月中旬)为热棒的"储冷"阶段,属于温度梯度的"振荡区",其传热范围较小,即热棒壁起至影响半径(1.5~2.5 m)范围(图5-9[4]中的r_1);3月中旬后,属于热棒温度的"扩散"阶段,温度梯度变化的"平缓区",冷量向四周扩散,传播影响范围加大,约6~8 m范围(即图5-9中的r_2),蒸发段的温度与土体温度差别减小。

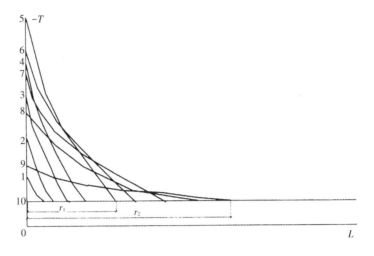

图5-9　热棒传热半径(影响范围)随时间变化示意图

注:1.随着时间的推移,地温径向变化曲线从曲线1向曲线9动态发展;
2.曲线10为基线,即理论上热棒最终的径向地温曲线;
3.曲线5为"冷源"温度降到最低时的径向地温曲线,此后,热棒由"储冷"阶段进入到"扩散"阶段,r_1为"储冷"阶段热棒的传热影响范围;
4.曲线9为临界梯度时的径向地温曲线,热棒蒸发段升温至最高值,该值较周转土体温度低0.6℃左右,对应的传热影响范围即为热棒路基的最大传热影响范围值r_2。到9月中下旬,热棒开始采冷,热棒蒸发段温度降低,热棒返回"储冷"阶段。

根据资料介绍[4],热棒的有效影响范围与计算期热棒蒸发段表面的温度较差和计算周期长短等因素有关,应通过现场试验确定。在无试验条件时,可根据使用地段的气象资料和地基多年冻土的热物理性质分析确定热棒工作期,蒸发段表面温度较差(蒸发段表面最低温度与起始温度之差)、温度波动周期(从开始工作至热棒表面出现最低温度的时间),采用修正的傅里叶方程进行估算:

$$L = k\sqrt{\frac{\lambda T}{\pi C}}\ln\frac{A_0}{A_1} \qquad (5-7)$$

式中　L——热棒传热影响范围,m;

k——修正系数,在青藏高原多年冻土地区可取0.20~0.25;

λ——热棒蒸发段周围冻土的平均导热系数,kcal/(m·h·℃);

T——热棒蒸发段温度波动周期,h;

C——热棒蒸发周围冻土的平均热容量,kcal/(m³·℃);

A_0——计算期热棒蒸发段的温度较差,℃;

A_1——计算期热棒传热影响范围边界处的温度较差,可取0.1℃~0.2℃。

以青藏高原清水河热棒试验路基为例:

设：多年冻土地基为黏性土（干密度为 1500 kg/m³，含水率为 25%），A_0=16 ℃；A_1=0.1 ℃；T=2952 h（10月1日至1月31日）；λ_f=1.36 kcal/(m·h·℃)；C_f=532.7 kcal/(m³·℃)；k=0.20。代入公式5-7，则得：L=6.86×0.20=1.57 m。

即在清水河地区，每年10月至元月，热棒的传热影响半径为1.57 m。据清水河地段K1025的试验资料，天然场地热棒的影响半径为1.45 m。

《冻土地区建筑地基基础设计规范》[10]的附录，采用热棒冻结地基时，热棒的冻结半径 r，是气温冻结指数的函数（图5-10），可按下式求解：

$$\sum I_f = \frac{Q}{24}\left[\pi N R_f\left(r^2 - r_0^2\right) + \frac{r^2}{4\lambda_s}\left(\ln\frac{r^2}{r_0^2} - 1\right) + \frac{r_0^2}{4\lambda_s}\right] \tag{5-8}$$

式中　$\sum I_f$——计算地点的气温冻结指数，℃·d；

　　　r——热棒的冻结半径，m；

　　　Q——热棒周围融土的体积潜热，kcal/m³；

　　　r_0——热棒蒸发段的外半径，m；

　　　R_f——热棒冷凝器的放热热阻，h·℃/kcal；

　　　λ_s——融土的导热系数，kcal/(m·h·℃)；

　　　N——热棒蒸发段的长度，m。

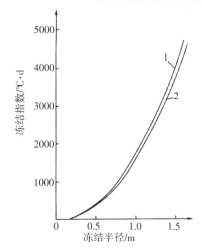

图5-10　热棒冻结半径与气温冻
结指数关系

粉土，ρ_d=1600 kg/m³，ω=10%，
风速1 v=0.9 m/s，风速2 v=4.5 m/s，

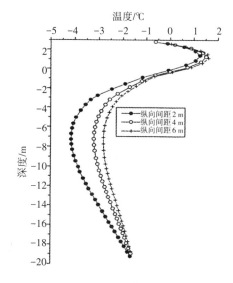

图5-11　不同热棒纵向间距下
路基中心线上地

热棒-地基是处于半无限热力学系统中，它的实际运行工况是：假定冷凝段温度取固定值（计算期平均温度），随着热棒的冷冻作用，蒸发段的温度逐渐降低，蒸发段与冷凝段间的温差逐渐减小，热棒的功率逐渐下降，最终热棒-地基热传输系统与半无限地基热力学系统达到平衡。按照上述方法计算出的热棒产冷量是偏大的。

采用数值模拟计算来研究热棒的纵向埋设间距对于热棒路基基底温度场的影响。计算表明[52]，热棒的纵向间距越小，路基中心线上地温沿深度分布曲线越向负温一侧偏移（图5-11），越有利于路基下地温的降低，冻土人为上限的抬升。

就目前的青藏高原和东北大兴安岭的现场试验和数值模拟的结果看,按热棒的有效影响半径(2 m)来布设热棒纵向埋设间距(3.0~4.0 m)是合理的。至于热棒的横向间距取决于路基路面的宽度,在不影响行车安全的条件下,尽量缩小间距,间距过大时应改变热棒的埋置方式,即由直插改为斜插。当然,热棒的产冷量与当地的冻结指数、风速有关,冻结指数越大,热棒的产冷量越高,有效影响半径也越大。附录2.0.3是中国西部地区的冻结指数等值线图。

5.3.3 热棒的合理埋深

在寒区地基基础工程中使用热棒的主要用途:①用以消除冻土工程施工和运营时产生的热干扰,防治冻土地基的融化,避免冻土融沉而引起工程建筑物变形和破坏;②降低多年冻土地基的地温,以提高冻土地基的承载力;③调节冻土区工程建筑地基的人为上限,减少活动层的厚度,以达到减少或抑制冻土地基的融沉和冻胀性;④促使既有工程建筑物融化地基的回冻,保持寒区工程的稳定性;⑤构筑地下冻土墙、隔水、防渗和稳定地下工作面。

对于路基工程来说,主要防治路基基底多年冻土的融化、提高冻土人为上限,以达到稳定路基为目的。因此,热棒蒸发段的安装位置对于改善路基基底温度场的状况,避免外界热干扰对冻土路基稳定性影响具有重要的作用。具体情况应该根据冻土的温度特征;新建、改建和既有工程的要求及病害治理;工程工点的冻土环境条件等确定。原则上说,蒸发段应埋设在需要治理的位置。通常情况下,热棒蒸发段都埋设在季节融化层内和多年冻土上限以下一定深度。

1.当热棒的蒸发段埋置在路基的季节融化层内的温度场

根据数值模型计算[52],将热棒的蒸发段埋置在多年冻土季节融化层内,季节融化层的回冻面积有较大的增加(图5-12),在寒季的初、中期,能使路基及路基下的季节融化层有较大的回冻,但多年冻土上限以下的冻土地温处于较高状态,尽管在第2年间冻土地温有所降低,仍处于高温状态。在暖季期间,季节融化层逐渐转为正温,仅在热棒附近能残存局部的负温状态。

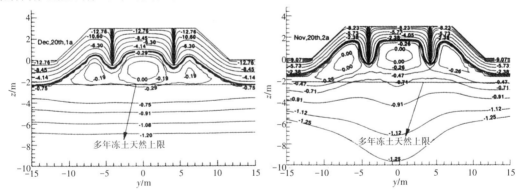

图5-12　蒸发段埋在路堤融化层的热棒路基
运营第1年(左图)和第2年(右图)12月15日地温分布图

2.当热棒的蒸发段埋置在路基基底下季节融化层内的温度场

热棒蒸发段埋设在多年冻土上限以下(图5-13),季节融化层的回冻面积较小,但多年冻土上限以下的冻土地温却有较大幅度的降低,第2年仍可保持在低温状态。在暖季期间,季节融化层逐渐转为正温,而上限以下仍可保持较低的负温。

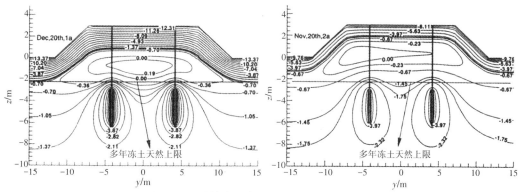

图5-13　绝缘段埋在路堤融化层的热棒路基
运营第1年(左图)和第2年(右图)12月15日地温分布图

3.新建路基工程中热棒蒸发段埋设在季节融化层内和冻土上限下

在新建路基工程中,热棒的冷凝段(长约4 m)外露在路基面以上,绝缘段(长约3~4.5 m)埋设于路基中,蒸发段(长约4.5~6 m)则置于路基基底下的多年冻土季节融化层(一般厚度为2~3 m)和上限以下(插入深度约2~4 m)。

图5-14为青藏铁路清水河热棒试验断面的最大融化深度变化曲线。路基完工后的第1年,热棒路堤的最大融化深度抬高最大,平均上升1.29 m,而普通路堤仅上升0.3 m。2003年较2002年平均上升0.55 m,2004年较2003年平均上升0.31 m。

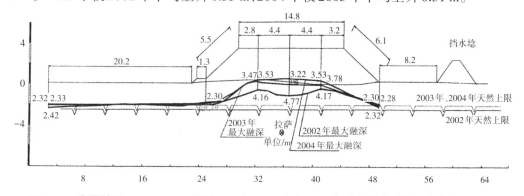

图5-14　青藏铁路DK1024+425断面2002年、2003年和2004年路堤最大融化深度变化曲线[22]

表5-16　青藏高原清水河热棒路基最大融化深度的上升高度

断面位置	计算年度	1#天然孔最大融化深度/m	相对1#孔3#、4#、5#孔最大融化深度上升高度/m			
			3#	4#	5#	平均
			左路肩	中心	右路肩	
DK1024+425	2002	2.42	1.46	1.05	1.35	1.29
	2003	2.33	1.95	1.93	1.63	1.84
	2004	2.32	2.05	2.5	1.89	2.15

图5-15为青藏铁路清水河热棒试验断面的最大融化深度变化曲线。与普通路基相比,上限抬升量为0.34~1.64 m。普通路基上限下降量为约0.2 m。

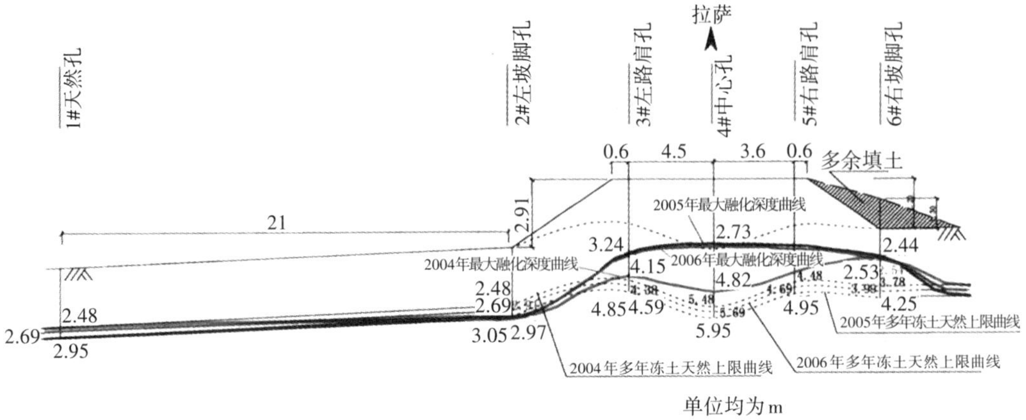

图 5-15 青藏铁路 DK1505+275 断面 2004 年、2005 年和 2006 年路堤最大融化深度变化曲线[22]

4.既有工程病害整治中热棒蒸发段埋设在融化盘内及冻土上限下

2003 年为验证青藏铁路工程措施的有效性,且为整治东北大兴安岭多年冻土区运营近 50 年牙林线、嫩林线铁路的冻融病害,经铁道部计划司批准进行"既有铁路牙林嫩林线多年冻土区试验工程"的观测研究[50]。选择了路基和涵洞冻融破坏最为严重的地段:

牙林线南段:乌尔其汉至育林段 99K~107K,涵洞 3 座;

牙林线中段:潮查至潮原段 276K~276K,涵洞 1 座;

嫩林线中段:劲松至太阳沟段 285K~288K,涵洞 1 座。

热棒采用斜插,角度为 75°向外倾斜插入路基,埋设为 9 m。冷凝段外露 4 m,热棒纵向间距为 3~3.5 m。蒸发段置于季节融化层和冻土上限下。

采用斜插热棒的降温措施,施工后第 2 年(2005 年),基底多年冻土上限普遍上升,一般达 1.5~3.0 m(图 5-16,5-17),最大达 4.0 m,25%~40% 地段形成冻土核。

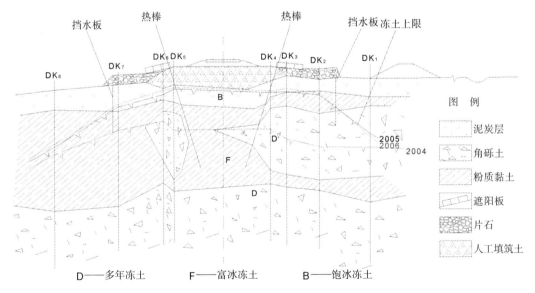

图 5-16 牙林线 100K100 地质断面及冻土上限

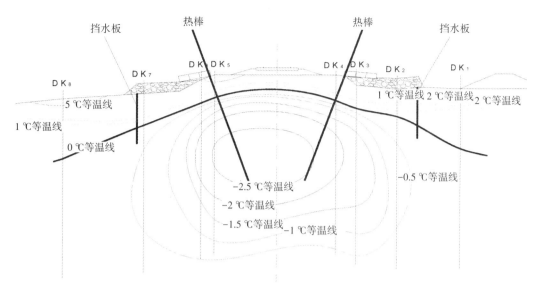

挡水板　　　热棒　　　热棒　　　挡水板

DK₈　　DK₇　　DK₆ DK₅　　DK₄ DK₃　　DK₂　　DK₁

5℃等温线

1℃等温线

0℃等温线

1℃等温线 2℃等温线 2℃等温线

-0.5℃等温线

-2.5℃等温线

-2℃等温线

-1.5℃等温线 -1℃等温线

图5-17　牙林线101K100　06年10月等温曲线

根据数值模型计算机工程实践结果说明,热棒蒸发段埋设位置应置于多年冻土季节融化层内和上限以下一定深度(约2~4m)。对于工程病害治理地段应直接置于融化盘内,热棒底端应达融化盘底部,可能的话,应插入多年冻土上限以下一段深度,使之融化盘回冻能与多年冻土衔接,不应出现融化夹层。

5.3.4 热棒的敷设方式

热棒的敷设方式有单棒竖插、单棒斜插,双棒竖插和双棒斜插等(图5-18,5-19)。目前我国工程中使用和成品的热棒主要是"直型"的,即弯曲角α为0°(产品标准[47]中称90°),青藏公路宽幅路面试验路段亦有采用"弯曲型"热棒,俗称"L"型热棒,弯曲角为45°(定型产品或软管连接)。有些"L"型热棒的弯曲角更大些,或呈"发卡"型的热棒(图5-20)。

图5-18　东北嫩林线既有路基热棒防融沉措施
(斜插)

图5-19青藏公路热棒路基(直插)

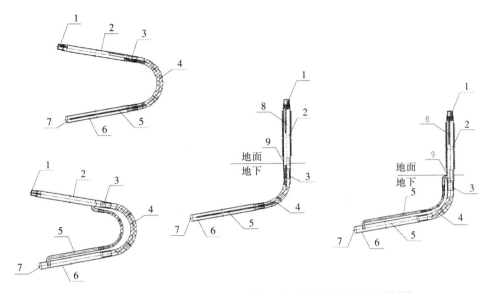

图5-20　弯型和发卡式热棒(江苏中圣高科技产业有限公司提供)

1-管帽;2-冷凝段管壳;3-连接件;4-软管;5-降液管;

6-蒸发段管壳;7-封头;8-测温中心管;9-防腐层

发卡式热棒,又称柔性(或刚性)热棒,是为了适应工程实际应用的需要,扩展热棒的使用范围,提高热棒的使用效果。柔性热棒的工作原理与刚性热棒相同,通过内部工质在蒸发段蒸发、蒸汽在冷凝段冷凝带出热量,利用自然低温降低多年冻土的温度,保护冻土的稳定性。

柔性(或刚性)热棒由冷凝段2和蒸发段6组成,且通过金属软管4连通(或刚性连接)成一个整体,降液管5或安装在热棒蒸发段6及金属软管4中并与热棒冷凝段2相通,或安装在热棒蒸发段6及金属软管4外,并将热棒冷凝段2和蒸发段6相连通。其中热棒冷凝段2的上端安装有管帽1,它的下端通过连接件3与金属软管4的一端相连,金属软管4的另一端通过另一连接件3与热棒蒸发段6的上端相连,在蒸发段6的下端上安装有封头7,为了提高热棒效率和工作稳定性,在热棒中增加了降液管5,降液管5可用分隔板代替,即降液管可由位于金属软管4中的将汽、液分隔形成汽、液通道的分隔板组成。柔性热棒特有的结构形式使其更加适用于现代工程的需要,蒸发段和冷凝段的长度和角度可根据现场实际情况调整,效率更高。

柔性(或刚性)热棒根据现场实际情况设计长度,在工厂加工、检验完成后送到施工现场,先埋设蒸发段,再弯转金属软管,埋设冷凝段,安装方便。

热棒的敷设方式应根据工程需要和环境,以及施工条件确定:

1.寒区工程中通常可采用竖插热棒的敷设方式。在横断面较小的道路工程,或工业与民用建筑的建筑工程等常采用直型热棒,能以满足基底的冷却范围和面积。

2.当路面宽度较大,多年冻土地温较高的平坦、开阔地带情况下,采用斜插热棒的敷设方式具有较理想的效果,斜插的角度为75°(热棒与地面水平线的夹角)。当宽幅路面(超过10 m以上)的情况下,宜采用弯型、"L"型热棒,弯曲角根据工程需要确定(要求更大的弯曲角时可与生产厂家共同协商),青藏公路北麓河的宽幅路面试验工程中的"L"型热棒的弯曲角为45°。两侧可采用弯型热棒,中间的"隔离带"可采用直型或弯型热棒。这样可避免在路基中选出凹形人为上限。在整体式断面的高速公路,宜在中间的隔离带中设置热棒,向左右上下行路基各埋设热棒。

3.在高温高含冰量冻土和冻土退化区,地势较平坦和路堤高度<2.5 m条件下,宜设置双向直型热棒,或多排直型热棒,也可设置弯型热棒。

4.高路堤具有阴阳坡影响,或地面横坡陡于1:5,多年冻土人为上限出现偏移时,宜在阳坡敷设热棒,但应将蒸发段埋置于人为上限以上的季节融化区内。或者两侧热棒的蒸发段均埋置于融化盘出现区,且将阳坡侧的热棒向阳坡侧适当偏移。如果热棒蒸发段埋置于多年冻土上限以下,即便是单纯地将热棒向阳坡偏移一段距离,对路基内融化盘的分布影响不大(图5-21[52])

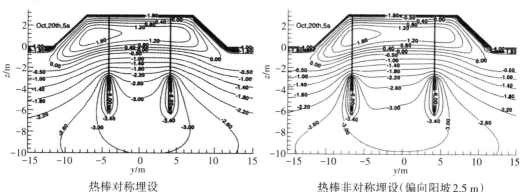

热棒对称埋设　　　　　　　　　热棒非对称埋设(偏向阳坡2.5 m)

图5-21　热棒对称与非单纯埋设的温度场分布

青藏铁路、青藏公路和国道214等工程实践表明,冻土地基中埋设热棒后,明显地改变了冻土地基温度场的分布特征,在热棒工作期间,其周围的土层温度大大地降低。

采用单侧埋设热棒的路基,路基温度场会出现明显的不对称性,有热棒一侧的地温明显低于未埋设热棒的一侧,即便是在热棒不工作的暖季期间也仍然保持着这种不对称性。

图5-22是青藏公路K2939试验段热棒冷却地温的测试效果。路堤高3~4 m,两侧设高1~1.5 m,宽3~5 m的保温护道。左侧距路堤中心5.1 m处埋设单侧热棒。该图反映了单侧热棒一年的0 ℃等温线的变化过程[8]。

由第1年施工后入冬开始,在1月至3月的工作期,热棒周围形成密集的等温线,沿着热棒的径向形成较强的温度梯度,至3月中旬后,整个热棒周围土体都处于负温区。4月至10月上中旬,热棒停止工作,单侧热棒路堤出现非对称的"0 ℃"融化等温线。由于热棒在寒季蓄冷,能抵御大气的热量,但热棒周围的等温线开始稀疏,至6月份热棒的上部也开始出现融化,直至9月下旬,热棒周围的等温线就非常稀少,融化深度达到基底附近。在路堤的无热棒一侧,4月就出现融化,直至10月中达到最大融化深度,超过基底而进入季节活动层内。10月下旬又进入了热棒的工作期。

由此可见,热棒能明显地将大气中寒季的冷量带入土体并储存,且能抵御大气热量传入,延缓融化深度的进程,最终保持基底多年冻土地基的稳定状态。这对于具有明显阴阳坡面影响的路段,防止路堤出现侧向滑移及纵向裂缝是非常有利的。 从图

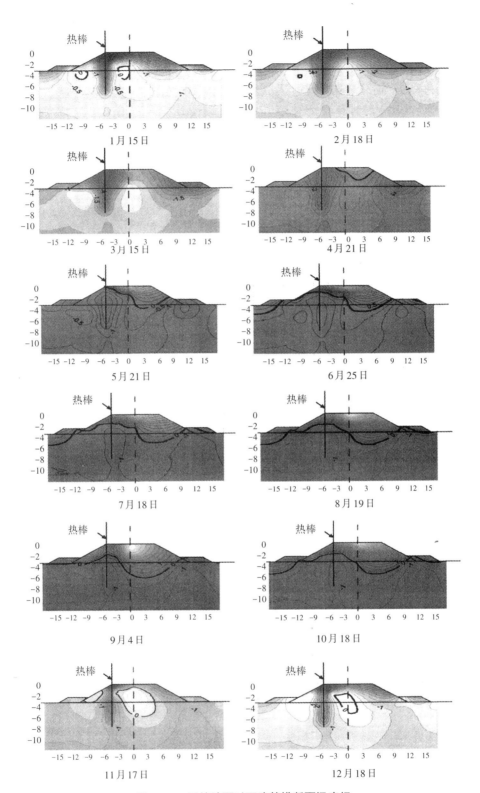

图 5-22　天然地面以下路基横断面温度场

（左侧 5.1 m 为热棒，右侧无热棒。纵坐标"0"为路面以下 0.5 m，"-2"为路面以下 2.5 m 深，以此类推，横坐标路中为中心）

5-15中可看出,双向竖插热棒,其冷却路基的效果就更加明显。图5-16采用斜插方式,热棒与地面的夹角为75°,两侧热棒蒸发段端部的间距为3 m,把冷量向路基中心推移,有效地降低路基中心部位土体的温度。

针对热棒不同敷设方式进行的数值计算结果[8]表明(图5-23),埋设热棒后能明显地降低路基及下伏土体的地温年平均值,双插热棒的地温低于单插热棒的地温,斜插低于竖插(图5-24)。不同敷设方式都会或多或少地在热棒埋置范围内的路基中心地温年平均值出现最低值,也就说明热棒具有较强的"储冷"作用。

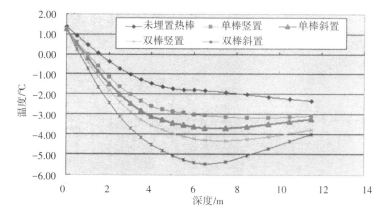

图5-23 热棒不同敷设方式的路基中心地温年平均值[8]

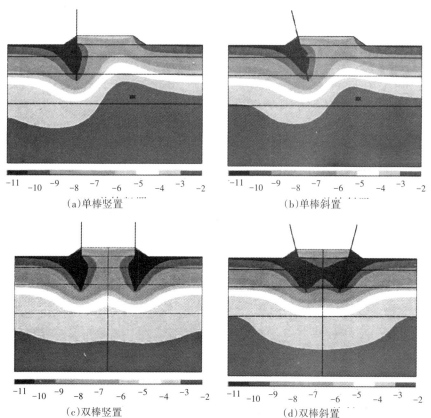

(a)单棒竖置

(b)单棒斜置

(c)双棒竖置

(d)双棒斜置

图5-24 热棒不同敷设方式的温度场(3月15日)[8]

从冷却效果看,①在施工条件允许,并不损失热棒制冷效果情况下,尽量可能采用斜插热棒的敷设方式;②在高温冻土区及冻土退化区应尽可能采用双向热棒,并保持适当的路基填土高度;③在中高温冻土区,如果冻土人为上限深度较大,可选用双向热棒冷却路基,如果出现阴阳坡融化盘偏移时,热棒可向阳坡偏移,或单插热棒;④在低温冻土区,宜优先考虑抬高路基高度。

"发卡式"热棒,在我国多年冻土区的气候负温环境条件下,现场和模拟实验均表明其使用效果不佳。因为热棒的冷凝段需埋置在路面的结构层下,起码也应在底基层下,尽量避免过大行车作用力对冷凝段的影响。如此一来,热棒的冷却效果就大大减小,且工作期也将缩短。

5.4 施工技术及方法

热棒路基施工工艺流程图:

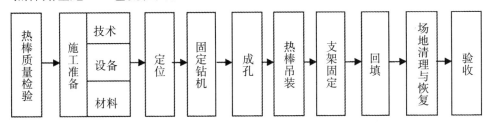

6 隔热层路基

6.1 一般规定

6.1.1 隔热层路基,亦称保温层路基,它是利用工业隔热材料,在不过多增加路堤高度情况下,增大路基热阻,减少大气(太阳)热量传入路基下,保持冻土地基的地温,以达到抑制或减小多年冻土的融化深度,是维持冻土路基稳定性的工程措施之一。

6.1.2 路基工程中选用的隔热(保温)材料主要为聚苯乙烯泡沫材料(EPS)、挤塑聚苯乙烯材料(XPS)和聚氨酯泡沫材料(PU),这些材料具有质轻、多孔、导热系数小、热阻高等特点,挤塑聚苯乙烯泡沫板强度较高,压缩性小,较适宜路基中使用。

6.1.3 隔热层路基设计应执行《公路路基设计规范》和《公路工程技术标准》规定,并依据多年冻土研究成果确定设计原则及路基设计高度。

6.1.4 隔热层路基设计应在综合分析冻土工程地质勘察资料、冻土环境影响因素及工程成功经验的基础上,进行相关的热工计算确定隔热层路基设计方案。

6.1.5 隔热材料检验和隔热层路基施工,应选择适宜季节(5月底以前),严格遵循多年冻土区隔热层路基施工细则要求,恪守工序,精心施工,确保工程质量。

6.2 原理及适用条件

6.2.1 隔热层路基的工作原理

隔热层路基是通过隔热保温材料具有高热阻性能,可以有效地增加路基土体热阻,减少路基下多年冻土的换热量,以延缓冻土融化或退化,在一定时间内起到保护多年冻土的作用。鉴于隔热保温材料的导热系数与土体导热系数的巨大差异(约40倍),将会导致隔热保温层上下形成很大温差(热阻效应),由此决定隔热保温层下土体温度年较差降低,可保持一段时间内多年冻土上限相对稳定。

6.2.2 隔热层路基适用条件

隔热层路基适用于年平均气温-3.8~-5.2℃的多年冻土区,或者空气冻结指数为融化指数5倍以上地区,亦即为高温不稳定区至低温基本稳定区的地带。其使用条件:

1.路基设计高度因纵坡控制不满足路基最小临界高度地段;

2.路堑或垭口处的换填低路堤地段;

3.低路堤或阴坡线路(即路堤阳坡较低)地段;

4.治理路基下融化盘偏移的病害地段。

6.3 设计参数指标

6.3.1 隔热材料的技术要求

隔热材料的技术性能要求,取决于使用目的、设置的位置、工程技术要求和经济合理性。

路基工程常用的隔热保温材料技术性能:导热系数应小于0.025 W/(m·k),吸水率应小于0.5%,密度应大于43kg/m³,抗压强度应大于500kPa。建议使用XPS板。

6.3.2 隔热层厚度的确定

1.从热阻的角度,可采用等效热阻方法来确定隔热层的合理厚度:

$$d_x = k\frac{d_s \cdot \lambda_x}{\lambda_s} \tag{6-1}$$

式中 d_x, d_s——工业隔热材料板与等效土体的厚度;

λ_x, λ_s——工业隔热材料板与等效土体的导热系数;

k——安全系数。工业隔热材料用于路基时,取1.5~2.0;用于路基边坡时,取1.2~1.5。

2.根据路基合理高度的概念和表达式进一步提出保温隔热材料的合理厚度($d_合$):

$$d_合 = 0.0542\frac{\lambda_e \cdot \Delta t}{\lambda_s} - 1.1045\frac{\lambda_e \cdot h_天^0}{\lambda_s} + 4.7876\frac{\lambda_e}{\lambda_s} - \frac{\lambda_e}{\lambda_s}(h_u + h_d)$$
$$h_天^0 = 0.0232(t_0 - 1999) + 2.01 \tag{6-2}$$

式中 λ_e, λ_s——工业隔热材料板与等效土体的导热系数;

h_u, h_d——隔热材料上覆土体的厚度和下垫土层的厚度;

Δt——道路设计年限,年;

t_0——道路设计年份;

$h_天^0$——设计年份冻土天然上限,m。

3.青藏铁路的试验经验,一般为0.06 m~0.10 m。

4.设置宽度,应与比路面面层宽0.5 m~1.0 m。

6.3.3 隔热层埋置深度

1.根据车辆荷载的特点和路面下应力扩散原理,以及XPS板容许承载力等条件,隔热层的合理埋置深度:

$$\frac{2Pd}{d + 2h\,\mathrm{tg}\,\phi} + h\rho \leqslant \sigma \tag{6-3}$$

式中 P——轮胎的压强,MPa;

d——单轮传压面当量圆直径,m;

ρ——XPS板以上各结构层密度加权平均,MN/m³;

φ——XPS板以上和结构层应力扩散角加权平均值,度;

h——XPS板合理埋深,m;

σ——XPS板容许压应力,MPa。

2.单从热学角度,隔热层埋深在表层或浅层较好。但从路面结构形式、力学角度,不可行。考虑设计与施工的影响,将隔热层埋设在路面结构层与土基之间较合理。

3.青藏铁路的试验结果认为,对50年的使用寿命的路基,采用低埋深隔热层结果更佳,可以更好地阻止路基边坡热量的传入,减小冻土路基的融化深度。

4.对低路堤来说,隔热层埋设在路面结构层下较好;对高路堤来说,如果两侧保温护道高度到1/2路堤高度时,仍可埋设在结构层下,否则,隔热层低埋深较好,一般高出地面以上0.5 m。

6.3.4　隔热层上结构层最小压实厚度

为实现高效压实,压路机接触应力与结构层极限强度应满足:

$$\sigma_{max} = (0.8 \sim 0.9)\sigma \qquad (6-4)$$

式中　σ_{max}——压路机滚轮最大接触应力,MPa;

　　　σ——隔热层容许压应力,MPa。

将式6-3中的"2P"设为压路机最大接触应力,那么,式6-5就成为隔热层上结构层最小压实厚度与压路机最大接触应力及隔热层材料容许压应力必须满足的要求:

$$\frac{\sigma_{max} \cdot d}{d + 2h\,\mathrm{tg}\,\phi} + h\rho \leqslant \sigma \qquad (6-5)$$

此式中的"h"是隔热层上结构层压实厚度。因此,"h"不小于一定厚度时,才能使压路机最大接触应力不会传达隔热层上,既能确保有足够的压实度,又能满足隔热层的容许应力。所以,选用不同的混合料就决定了隔热层板材的不同的施工埋设深度。

根据青藏铁路和东北国道301博牙高速公路经验,隔热保温板上结构层最小厚度为0.2~0.4 m。

6.4　施工技术及方法

6.4.1　隔热材料准备与检测

1.隔热材料应按设计的控制指标和结构要求,委托专业工厂进行生产。出厂前应进行自检,合格后方可运送到工地;

2.每批次抽查率为到货数量的20%,进行人工初检,按质量检测要求,见表6.5.1-1;

3.随机抽选5块板,在不同部位取样,业主委托有资质的检测机构,完成第三方检测,合格后,方可允许运抵工地。

4.产品物理机械性能应符合设计要求,见表6.5.1-2;

5.隔热材料应贮存在干燥、通风、干净的库房内,不得接近热源,不得与化学药品接触。堆放平整,不可重压猛摔,防止日晒、雨淋和断裂、缺角。

6.4.2　施工前的技术交底及准备

1.施工技术人员应明确设计意图和施工要求;

2.编制隔热层路基的施工技术流程、施工要求、操作指南;

3.准备使用材料(隔热材料、黏合剂、垫层用料等)、机械和防护设备、施工人员;

4.做好施工前的便道修筑,保证施工过程的全程封闭;

5.选择施工季节(视地区差异,宜在4~6月以前),安排施工时段和程序;

6.先作示范工程,培训施工操作人员,做到施工过程的连续作业。

6.4.3　隔热层下填料压实与板下垫层

1.按设计要求确定隔热层的埋置深度;

2.控制隔热层下路基填筑标高、横坡等,严格地按设计要求进行压实、平整,达到标准;

3.隔热层板下垫层铺设的中粗砂应干净、坚硬,不得有大于10 mm粒径的块、砾石,含泥量不得大于5%;

4.下垫层中粗砂的压实后的厚度为0.2 m。其虚铺厚度和垫层含水率选择应通过试验确定；

5.下垫层压实后的相对密度不小于0.7，每100 m检查3个点，检测质量标准见表6.5.2；

6.下垫层的压实方法宜采用压路机或平板式振捣器压实，严禁采用喷水饱和方法。

6.4.4　隔热层铺设

1.下垫层标高、压实度、平整度达到控制指标后，将施工前检查合格的隔热材料依据设计的搭接方式进行铺设。

2.清除下垫层表面的杂物，进行测量放线，全幅铺设，标出隔热层铺设范围。

3.用人工密贴摆放，采用双层板铺设时，上下接缝应交错，错开距离不小于0.2 m，层间及接缝的贴接应符合设计要求。

拼接方式：有平接、搭接、企接（见图6-1）。在订购隔热材料时就应该拟定板的搭接方式，由厂家预先制作搭接槽，施工时用黏合剂胶结连接。

通常，直线段宜采用搭接或企接方式进行连接。但曲线段，宜采用平接方式，且采用直向积累、集中拼缝处理方法进行连接铺设（见图6-2），板间用黏合剂胶结。铺设应满足整个区段滑顺自然，板材嵌挤紧密，不留孔隙，弯道处局部宽度适当加宽。

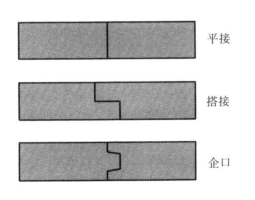

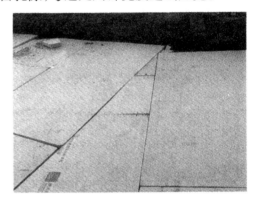

图6-1　隔热材料板的接口示意图　　　　图6-2　弯道处拼缝处理方式

4.隔热层铺设完毕，经检查合格后（见表6.5.3），应及时铺筑上垫层，避免隔热层长时间暴露。

6.4.5　隔热层上的垫层及填料压实

1.隔热层上垫层应选用级配良好、质地坚硬的中粗砂，砂中不得含有杂草、垃圾及粒径不大于10 mm的块、碎石，含泥量不得大于5%；

2.用自卸汽车将上垫层中粗砂运到隔热层端头，卸下中粗砂，按预留厚度，用人工摊铺平整。压实后的厚度为0.2 m，其虚铺厚度及含水率应根据试验确定；

3.用轻型光轮压路机碾压，不得使用羊足碾或重型振动压路机。压实采用静压，先两侧后中间，先慢后快。碾压轮纵向重叠碾压，宽度为0.2~0.3 m。碾压速度和遍数由试验确定，压路机碾压不到之处，可以平板夯实机配合夯实；

4.上垫层的压实质量不作密度检测，要求均匀、平整；

5.再用自卸汽车将上垫层填料运到隔热层端头,卸下填料,用铲车将填料按设计给出的最小压实层厚度向前推运,用压路机压实;(见图6-3)

图6-3　青藏铁路多年冻土区隔热层路基施工(引自丁靖康)

6.以此类推,完成隔热层上垫层是填料铺筑和压实工作;

7.经质量检测合格后,方可进入下道工序。上垫层质量检测达到表6-6规定要求。

6.4.6　过渡段处理

隔热层路基与非隔热层路基间应设置过渡区域。

1.整体铺设隔热层区域的两端,应各自外延10 m;

2.两端应先用中粗砂埋没隔热层后,再按最小压实层厚度填筑路基填料,长度不小于5~10 m,避免将隔热层端头压碎。

6.5　检测与评定标准

6.5.1　隔热材料质量检测标准

1.外观检测要求:

色泽:均匀,阻燃型应掺有颜色的颗粒,以示区别;

外形:表面平整,无明显收缩变形和膨胀变形;

熔结:熔结良好;

杂质:无明显油渍和杂质;

2.尺寸及允许偏差:表6.5.1-1。

表6.5.1-1　隔热材料尺寸允许偏差　　　　　　　　　　单位:mm

长度、宽度尺寸	允许偏差	厚度尺寸	允许偏差	对角线尺寸	对角线差
< 1000	±5	< 50	±2	< 1000	5
1000~2000	±8	50~75	±3	1000~2000	7
> 2000~4000	±10	> 75~100	±4	> 2000~4000	13
> 4000	正偏差不限,负偏差 < 10	> 100	±5	> 4000	15

隔热层路基

3.物理机械性能检测标准,表6.5.1-2。

表6.5.1-2 挤塑聚苯乙烯泡沫塑料(XPS)板的物理力学性能

项目	密度 /kg/m³	导热系数 /W/m·k	抗压强度(10%变形下的压缩应力)/MPa	吸水率(浸水96h) /V/V,%
指标	40~50	≤0.025	≥0.5	≤0.5
项目	蒸汽透湿系数 Mg/Pa·m·s	尺寸稳定性,% (70℃±2℃下,48h)	热阻(厚度25 mm时,25 ℃) (m²·k)/W	阻燃性
指标	≤2.0	≤1.0	≥0.86	符合设计要求

6.5.2 隔热层下垫层质量检测标准,表6.5.2

表6.5.2 隔热层下垫层质量检测标准

项次	检查项目	规定或允许偏差	检测方法与频率
1	下垫层厚度	不小于设计值	每100 m检查3点,尺量
2	下垫层宽度	±50 mm	每100 m检查3点,尺量
3	平整度	15 mm	每100 m检查10点,直尺量测
4	顶面高程	±50 mm	每100 m检查3点,水准仪

6.5.3 隔热层铺设质量标准与检测频率,表6.5.3

表6.5.3 隔热层铺设质量检测标准

项次	检查项目	规定或允许偏差	检测方法与频率
1	隔热层厚度	±5 mm	每100 m检查20点,钢针
2	隔热层宽度	不小于设计值	每100 m检查5点,尺量
3	中线至边缘	±30 mm	每100 m检查5点,直尺量测
4	隔热层接缝	符合设计要求	每100 m检查20点,尺量,目测

6.5.4 隔热层上垫层施工质量检测及频率,表6.5.4

表6.5.4 隔热层上垫层质量检测标准

项次	检查项目	规定或允许偏差	检测方法与频率
1	上垫层厚度	±10 mm	每100 m检查3点,尺量
2	上垫层宽度	不小于设计值	每100 m检查3点,尺量
3	平整度	15 mm	每100 m检查10点,直尺量测
4	顶面高程	±50 mm	每100 m检查3点,水准仪

6.5.5 隔热层路堤的质量标准,表6.5.5

表6.5.5 隔热层路堤质量标准

序号	检测项目		允许偏差	检查方法及频率
1	隔热板材尺寸	长度	1/100	卷尺丈量,抽样频率:
		宽度	1/100	<2000 m³抽检2块,2000~5000 m³抽检3块,5000~10000 m³抽检4块,≥10000 m³每2000 m³抽检1块,
		厚度	1/100	
2	隔热板材密度		≥设计值	天平,抽样频率同序号1
3	基底压实度		≥设计值	环刀法或灌砂法,每1000 m³检测2点
4	垫层平整度/mm		10	3 m直尺,每20 m检查3点
5	垫层之间平整度/mm		20	3 m直尺,每20 m检查3点
6	隔热板材之间缝隙、错台/mm		10	卷尺丈量,每20 m检查1点

条文说明 // 6 隔热层路基

6.1 一般规定

在多年冻土区修筑道路后,改变了地气间的热交换条件和水热输运过程,使路基内的热量逐年积累,导致下伏多年冻土层的温度升高,冻土地基中地下冰融化,冻土上限下降,由此引起多年冻土区路基普遍出现以热融沉陷为主的病害。从调控热传导角度出发,以增大热阻,减少传入路基土体的热量,达到减小或抑制冻土融化,上限下降之目的。在不提高路基高度,特别是低路堤或"零"断面情况下,路基内铺设一层工业隔热材料,构成隔热保温路基。由于隔热保温材料的导热系数是土体导热系数的40倍,故新材料、新工艺的采用不失为解决多年冻土区道路工程病害问题的手段之一。然而,应看到,路基体内铺设隔热保温层后,虽阻隔了暖季大气热量传入路基,但也阻隔了寒季大气冷量进入,使路基体内的热量难以散发。在全球气候转暖的大环境下,隔热保温路基只能起到延缓多年冻土退化的作用。

目前,较为广泛采用的工业隔热保温材料有:聚苯乙烯泡沫塑料(EPS)、聚氨酯泡沫塑料(PU)和挤塑聚苯乙烯泡沫塑料(XPS)。这些隔热保温材料具有质量轻、吸水率低,导热系数小的特点(表6-1),且可制作为所需的成型材料。

表6-1 常用工业隔热保温材料的物理、热物理和力学性能

隔热保温材料名称	密度/kg/m³	抗压强度(压缩10%)/kPa	体积吸水率/%	导热系数/kcal/(m·h·℃)	比热/kcal/(kg·℃)
聚苯乙烯泡沫塑料,EPS	25~35	200~300	<1%	0.03~0.035	0.35
聚氨酯,PU			<1%	0.025~0.030	
挤塑聚苯乙烯泡沫塑料,XPS	40~50	400~500	<1%	0.025~0.040	

1959年,美国开始在土木工程中使用泡沫塑料隔热层。1969年聚苯乙烯泡沫塑料板首次在美国阿拉斯加的契庭纳(Chitina)附近的公路路基中使用,以及在柯兹布(Kotzebue)机场跑道填土中使用。

1976年阿拉斯加的120 km输油管道粗颗粒土垫层中也使用了EPS隔热层。

阿拉斯加铁路路基工程中也进行过EPS隔热层的试验,据阿拉斯加铁路局介绍,效果也好。

1972年加拿大国家研究理事会建筑研究所,在伊努维克城附近的马更些多年冻土区的公路上,也进行了路基中埋设EPS板的试验研究。

1976年铁道部科学研究院西北研究所在风火山冻土站的500 m试验路基工程中,对EPS板在路基中的隔热效果进行研究。

俄罗斯境内的贝阿干线饱冰冻土和残留冰的厚层地下冰地段,在边坡和路堑底用泡沫塑料板和泥炭铺设热缓冲层,用粉质黏土设置防渗帷幕和坡面铺砌块石覆盖层起增压和防侵蚀作用,1984年竣工后4年,路基仍平衡稳定,11年后未见路基显著变形,避免了深挖路堑。

1992年交通部第一公路设计研究院在青藏公路昆仑山多年冻土区路段中进行了隔热层路基试验研究。

2000年214国道姜路岭-清水河改建工程中,铺设聚氨酯(PU)板试验路基。

2001年铁道部汇集有关单位在青藏铁路工程建设中,在清水河及北麓河开展了路基隔热保温层试验研究。

2003年哈尔滨铁路局在多年冻土区的牙林线和嫩林线的冻土路基病害整治工程中,进行了EPS板的试验研究。

2008年内蒙古博克图至牙克石高速公路岛状多年冻土地段,使用XPS板处治路基沉降。

……

以上的路基工程试验研究中,EPS等隔热保温层对减小路基的多年冻土融化深度起到了良好作用。在阿拉斯加、西伯利亚等低温多年冻土区,路基工程中采用隔热保温层应该具有较好的长效效果。但用于高温多年冻土区的路基工程中,尚应配合有冷却降温措施,如热棒等,构成复合路基,对保持冻土路基稳定性具有更好的长效效果。

根据EPS和XPS隔热保温材料的对比试验研究[8],分析两种材料在防腐冻融循环和不同荷载作用下的导热系数、吸水率及强度变化。试验结果表明,EPS板的导热系数比XPS板大,体积吸水率是XPS板的6倍还多,抗压强度只有XPS板的一半(表6-2)。

表6-2 EPS、XPS板两种隔热保温材料冻融循环后的物性测试结果

材料名称	冻融循环次数	导热系数 /w/m·℃	体积吸水率 /%	抗压强度 /kPa
EPS	5	0.0253	2.6	347
	10	0.0249	2.5	335
	20	0.0253	2.8	352
	30	0.0242	2.5	326
	平均	0.0249	2.6	340
XPS	5	0.022	0.422	646
	10	0.023	0.362	637
	20	0.021	0.39	628
	30	0.019	0.38	633
	平均	0.021	0.389	636

注:1 W/(m·℃) = 0.86 kcal/(m·h·℃)

6.2 原理及适用条件

6.2.1 隔热层路基的工作原理

隔热保温路基是在路基内铺设一层隔热保温层,利用其低导热性能(热阻)阻止上部热量传入到下部,延缓多年冻土融化,减小冻土上限下降,从而保持多年冻土的相对稳定。

大气一年为周期的近似于正弦波动的温度边界条件下,土层内的温度也呈现随深度振幅逐渐减小、相位逐渐滞后的周期性波动的变化。多年冻土的地温剖面也就表现出最高与最低温度随深度动态变化的包络线,最高温度包络线随时间和深度变化时,处于冻结状态的温度(通常以0℃,实际应低于0℃)所达的深度即为多年冻土上限位置。路基内未设隔热保温层时,土中最高与最低温度包络线通常是较为光滑的连续曲线(见图6-1[62]的粗线),当铺设隔热保温层后,因其导热系数(见表6-1)与土层导热系数(表6-3)的巨大差异,就导致隔热保温层上下部的温度出现很大的差别,使下部土体的温度年振幅降低,最高、最低温度包络线之间的范围缩小(图中的细线)。此时,最高温度包络线随时间和深度变化所处冻结状态的温度所达的深度减小,即与深度轴线相交点较无隔热保温层时有所提高,这就意味着多年冻土上限位置抬高,土温降低了(或者说原多年冻土的温度保持住了)。

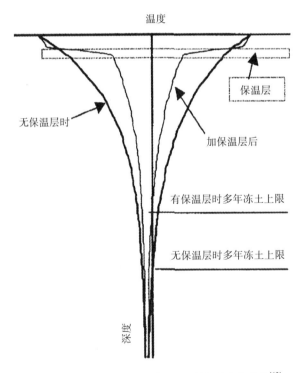

图6-1 路基内有无隔热保温层的温度变化曲线[62]

基于这种原理,在路基的一定深度内铺设隔热保温层能够起到增大路堤的热阻,减小传入冻土路基的热量,延缓和减小多年冻土的融化和年平均地温的升高,维持多年冻土的相对稳定状态。

表6-3　填料、材料和路面结构层的物理和热物理性质[4]

填料名称	密度 /kg/cm³	冻结后导热系数 λ_f/W/m·℃	融化后导热系数 λ_t/W/m·℃	冻结后热容量 C_f/kJ/(m²·K)	融化后热容量 C_t/kJ/(m²·K)	相变潜热 /J/m³
路面结构层	1827	2.441	1.808	1612	2025	22.30×10⁶
碎石,块径60~80 mm	1490	0.396	0.396	1250	1250	0
砂砾填料	1800	1.980	1.919	1913	2227	20.40×10⁶
砂黏土	1480	0.909	0.959	1900	2183	45.18×10⁶
含角砾砂黏土	1680	2.059	0.939	2414	3205	51.98×10⁶
弱风化基岩	1950	1.969	1.030	2197	2866	82.15×10⁶
空气	0.678	0.024	0.024	0681	0681	
水泥混凝土	2000	1.28	1.28	1670	1670	含水率2%
沥青混凝土	2120	0.74	0.74	3520	3520	含水率1%
碎、砾石混合料	2060	2.14	2.10	2088	2253	含水率3%
道碴	1900	1.51	1.45	1879	2027	含水率5%

注:单位换算:1 J = 0.239 cal;1 W = 1 J/s;1 W/(m·K) = 0.86 kcal/(m·h·℃)[4]

6.2.2　隔热层路基适用条件

上述的隔热保温法的原理说明,通过增加热阻可减少路基土体吸热量,使路堤下冻土上限不变或上升,以保护冻土,保证路堤的热稳定性。但也有其局限性,减少路基体吸热的积极效应不是全年持续作用的,其只在外界温度高于路基体内温度,温度梯度趋于路基体温度升高的暖季才发挥积极效应。在冷季,保温板路基就不利于土体和外界进行热量交换,不利于冷季路基土体自上而下的冷却回冻,不利于保温板下土体吸收外界冷季的冷量而降温。从总体趋势上说,保温板路基无法避免冻土退化的趋势,同时保温板路基的施工工艺也是对工程效果起着关键的作用,由于保温板强度较小,易被压路机压碎、压扁,这都影响保温板路基的效果。隔热保温材料的埋设深度和保温层厚度会对人为多年冻土上限和路基热稳定状态产生一定的影响。

基于年平均气温来计算隔热保温板的适用范围(图6-2)[63],计算中考虑了全球变暖的因素。隔热保温板宽度为满幅宽,隔热保温板铺设位置均为天然地表上0.5 m,隔热保温路基于11月30日施工完成。从图6-2可以看出,采用不同厚度的隔热保温板和路基填土高度的组合,可以达到相同的隔热保温效果,从而保证路基的

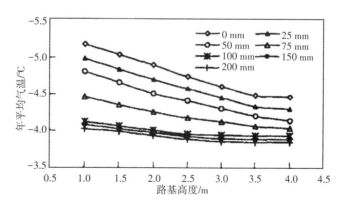

图6-2　青藏高原路基工程隔热保温法适用范围

隔热层路基

热稳定性。计算结果表明,隔热保温板的厚度增加到一定程度(100 mm)后,随着隔热保温板厚度的增加,其相应的隔热保温效果改善不明显,综合考虑经济和强度,100 mm厚EPS是比较合适的隔热保温板铺设厚度,从图6-2也可以看出,当年平均气温高于-3.84 ℃时,隔热保温法不能保证路基在运营期内的热稳定性;当年平均气温低于一定值后(-5.20 ℃),从保护冻土上限和抑制冻土融沉的角度来说,1 m高路基即可保证路基的热稳定性,无需增加保温板。但在路基中放置隔热保温板可能对于减小周期性冻融过程中的变形幅度有作用,从而也对路基的稳定性有好处。基于经济和工程实际的考虑,青藏高原年平均气温在-4.0~-5.2 ℃之间的多年冻土地区,可以采用隔热保温法保证路基的热稳定性。

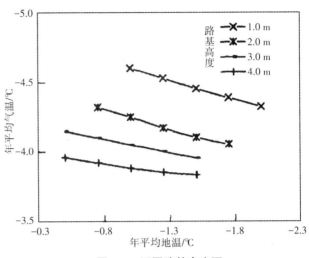

图6-3 不同路基高度下

在不同路基高度条件下,将同一厚度的隔热保温层满幅宽度铺设在天然地面以上0.5 m。从图6-3的模拟计算表明[63],同一年平均气温地区,随着多年冻土年平均地温的降低,路基填土高度也可相应降低。在相同路基高度下,如果多年冻土年平均地温较低时,隔热保温路基结构也可适用于年平均气温更高些的地区。图中可看出,年平均地温对不同填土高度的隔热保温路基的影响程度是不同的,对低路基高度的影响较大,而对高路基高度的影响相对较小。

根据青藏公路昆仑山隔热保温路基试验段(K2896+400~K2898+400)的观测(表6-4)[64],尽管隔热保温路基地段的天然地面下多年冻土退化较对比段严重,多年冻土上限下降速率更大,但其路基下多年冻土上限下降速率要比对比段小,截至2002年,相对于1996年多年冻土天然上限,隔热保温路基下多年冻土抬升幅度为0.41 m,而对比段多年冻土已经融化到原天然上限以下0.10 m。按照隔热保温路基下多年冻土上限的下降速率32.9 mm·a^{-1}估算,隔热保温法可以保证12年内路基下多年冻土上限高于原多年冻土上限。因此,对于低温多年冻土地区,保温材料的使用可以延缓多年冻土退化,加强路基的热稳定型,延长路基的使用年限。

表6-4 天然和路基下多年冻土上限变化

场 地	天然地面下冻土上限变化/m			路基下冻土上限/m			路基高度/m	冻土上限抬升幅度/m
	1996	2002	上限变化/mm·a^{-1}	1996	2002	上限变化/mm·a^{-1}		
隔热保温路基	1.06	1.57	-85.0	2.22	2.45	-32.9	1.80	0.41
对比路基	1.22	1.44	-36.7	2.57	2.92	-50.0	1.60	-0.10

118

青藏铁路隔热保温路基的试验观测资料(表6-5)表明[60]:

1.三年后(2004年)隔热保温路基中心位置的冻土人为上限深度为1.29 m~1.50 m,而未采用隔热保温层的素填土路基中心的冻土人为上限深度为2.90 m。说明隔热保温层起到了明显的隔热保温作用,使路基下冻土人为上限抬高了1.40 m;

2.由于路基边坡未埋设隔热保温层,侧向热侵蚀作用对路基的影响没有减弱。为此,隔热保温路基的左右路肩下冻土人为上限与素填土路基比较接近。同时也可看出,高路堤下,阴阳坡的冻土人为上限变化较大,阴坡的冻土人为上限明显较阳坡浅1.0 m左右;

3.隔热保温路基冻土人为上限的变化过程较快就逐渐稳定,而素填土路基的冻土人为上限仍处于变化;

4.隔热保温路基中心的冻土人为上限比多年冻土天然上限浅,使冻土人为上限抬高了1.0 m。

可见,隔热保温路基能够抬升冻土人为上限,在某种程度上说,相当于增加了路堤的填土厚度。

表6-5 青藏铁路北麓河试验段路基下冻土人为上限变化(m)

试验段里程	保温板		埋设位置	路堤高度	2002年			2003年			2004年			天然上限(2004)
	材质	厚度			左路肩	路中心	右路肩	左路肩	路中心	右路肩	左路肩	路中心	右路肩	
DK1139+900	PU	40 mm	地面上0.5 m	3.34	2.50	2.00	1.50	2.85	1.50	1.00	3.00	1.25	0.90	2.30
DK1139+780			路肩下0.8 m	2.94	2.30	1.40	2.00	2.50	1.40	1.70	2.75	1.35	–	2.70
DK1139+820	EPS	80mm	地面上0.5 m	2.69	2.00	1.75	2.00	–	–	1.10	2.50	1.50	1.00	2.60
DK1139+740			路肩下0.8 m	3.03	2.25	2.00	2.30	2.50	1.60	1.85	2.65	1.50	1.85	2.60
DK1139+670		100 mm	地面上0.5 m	4.12	2.50	1.80	1.75	2.65	1.75	1.50	2.75	1.50	0.80	2.50
DK1139+940	素填土		无	4.34	2.52	2.10	1.50	2.85	3.10	0.90	3.05	2.90	0.50	2.52

青藏铁路的有无隔热保温层路基的对比观测试验表明(采用0.1 m的EPS板),隔热保温层可以阻止热量对路基的侵入,减小路基下多年冻土人为上限的下降(图6-4)[22]。首先,路基修筑后,隔热保温路基中心下的冻土人为上限的上升幅度有明显的提高。对于路堤高度为1.0 m的路基,在年平均气温为-3.0 ℃条件下,隔热保温路基的冻土人为上限较素土路基上升1.0 m。其次,路基修筑后第50年,隔热保温路基的最大融化深度也较浅,如前述条件下,路基的人为上限上升高度可达1.7 m。

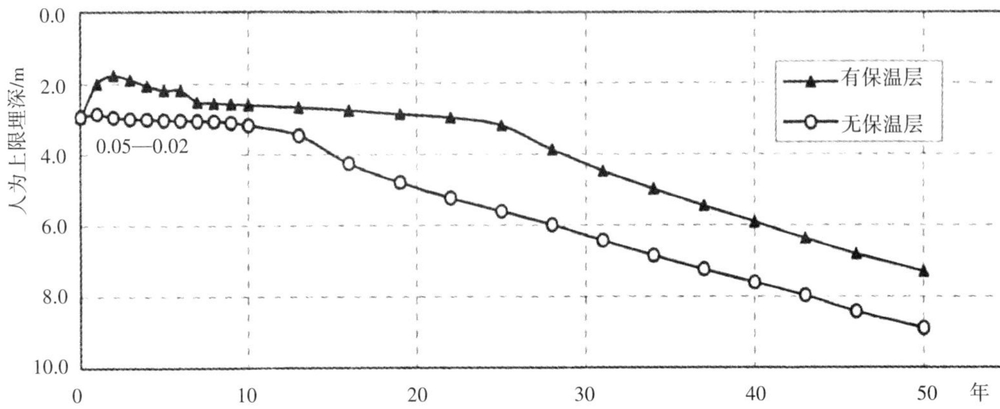

图6-4　有无隔热保温层路基中心下冻土人为上限随时间的变化

（路基高度1.0 m，年平均气温−3.0 ℃）

当遇到下列情况时，可以采用隔热保温层措施，以达到阻隔大气热量传递到路基内，抬高路基下多年冻土人为上限，抑制或减小因冻土上限下降而引起路基沉降。

1.路基设计高度因纵坡控制不满足路基最小临界高度地段；

2.路堑或垭口处的换填低路堤地段；

3.低路堤或阴坡线路（即路堤阳坡较低）地段；

4.治理路基下融化盘偏移的病害地段。

值得引起注意的是，即便保温材料在抬高上限的同时，下伏冻土温度也普遍升高，保温板下存在着热积累。因此，在一定时间内，当年平均气温高于一定值后，一定厚度的保温板将不能保证路基下上限不下降。当然，在年平均气温较低（例如 < −6.0 ℃），即使不用保温板也可以使多年冻土上限不下降，许多堆土下多年冻土上限也随之升高的事例即可说明。

6.3　设计参数指标

6.3.1　隔热材料的技术要求

近年来，我国多年冻土地区的路基工程中主要采用工业隔热保温材料。在1992年青藏公路昆仑山试验路基中选用的保温材料为聚苯乙烯泡沫塑料板（EPS板）；2000年国道214线在姜路岭—清水河改建工程的试验路段采用聚氨酯板（PU板）；2001年青藏铁路新建工程的试验路采用聚苯乙烯泡沫塑料板（EPS板）和聚氨酯板（PU板）；在国道301的博（博克图）—牙（牙克石）路段中采用聚苯乙烯挤塑泡沫塑料板（XPS）板；2003年青藏公路改建工程中有增添聚苯乙烯挤塑泡沫塑料板（XPS板）。

据初步了解，国内外隔热保温材料在多年冻土区的路基工程引用情况调查（表6-6）[65]，我国多年冻土区路基工程中采用的隔热保温板的物理力学和热学性能，以及隔热保温路基使用的隔热保温板厚度列于表6-7。从各试验地区采用的隔热保温板看，前期采用EPS板和PU板，随科学技术发展和价格降低，后期较多地采用强度高，保温性能好的聚苯乙烯挤塑板（XPS）。

表6-6　多年冻土区隔热保温板在路基工程中应用

序号	工程段	冻土工程地质概况
1	俄罗斯贝阿铁路	年平均气温-4.0 ℃,冬季最低温度达-65 ℃,为连续多年冻土地带
2	美国阿拉斯加Kotzebue机场	土壤粗骨料强度较大,表层有极薄的腐殖质层(Ah),下伏为砾石或岩石(R),岩石风化以冰冻风化为主,表层具多裂缝的多边形。
3	加拿大多年冻土区砂砾石公路	
4	青藏铁路 DK1024+500~DK1024+900(清水河) DK1026+970~DK1027+300(清水河) DK1139+625~DK1139+925(北麓河)	清水河:连续多年冻土区,年平均地温为-0.93~-0.7 ℃,属高温冻土,上限2.1 m~2.2 m,为富冰冻土及含土冰层,地下冰层厚度达0.5~1.5 m; 北麓河:连续多年冻土区,年平均地温为-1.2 ℃,上限2.4 m,富冰冻土及含土冰层
5	青藏公路 K2897+000~K2998+100(昆仑山垭口) K2933+800~K2934+000(斜水河) K2950+000~K2951+500(清水河)	昆仑山垭口:多年冻土年平均地温-1.5~-2.6 ℃,上限1.5~2.8 m,湖相沉积,含大量厚层地下冰; 斜水河:年平均地温0~-1.0 ℃,上限2 m~3.5 m,黏土及粉质黏土,高含冰量冻土占83%的面积; 清水河:同青藏铁路。
6	国道214 K354+00~K354+550 K354+850~K355+000 K452+800~K453+000	年平均地温>-1.0 ℃,不稳定高温多年冻土,饱冰冻土-饱冰冻土
7	东北铁路 K101+000~K101+800(牙林线:岩山) K107+200~K107+795（育林） K274+500~K276+000(潮查~潮原) K285+120~K285+860(嫩林线:劲松~太阳沟)	牙林线:冻土沼泽,年平均地温-0.5~-0.6 ℃,高温不稳定多年冻土,天然上限2.3 m~3.2 m,人为上限3.5 m~6.0 m 嫩林线:冻土沼泽,年平均地温-1.88 ℃,低温基本稳定冻土,天然上限1.0 m,人为上限>5.0 m
8	国道301高速路 K234(博克图~牙克石)	岛状多年冻土区,粉质黏土,饱冰冻土
9	伊春-五营,五营-汤旺河公路 K10+100~K10+200	岛状多年冻土区,富冰冻土,饱冰冻土-含土冰层

表6-7　几个地区路基工程使用的隔热保温板性能

使用地段	材料	表观密度/kg/cm³	导热系数/W/m·K	体积吸水率/%	抗压强度/kPa	使用板厚度/mm
国道301高速路	XPS	40	0.030	<1.0	>300	50~100
青藏铁路试验段	EPS	42	0.030	3.6	345	80~100
	PU	59	0.0197	1.4	322	40~80
青藏公路	EPS	30	0.030	3.6	345	60~100
国道214	XPS	44.9	0.0245	0.39	711	60

在寒区工程中使用的EPS、PU和XPS隔热保温材料,需要考验这些材料在反复冻融循环和不同荷载作用下,其导热系数、吸水率和强度变化等老化问题。在实验室条件下对三种隔热保温材料分别进行冻融循环试验,即浸泡于水中7小时,取出后置于−15℃冰箱冷冻17小时,再取出置于水中7小时,如此反复冻融循环,测定它们的导热系数、吸水率和抗压强度的变化。采用平行多个样品,经历5、10、20、30次的反复冻融循环试验,测试结果汇总于表6-8[8][60]。

表6-8 隔热保温材料冻融循环后的物性测试结果

材料类型	冻融循环次数	导热系数/W/m·K	体积吸水率/%	抗压强度/kPa
EPS	5	0.0253	2.6	401*(347)**
	10	0.0249	2.5	372*(335)**
	20	0.0253	2.8	383*(352)**
	30	0.0242	2.5	337*(326)**
	平均	0.0249	2.6	373*(340)**
PU	5	0.0193	0.5	308
	10	0.0184	1.1	306
	20	0.0188	1.0	263
	30	0.0181	1.1	282
	平均	0.0187	0.9	290
XPS	5	0.022*(0.024)**	0.422*(0.469)**	646*(560)**
	10	0.023*(0.025)**	0.362*(0.402)**	637*(552)**
	20	0.021*(0.023)**	0.39*(0.433)**	628*(544)**
	30	0.019*(0.021)**	0.38*(0.423)**	633*(574)**
	平均	0.021*(0.023)**	0.369*(0.432)**	636*(557)**

注:*表观密度为42 kg/cm³;**表观密度为30 kg/cm³;PU板的表观密度为59 kg/cm³;*XPS板的表观密度为44.9 kg/cm³;** 为 X350型45 kg/cm³

从测试结果看,反复冻融循环后隔热保温材料的导热系数、体积吸水率变化不大,它们的抗压强度出现一些波动,呈现出随冻融循环次数增加而有所下降的趋势。置于潮湿环境条件下,XPS板的耐久性最好,其隔热保温性能随时间的变化很小,使用两年以后,热阻基本稳定,仍能保持80%以上(图6-5),即使经过200次的−45℃至20℃的冻融循环后仍能保持98.4%的热阻(表6-9)。几种隔热保温材料在浸水24小时后,XPS的抗压强度基本未出现降低外,PU板、EPS板及酚醛泡沫板的抗压强度均有所降低(图6-6)。

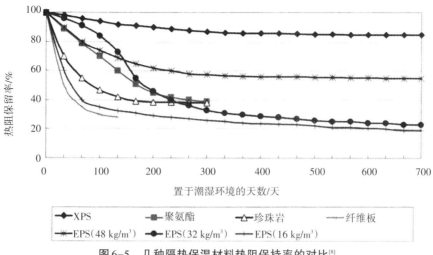

图6-5   几种隔热保温材料热阻保持率的对比[8]

表6-9   XPS板隔热保温材料的检测结果[8]

检测项目	检测结果		检测依据及主要仪器
	冻融循环强	−45℃至20℃冻融循环200次后	
20℃时导热系数λ20/W/m·℃	0.0245	0.0249	改变0801-2002
−18℃时导热系数λ−18/W/m·℃	0.0243	–	8810-8813-1998
表观密度/kg/cm³	44.9	43.1	数字式导热仪
体积吸水率/%	0.39	0.45	电子天平
抗压强度/kPa	711	675	电子万能试验机
尺寸稳定性/%			
ε_L（长度尺寸变化率）	0.3	–	
ε_L（宽度尺寸变化率）	0.2	–	
ε_L（厚度尺寸变化率）	0.5	–	

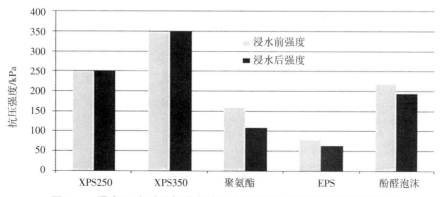

图6-6   浸水24小时后与浸水前几种隔热保温材料的抗压强度对比[8]

从上述对比看,XPS 板具有导热系数很小、吸水率较低、抗压强度较大、耐久性好等优点。XPS 的导热系数为 0.021 W/m·K,而碎石的导热系数为 2.04 W/m·K,是 XPS板的 97 倍。

隔热保温板的强度选择,既要根据车辆荷载特点和路面下应力扩散原理,亦要考虑到施工压实时压路机传递到隔热保温板上压应力。若要使隔热保温板上的土层得到高质量的压实度的话,难以控制压路机传到隔热保温板上的压应力不大于 0.3 MPa。这是选材时需要考虑的。

6.3.2 隔热层厚度的确定

隔热保温层的厚度直接影响着隔热保温路基的隔热保温效果。从减少传入路基的热量考虑,隔热保温层的厚度越厚越好,但隔热保温效果并不随厚度增大而呈正比的,而是达到一定厚度后则随厚度增大而逐渐衰减的。

图 6-7 的观测看出,当隔热保温层厚度为 10 mm 增加到 50 mm 时,路基下的融化深度迅速减小,从 50 mm 增加至100 mm 时,融化深度减小缓慢。如风火山试验路基的计算:当隔热保温层厚度为 50 mm 时,路基下融化深度减小32.7%;当隔热保温层厚度增加到 100 mm 时,路基下融化深度减小 42.3%。隔热保温层厚度增加了 1 倍,路基下融化深度仅减少 9.6%。昆仑山试

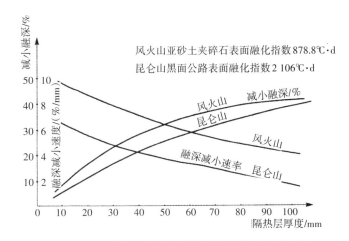

图 6-7 隔热保温效果与隔热保温层厚度的关系[4]

验路基的结果也表明:隔热保温层厚度从 10 mm 增至 20 mm 时,可使路基下融化深度减小 4.8%,从 90 mm 增至 100 mm 时,融化深度仅减小 1.9%。同样,五道梁试验路基观测结果,隔热保温层厚度为 50 mm 时,路基下融化深度减小 46%,厚度增加 1 倍时,融化深度仅减小 14.4%。

东北岛状多年冻土区绥满国道高速公路博克图至牙克石段,气温变化范围为 −46.7 ℃~36.5 ℃,最大冻结深度 3.0 m。采用 XPS 隔热保温路基结构,路基宽度 26 m,坡脚处向两侧延伸 20 m,边坡坡度为 1:1.5,XPS 隔热保温板置于路基面以下 0.3 m,厚度为 50 mm。当路基高度为 1 m~2 m 时,XPS 隔热保温路基的冻土人为上限要处于多年冻土上限层中,需要增加隔热保温层的厚度。根据模型计算的结论[65]:

1.路基中心温度梯度比路两侧的温度梯度大;

2.XPS 隔热保温板厚度从 0~30 mm 的情况下,9 月份多年冻土层的温度处于正温,即冻土已融化;

3.当隔热保温层厚度超过 50 mm 情况下,多年冻土层的温度处于负温状态;

4.XPS 板厚度为 30、50、80、100 mm 时,第 5 年 9 月 XPS 板上下平均温差分别为

2.43 ℃、3.81 ℃、5.38 ℃、6.17 ℃;第20年的温差分别为2.36 ℃、3.70 ℃、5.22 ℃、6.98 ℃,比第5年的温差分别小0.07 ℃、0.11 ℃、0.16 ℃、0.19 ℃;

5.第20年XPS板上下温差的增速比第5年的温差值仅降低0.02 ℃/mm,这表明,随时间推移,增加XPS板厚度来降低温度的效果越来越不明显。

由此可知,一般的路基高度(2.5 m)情况下,XPS板的厚度宜选择80~100 mm。当路基高度超过3.0 m时,必须考虑路堤边坡的侧向传热,隔热保温层的埋置深度就应降低。

黑色沥青路面下冻土的融化深度与隔热保温层厚度的关系可通过多层介质斯蒂芬方程来估算:

$$I_s = \frac{L_n \cdot h_n}{24K^2}\left(\sum R_{n-1} + \frac{R_n}{2}\right) \tag{6-1}$$

式中　I_s——沥青路面的融化指数(℃·d);

　　　　L_n——第 n 层的体积融化潜热(kcal/m^3);

　　　　h_n——第 n 层的融化深度(m);

　　　　R_n——第 n 层中融化层的热阻(h·℃·m^2/kcal);

　　　　$\sum R_{n-1}$——第1层至第 n 层的热阻之和(h·℃·m^2/kcal);

　　　　K——地区修正系数,$K=1.20\sim1.95$

隔热保温层的热阻 R_b:

$$R_b = \delta_b / \lambda_b \tag{6-2}$$

式中:δ_b 为隔热保温层的厚度;λ_b 为隔热保温层的导热系数。

在路基中铺设隔热保温层后,则总的导热系数(λ)计算为:

$$\lambda = \frac{H}{\dfrac{\delta_b}{\lambda_b} + \dfrac{\delta_s}{\lambda_s}} \tag{6-3}$$

式中　H——路基总高度;

　　　　δ_b、δ_s——分别为隔热保温层、路基填土的厚度;

　　　　λ_b、λ_s——分别为隔热保温层、路基填土的导热系数。

采用隔热保温路基和抬高路基高度都是通过调控热阻来达到减小热量传入,起到保护多年冻土的目的。从热阻的角度,将两者进行等效处理,则:

$$\frac{\delta_x}{\lambda_x} = \frac{\delta_s}{\lambda_s} \quad 即 \quad \delta_s = \frac{\delta_x \cdot \lambda_s}{\lambda_x} \quad \delta_x = \frac{\delta_s \cdot \lambda_x}{\lambda_s} \tag{6-4}$$

式中　δ_x、δ_s——分别为隔热保温层和等效土体的厚度;

　　　　λ_x、λ_s——分别为隔热保温层和等效土体的导热系数。

按测试的 EPS、PU、XPE 隔热保温材料的导热系数平均值分别为0.0249 W/(m·k)、0.0187 W/(m·k)、0.021 W/(m·k),砂砾填料的导热系数1.1919 W/(m·k)。当隔热保温板厚度分别为0.04 m、0.06 m、0.08 m 和0.10 m 时,各相应的等效计算厚度如表6-10。

表6-10　隔热保温材料等效厚度计算(m)

EPS板厚度	0.04	0.06	0.08	0.10
相应PU板计算厚度	0.030	0.045	0.060	0.075
相应XPS板计算厚度	0.034	0.051	0.068	0.085
相当填土厚度	1.91	2.87	3.83	4.79
PU板厚度	0.04	0.06	0.08	0.10
相应EPS板计算厚度	0.053	0.08	0.107	0.133
相应XPS板计算厚度	0.045	0.067	0.09	0.112
相当填土厚度	2.55	3.82	5.10	6.37
XPS板厚度	0.04	0.06	0.08	0.10
相应PU板计算厚度	0.036	0.053	0.071	0.089
相应EPS板计算厚度	0.047	0.071	0.095	0.119
相当填土厚度	2.27	3.41	4.54	5.68

根据多年冻土区路基合理高度($H_合$)的概念,确定路基中的隔热保温层的合理厚度($\delta_合$):

$$\delta_合 = \frac{\left(H_合 - h_上 - h_下\right) \cdot \lambda_b}{\lambda_s} \tag{6-5}$$

式中　$h_上$——隔热保温层上覆填土厚度;

　　　$h_下$——隔热保温层下伏垫土层厚度;

　　　λ_b、λ_s——分别为隔热保温层、路基填土的导热系数。

所计算厚度值均应乘以安全系数k,用于路基时,$k=1.5\sim2.0$,用于边坡时,$k=1.2\sim1.5$。

路基合理高度可根据《公路路基设计规范》[25]所推荐的多年冻土区沥青路面路基临界高度计算公式,据观测资料表明,仅适用于低温冻土区:

下临界路堤高度：　　　　$H_下 = 2.88 - 0.42 h_天$　　　　(6-6)

上临界路堤高度：　　　　$H_上 = 5.03 - 0.81 h_天$　　　　(6-7)

或者,根据青藏公路统计的经验公式[8],

$$H_合 = 0.0542 \triangle t - 1.1045 h_天 + 5.2878$$

$$h_天 = 0.0232(t_0 - 1999) + 2.01$$

将式(6-5)代入上述经验公式,则得:

$$\delta_合 = 0.0542 \frac{\lambda_b \cdot \Delta t}{\lambda_s} - 1.1045 \frac{\lambda_b \cdot h_天}{\lambda_s} + 4.7876 \frac{\lambda_b}{\lambda_s} - \frac{\lambda_b}{\lambda_s}(h_上 - h_下) \tag{6-8}$$

式中:各符号意义同前。

假设道路设计年限为20年,2014年设计施工的新建隔热保温路基,隔热保温层上覆土层厚度($h_上$)为1.0 m,下伏土层厚度($h_下$)为0.5 m,XPS板的导热系数为0.021

W/(m·k)，砂砾填料的导热系数为1.1919 W/(m·k)，由公式（6-8）计算得隔热保温层合理厚度为0.0395 m，约为0.04 m。

近来的研究表明[60]，路堤路基高度存在的条件与当地的年平均气温密切相关，以上、下路基高度随年平均气温变化的关系为限制条件，其交点处对应的气温即为路堤路基高度存在的年平均气温临界值，图6-8显示砂砾路面的年平均气温临界值为-3.1 ℃。俞祁浩的最新观测资料，砂石路面及道砟开放式路堤，其表面温度较天然地表高出1.5~4.0 ℃[90]，而高温冻土区的沥青路面封闭式路堤的路面下0.5 m处的温度却远远高出天然地表，相差达10~15 ℃，热量的收入是支出的4倍，因此路堤下形成的融化核则逐年加厚。路基中心下9 m深度（即原地面下6 m，多年冻土上限下约4 m）的地温持续升高，到2012年的17年间，冻土温度升温达0.5 ℃。故而，高温冻土区仅使用路堤路基高度是难以保持路基下冻土的稳定性。

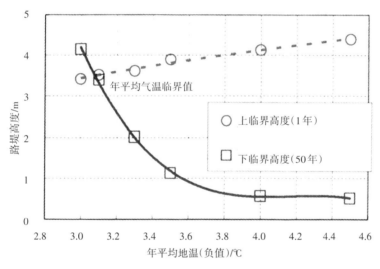

图6-8 路堤上、下路基高度随年平均气温的变化

需要了解多年冻土上限，国内外均有许多确定的方法，有直接测定法、间接测定法和计算法。

直接测定法有：挖探法、钻探法、钎探法和冻土器观测法。其中钎探法适用于冻土沼泽和淤泥、黏土地段；冻土器法的塑料管或乳胶管中应灌入当地的地下水；挖探法和钻探法，其勘测时间应在每年的10月份，此时所得的融化与冻结界面才是多年冻土的最大季节融化深度，其余时间所测得的界面深度仅是该勘测期的季节融化深度，均应进行修正。

间接测定法：一般采用浅层地温观测方法间接确定多年冻土最大季节融化深度。通常以0 ℃等温线所在的深度作为判断冻结和融化的界面，确切地说，应该以当地土层的冻结温度作为判断标准更为合理。

计算法：20世纪六七十年代，国外已有100多个计算季节冻结或融化深度的公式，有斯蒂芬课题的精确解析公式和近似解析公式，利用研究热量周转求得的公式，以及经验公式。我国相对较晚，在七八十年代也提出了一些计算公式和居于观测基础上的经验公式。

斯蒂芬课题精确解析公式通常被表示为：

$$h = \beta\sqrt{\tau} \tag{6-9}$$

式中　h——冻结或融化深度；

　　　τ——时间；

　　　β——超越方程的根，又称冻结或融化速度系数，其值为大于零的常量。

由斯蒂芬课题的近似解获得近似近似公式：

$$h_{天} = \sqrt{\frac{2\lambda_T t\tau}{LW_c\rho_d}} \tag{6-10}$$

式中　$h_{天}$——多年冻土天然上限埋藏深度；

　　　λ_T——融土的导热系数；

　　　t——融化期的地表平均温度；

　　　τ——地表融化期的持续时间；

　　　L——冰的融化潜热；

　　　ρ_d——土的骨架密度；

　　　W_c——土的总含水率。

经验公式：由于影响多年冻土最大季节融化深度的要素很多，如气温、冻土年平均地温、土体的物质成分和含水率、植被、雪盖、地形地貌、地表沼泽化、水体等等。因此各地区所确定的经验公式及式中的参数的最大值与最小值只适用于所在地区的条件，不能随意扩大适用范围。

青藏铁路隔热保温路基试验段观测表明[60]，随着隔热保温板厚度增加，板上下的温差也随之增大（表6-11）。也就是说隔热保温板厚度增大，阻隔外界热量向下传输的能力也增大，使得板上下温差增大，对路基的部位效果也较好。

表6-11　青藏铁路隔热保温路基不同厚度EPS板上下温差对比（℃）

断面里程	保温板厚度	埋设位置	路堤高度/m	2002年			2003年			2004年		
				板上	板下	温差	板上	板下	温差	板上	板下	温差
DK1027+045	0.06 m	路肩下0.8 m	3.1	6.1	5.74	0.36	6.82	5.12	1.7	7.36	5.49	1.87
DK1027+160		地面上0.5 m	3.8	−0.21	−0.4	0.19	−0.16	−0.32	0.16	−0.16	−0.4	0.24
DK1139+820	0.08 m	地面上0.5 m	2.69	9.4	1.8	7.6	—	—	—	5.3	0.7	4.6
DK1024+775		路肩下0.8 m	3	14.25	4.72	9.53	11.89	3.85	8.04	7.34	1.71	5.63
DK1139+740			3.03	9.8	3.8	6	8.7	—	—	4.8	—	—
DK1024+625	0.10 m	地面上0.5 m	3	8.1	1.02	7.08	6.15	0.03	6.12	—	—	—
DK1139+670			4.12	8.4	1.1	7.3	—	—	—	14.5	11.2	3.3
DK1024+725		路肩下0.8 m	3	14.43	4.84	9.59	11.52	3.4	8.12	9.02	1.9	7.12

6.3.3 隔热层埋置深度

隔热保温层的合理埋置深度,一方面涉及施工质量能否保证,另一方面涉及竣工后受车辆荷载及路基结构自重影响下隔热保温层的破坏及其隔热效果。因此,隔热保温层的合理埋置深度的确定原则应是,在满足隔热保温层的自身强度、路面结构层厚度和保持冻土上限稳定的基础上,尽可能将隔热保温层埋置深度浅些,以发挥它的隔热功能,减少路基体的吸热。

1.基于应力扩散理论的隔热保温层埋置深度的确定

根据车辆荷载的特点和路面下应力扩散原理(图6-9),以隔热保温层的容许承载力作为判别指标,可推导出下列公式,以计算隔热保温层的合理埋置深度。

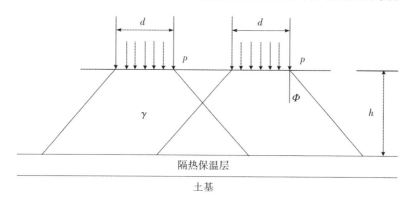

图6-9　车辆荷载扩散示意图

$$\frac{2Pd}{d+2h\,\mathrm{tg}\,\phi}+h\rho \leq \sigma \qquad (6\text{-}11)$$

式中　P——轮胎压强,MPa;

d——单轮胎压面当量圆直径,m;

ρ——隔热保温层以上各结构层密度加权平均值,MN/m³;

ϕ——隔热保温层以上和结构层应力扩散角加权平均值,度;

h——隔热保温层的合理埋置深度,m;

σ——隔热保温层的容许压应力,MPa。

不同的隔热保温层有着不同的容许压应力(σ)。隔热保温层以上的不同填料对应地计算出不同的应力扩散角加权平均值(ϕ)和结构层密度的加权平均值(ρ)。代入不同参数就可以计算出相应的隔热保温层的合理埋置深度。鉴于材料荷载可能有较大的超载,应将所得的计算值乘以安全系数,通常可取1.3~1.5。

2.基于路基自重和车辆荷载作用下隔热保温层的受力分析

根据东北岛状多年冻土区博牙高速公路的计算分析[66],研究了埋设在路基顶面以下0.3 m、0.5 m、0.8 m处XPS板上下面的受力状态。在4 m高路堤加3 m换填碎石条件下,XPS板压力最大值出现在轮压下面,约140~160 kPa,板下所受压力比板上小0.65~0.84 kPa。XPS板埋置深度越大,所受的压力越小。埋深0.8m处比埋深0.5m处的板上下分别小4.26及4.08 kPa;埋深0.5 m处比埋深0.3 m处板上下均小3.04 kPa。相当于埋置深度增加0.1 m,板所受的压力减小1.45 kPa,随着埋置深度增大,压力减小幅度稍有降低。将XPS板置于路基顶面下,板上、下的压力分别为163.15 kPa和160.62 kPa。该路段选择X350,即压缩强度为350 kPa,其极限抗压强度达563 kPa,仍能满足设计要求。

3.基于路基沉降引起隔热保温层拉应力确定埋置深度

居于上述相同条件下,假设路基沉降半径R=13 m,最大沉降量分别为30 mm、50 mm、65 mm时,XPS板上下压力计算结果于表6-12[66]:

表6-12 路基沉降引起的XPS板上下的压力和拉力

XPS板	沉降量 /mm	置于路基顶面下不同深度的竖向压力 /kPa				置于路基顶面下不同深度的横向拉力 /kPa			
		0	0.3 m	0.5 m	0.8 m	0	0.3 m	0.5 m	0.8 m
板上	30	250.30	243.69	239.04	231.86	7.06	5.98	5.29	4.26
	50	417.16	406.15	398.41	386.43	11.68	9.97	8.82	7.11
	65	542.31	527.99	517.93	502.36	15.30	12.96	11.47	9.24
板下	30	248.99	242.46	237.86	230.74	7.77	6.77	6.11	5.13
	50	414.99	404.10	396.43	384.57	12.95	11.28	10.18	8.55
	65	539.48	525.33	515.36	499.94	16.84	14.66	14.66	11.12

可见,在路基沉降作用下。路中央处XPS板受压(拉)最为严重,边缘的应力起伏较大,竖向压力远远大于横向拉力,板上压力比板下压力大1~2 kPa,故应以板上最大压力作为控制指标来确定隔热保温层的埋置深度。

由表6-12可知,当沉降量达65 mm时,隔热保温层上部的压力为500~540 kPa,小于所选隔热保温板的抗压强度。可见在重度沉降(沉降量大于65mm)条件下,XPS板埋置在路基顶面以下0.5 m,仍可保证板不被压坏。

4.基于热影响下隔热保温层埋置深度的分析

在路基高度为3.5 m,采用0.1 m厚度的EPS隔热保温层,满幅铺设条件下,隔热保温层埋设深度越深,保温效果越好(图6-10)[22]。对于埋置深度在地面以上2.0 m和3.0 m的隔热保温路基而言,路基中心孔下冻土人为上限上升高度达到将近3.0 m,但从人为上限上升趋势转向下降趋势的拐点时间看,大约9年,素土路基大约10年。隔热保温层埋置深度在地面以上0.5 m的隔热保温路基,冻土人为上限抑制维持在隔热保温板下,转向下降趋势的时间大约是路基修筑后第30年,此时的人为上限深度仍比埋置于地面以上2.0 m和3.0 m的隔热保温路基人为上限分别高0.6 m和1.0 m,比素土路基高近2.0 m。因为隔热保温层埋置深度越深,可以更好地阻止路基边坡的热量传入,从而减小路基下的冻土融化深度。

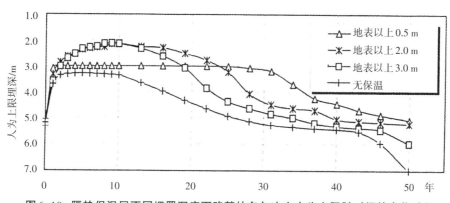

图6-10 隔热保温层不同埋置深度下路基的多年冻土人为上限随时间的变化过程

隔热保温层埋置深度的数值计算结果[63],隔热保温层埋设位置越高,前期路基下冻土人为上限抬升越明显,但人为上限稳定发展阶段的时间越短(图6-11)。

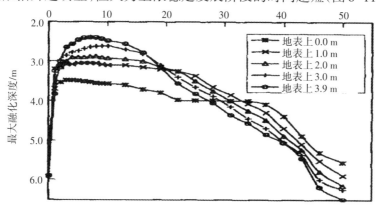

图6-11 隔热保温层不同埋置深度路基中心冻土人为上限变化过程
(路基高度4.0 m,年平均气温为-4.0 ℃)

综上所述,隔热保温层在路基中埋置深度宜深度大些较好,特别是路堤高度较大(大于1.0 m以上)的路基,埋置深度宜在原地表以上0.5 m,但不宜设置在原地面上。设置深度大些可以减少路基边坡的侧向热量侵蚀。在低路堤或路堑中,在保证隔热保温板不被压坏的前提下,隔热保温层的设置深度宜尽量浅些,板下可进行适度换填,以满足路基的强度要求。

6.3.4 隔热层上结构层最小压实厚度

根据目前所使用的隔热保温材料的强度来看还不能满足车辆荷载直接置于在其上面。为此,在铺设隔热保温层时,其上都应铺垫一层填料,作为隔热保温路基的结构层。施工时,该结构层太薄就可能使隔热保温层被挤压破坏,影响其隔热保温性能,若太厚了,又不能达到设计要求的压实度。为在施工中保证路基达到设计要求的压实度,又要不使隔热保温层受到过大的变形而改变其隔热保温特性。为此,需要选择合理的上覆结构层厚度,使结构层在压实过程中传递到隔热保温层上的压应力不超过其容许压应力,就要控制压路机的接触应力和结构层自重应力。在选定合理的压路机的接触应力后,为满足结构层的压实度和隔热保温层不被压坏的条件下,隔热保温层上进行压实时的最小结构层厚度的确定就成为关键因素。

压路机应选择轻型光轮压路机,不得选用羊足碾和重型震动压路机。根据圆柱体和平面挤压原理,其产生的最大接触应力(σ_{max})为:

$$\sigma_{max} = \sqrt{\frac{q}{\pi^2 R(\theta_1 + \theta_2)}} \qquad (6-12)$$

式中 q——线压力;

    R——压路机滚轮半径;

    θ_1、θ_2——分别为土基、压轮刚度。

简化后,对滚轮最大接触应力(σ_{max})可有下式计算:

$$\sigma_{max} = \sqrt{\frac{qE_0}{R}} \qquad (6-13)$$

式中 E_0——土基(结构层)变形模量,MPa。

据有关资料介绍[8],压路机的接触应力(σ_{max})与结构层极限强度(σ_p)的关系:

$$\sigma_{max} = (0.8 \sim 0.9)\sigma_p \qquad (6-14)$$

满足上述条件时能够得到最好压实效果。以两轴三轮压路机后轮为例,假设取隔热保温层的强度$\sigma = 0.3$ MPa,隔热保温层上结构层为水泥稳定土,扩散角$\phi = 36°$,压路机滚轮直径$d = 0.53$ m,依应力扩散原理,则:

$$\frac{0.53 \times \sigma_{max}}{0.53 + 2h\,\mathrm{tg}\,36°} + h \cdot \rho \leq 0.3 \qquad (6-15)$$

若隔热保温层上结构层取水泥稳定土施工压实厚度$h=0.2$ m,$\rho = 0.018$ MN/m³,由式(6-15)可得$\sigma_{max} \leq 0.46$ MPa。显然,所选的隔热保温层的强度满足不了水泥稳定土的压实度的要求,结构层土只有黏性土才能满足要求。否则,应选用具有较高抗压强度的隔热保温板。表6-13所示部分结构层的极限强度值。

表6-13   部分结构层极限强度表

被压材料	极限强度/MPa	被压材料	极限强度/MPa
低黏性土(砂土、亚砂土)	0.3~0.6	碎石路基	3.8~5.5
中黏性土(亚黏土)	0.6~1.0	砾石路基	3.0~3.8
高黏性土(重亚黏土)	1.0~1.5	水泥稳定土	5.0~6.3

又如,东北国道301博牙高速公路岛状多年冻土区资料[66],选用哈尔滨冀龙挤塑板厂生产的XPS板,型号X350。经哈尔滨产品质量监督检验所检验,采用万能试验机进行压缩强度试验,加载速率为5 mm/min,3个试件的平均值如图6-12。

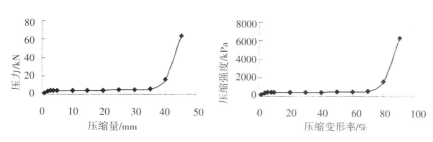

图6-12　XPS板X350型的压缩试验结果

可见,压缩变形为3~35 mm之间,压力变化范围很小,超过35 mm后,压力迅速增加,此时的变形率为70%,即为极限抗压强度,达563 kPa。对应压缩变形率10%时的压缩强度为385 kPa。

采用砂砾作为XPS板上的填料。选用徐工集团生产的3Y18/21和3YJ21/25型三轮静碾压路机,其技术参数如表6-14。砂砾填料的密度 $\rho = 0.0186$ MN/m³,应力扩散角$\phi =35°$。根据应力扩散原理,计算隔热保温板上的路基填料最小厚度。

表6-14　压路机技术参数

型号	最小工作质量 F_{min}/kPa	最大工作质量 F_{min}/kPa	后轮最大静线荷载 P/N/cm	压实宽度 B/mm	压轮重叠量 /mm
3Y18/21	18000	21000	1170	2320	100
3Y21/25	21000	25000	1346	2422	100

1.按照后轮最大静线载荷计算:

3Y18/21型压路机,板上路基填料最小压实厚度:$h \geq 0.26$ m;

3Y21/25型压路机,板上路基填料最小压实厚度:$h \geq 0.23$ m。

2.按照最大工作质量计算:设压路机后轮与路基接触宽度为0.1 m。

3Y18/21型压路机,板上路基填料最小压实厚度:$h \geq 0.26$ m;

3Y21/25型压路机,板上路基填料最小压实厚度:$h \geq 0.28$ m。

由此得出,从偏安全考虑,XPS板上路基填料的最小压实厚度为0.3 m。根据压实效果与压路机之间的关系。压实厚度不宜超过0.5 m。为保证路基结构层能被压实,又保证XPS板不变薄而降低其隔热效果,推荐XPS板上路基填料的压实厚度为0.3~0.4 m。青藏铁路采用PU板,板上填料最小压实厚度为0.2 m[67]。

6.4　施工技术及方法

隔热保温路基所采用的工业保温材料应设计要求预先准备,运到施工现场后,应对隔热保温板的宽度、厚度、长度应进行表观检验,分批抽检,委托有资质的单位进行产品质量检验,符合设计要求后才能采用。

铺设前应进行下垫层的铺设,平整碾压。符合设计要求后进行测量放样。

铺设隔热保温层时,接缝处应密闭,按设计要求的接口方式,采用黏合剂紧密黏合。若两层或多层铺设时,应错缝铺砌。

　　大规模铺设施工前,应进行试验段施工,确定上垫层厚度、上料、摊铺、平整和碾压工艺的试验,合理的机械配套,并进行结构层压实度和隔热保温层完整性的检验,符合设计要求后,才能进行大规模的铺设。

　　施工季节应避开最大融化深度的季节,宜选择寒季末暖季初时节,4月末至5月初,最高气温不超过10℃,最低气温在0℃左右,土基层开始融化前进行隔热保温层的铺砌。通常应在6月底之前完成。

　　隔热保温路基的施工工艺流程见图6-13

图6-13　隔热保温层施工工艺流程

7 块石通风管复合路基

7.1 一般规定

7.1.1 块石通风管路基是集块石(碎石)路基和通风管路基的优点而成的复合路基结构形式,通过通风管与大气的对流换热和块石(碎石)内冷热空气的对流、传导的双重作用来冷却路基的特殊复合路基结构,为多年冻土区保持公路路基稳定性的工程措施之一。

7.1.2 块石通风管复合路基设计应执行《公路路基设计规范》和《公路工程技术标准》规定,并参考多年冻土区研究成果确定设计原则及路基设计高度。

7.1.3 块石通风管复合路基设计应在综合分析冻土工程地质勘察资料、建设区的冻土环境影响因素及工程成功经验的基础上,进行各项论证和相关的热工计算确定设计方案。

7.1.4 块石通风管复合路基施工和检验,应严格遵循多年冻土区公路路基施工和特殊路基施工细则要求,恪守工序,精心施工,确保工程质量。

7.2 原理及适用条件

7.2.1 块石通风管复合路基的工作原理

块石通风管复合路基是在块石(碎石)路堤的顶部或中部增设通风管,以增加块石(碎石)路堤的温差,加大冷空气的对流、传导方式和"烟囱效应",增大路基底部的冷量,抬升冻土上限,保护路基下多年冻土,稳定路基的冷却路堤。

但存有一定缺点,在暖季期间,通风管内亦有"热"空气流动,会增高块石(碎石)路堤的温度,降低空气对流效应。为此,宜在通风管管口设置自动开闭装置,减小"热"空气进入路堤。

7.2.2 块石通风管复合路基适用条件

块石通风管复合路基主要用于多年冻土区高含冰量冻土和退化性多年冻土地段,以降低路基下多年冻土地温,保持或减小冻土上限变化(下降),治理和抑制路基下融化夹层发育,保护多年冻土地基稳定性。

7.3 设计参数指标

7.3.1 块石粒径和通风管管径选择

按第3章块石路基的3.3.1条要求,块石粒径宜选用150~300 mm范围。

按第4章通风管路基的4.3.1条要求,通风管管径(D)宜采用0.4~0.7 m,管壁厚度(δ)为50~80 mm的钢筋混凝土预制管。管径与长度(L)比值需大于0.02(青藏铁路径长比为0.03)。

7.3.2 块石层的铺砌厚度

按第3章块石路基的3.3.2条要求,块石路基的铺砌厚度宜在1.0~1.5 m。

按第 4 章通风管路基的 4.3.3 条要求,通风管间距(S)为通风管外径的 3~4 倍,$S/D \leqslant$ 4。根据试验,通风管净间距为 1.0~1.5 m 较为合理。

7.3.3　块石(碎石)层及通风管铺砌位置

按第 3 章块石路基的 3.3.3 条要求,块石(碎石)层宜铺筑在路面结构层下 0.3~0.5 m 以下,或原地面以上 0.5 m。

通风管的埋置深度一般宜铺筑在块石路堤顶部或在中部(图 7-1)。

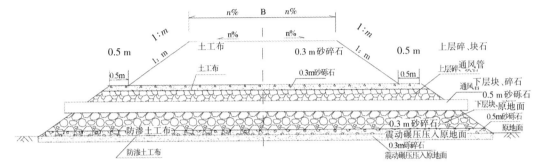

图 7-1　块石通风管复合路基设计示意图

7.3.4　辅助防护结构

1.块石层底部应铺设 0.5 m 厚的砂砾石层及防渗土工布,其顶部也应铺设土工布及砂砾石层,厚度一般为 0.3 m。

2.通风管底部、周围先铺设碎石层,然后与管顶铺设土工布和 0.1 m 厚的中粗砂垫层。

7.4　施工技术及方法

7.4.1　施工前技术交底

按第 3 章块石路基的 3.4.1 条和第 4 章通风管路基的 4.4.2 条做好施工前技术交底。

7.4.2　材料准备与检测

按第 3 章块石路基的 3.4.2 条和第 4 章通风管路基的 4.4.1 条做好块石(碎石)和通风管材料的准备和检测。

7.4.3　倾填块石施工

1.按第 3 章块石路基的 3.4.3~3.4.6 条做好倾填块碎石路堤的施工;

2.当通风管埋设在块碎石层中间时:

①先填筑下层的块石层,压实后,铺设碎石找平、压实;

②根据设计规定的通风管间距,按 4.4.7 条要求铺设通风管;

③按块碎石填筑的施工要求,在填筑上层的碎石层。

3.当通风管埋设在块碎石层顶面时:

①按块石路基的施工方法将块碎石路堤填筑到设计标高;

②按第 4 章通风管路基的 4.4.4~4.4.8 条进行通风管的施工。

7.4.4　继续路堤填筑

7.5 检测与评定标准

7.5.1 块碎石及通风管质量检测

1.按第3章块石路基的3.4.2条及3.5.1条检测块碎石的质量要求。

2.按第4章通风管路基的4.5.1条检测标准进行通风管质量检测。

7.5.2 施工过程控制与检测

按设计要求的质量控制标准进行检测。

1.按第3章块石路基的3.5.3条进行块碎石施工质量检测。

2.按第4章通风管路基的4.5.2条及4.5.3条进行通风管施工质量检测。

7.5.3 路基压实度与平整度检测

按设计要求进行质量进行质量检测。

条文说明 // 7 块石通风管复合路基

7.1 一般规定

块石通风路基是通过改变路堤结构来改变传热方式,使传入路堤中热量,不仅通过土颗粒接触的导热方式传热,还通过人为地制造路堤中介质的孔隙,形成对流传热为主的传热方式。利用多年冻土区的负积温大于正积温的气候条件,改变路堤的温度场,达到降低路基基底的温度,保护多年冻土的目的。

由于块石通风路基中存在孔隙,暖季,太阳辐射热通过路面和坡面将热量传到路堤中,随之使块石孔隙中空气加热,使其密度减小而上升,起着热屏蔽作用。寒季,传递到路堤中密度大的冷空气,不断地置换块石孔隙中热空气,传入到路堤的下部,导热换热的方向与对流换热的方向一致,加速路堤和基底的热量散逸而冷却,大大地增加了冻土地基的冷储量,保护了多年冻土的稳定状态。

可见,块石层的上部的冷空气越强烈,路堤中热空气散逸的速度越快,冷热空气间的置换作用越快,就能加速路基基底的冷却。

通风管路基是通过路堤中一定高度中铺设通风管,在暖季,路堤中的通风管中空气对流,拦截来自路基上部传来的热量,通过通风管中空气对流带出,降低路堤中的热量。寒季,密度大的冷空气,在对流和风的作用下,将通风管中的热空气挤出,并不断地将周围土体中的热量带走,以达到增加路基中的冷储量。

不论暖季或寒季,路堤中铺设通风管就等于在路基中增加了一个冷却面,既可拦截和带走路基面传入的热量,又可冷却通风管周围的土体,增大了路基的冷储量。

根据块石路基和通风管路基的工作特性,在同一路基中集它们的优点,组合成复合路基结构形式。通过通风管与大气的对流换热,以及块石(碎石)内冷热空气的对流、传导的双重作用来冷却路基的特殊复合路基结构,更发挥各自冷却路基的作用,加大路堤的冷储量。

块石-通风管路基结构形式,就是在路堤中提前增加了一个冷却面,加速了块石中冷热空气的置换作用,大大地增加路基中冷储量,从而更有效地保护路基基底下多年冻土的稳定性。

7.2 原理及适用条件

7.2.1 块石-通风管复合路基的工作原理

块石、碎石层的热物理性能具有相变异特征,在正温条件下,其导热系数很小,而在负温条件下,它的导热系数很大。负温与正温导热系数之比可达12以上。在多年冻土区,利用其热物理性能的相变异性,减小暖季传入地基的热量,增加寒季传入地基的冷量。据资料的计算[4],在青藏高原风火山地区,通过1.3 m厚度碎石层,寒季传入地基的冷量约是暖季传入地基热量的3.7倍(粗颗粒土层约1.9倍)。与同厚度的粗颗粒土层比较,碎石层在暖季期间传入地基的热量,仅是粗颗粒土层的46%,寒季传入地基的冷量却是粗颗粒土层的1.12倍。

另外,采用倾填块石(碎石)的施工方式,自由堆积的块石(碎石)层具有较大的孔隙度和较小的表面能,表面无吸附水,其含水率几乎为零。因此,块石(碎石)层可视为固、气两相,在冻结和融化过程中,没有相变,空气可在块石(碎石)层自由流动。寒季,冷空气密度大而重,向下流动,通过块石(碎石)的传导和孔隙中对流,将冷量传递到路基底部,降低冻土地基温度,具有"高传冷"能力。暖季,外界温度高于块石(碎石)层内部,仅通过块石(碎石)层以热传导方式传入,鉴于热空气密度小而轻,仅能滞留在孔隙的上层,构成"热屏障"作用。

在开敞块石(碎石)层的大孔隙率中,可使表面对太阳辐射短波的吸收减小。无论暖季还是寒季。块石(碎石)表面的温度都较低,使得暖季期的n_t系数减小,寒季期的n_f系数增大(表7-1)。

表7-1 开敞式块石(碎石)层不同深度的n系数和地温[4]

深度/m	0.0	0.25	0.50	0.75	1.00	1.30
n_t	1.65	0.90	0.54	0.45	0.17	0.07
暖季平均地温/℃	4.0	2.9	1.3	1.1	0.41	0.17
n_f	1.04	1.07	1.10	1.03	0.97	0.94
寒季平均地温/℃	−15.24	−15.68	−16.12	−15.10	−14.22	−13.78

注:n_t为表面融化指数与气温融化指数之比;n_f为表面的冻结指数与气温冻结指数之比

由表7-1可看出,块石(碎石)层表面的n_t系数(1.65)较粗颗粒土层($n_t = 3.5$)和细颗粒土层($n_t = 2.5$)的表面n_t系数都小。块石(碎石)层的n_t系数和地温均具有随深度增加而呈线性减小的特点,说明块石(碎石)层在暖季期的当量导热系数很小,热阻很大,是隔热的。而寒季,块石(碎石)表面的n_f系数都大于1(其他工程材料表面的n_f都小于1,变化在0.7~0.9),且随深度变化很小,接近于1,说明块石(碎石)层在寒季的当量导热系数很大,热阻很小,是不隔冷的。

从第3章可知,影响多孔介质发生自然对流的主要无量纲参数之一是渗流瑞利(Rayleigh)数R_a(见公式3-1)。当R_a小于临界瑞利数R_{ac}时,即$R_a < R_{ac}$,多孔介质处于单纯热传导状态,当$R_a > R_{ac}$时,多孔介质内流体发生对流,即R_a值越大,对流强度越强。从公式3-1中得知,瑞利数与块石(碎石)层顶底板的温差成正比,温差越大,则R_a值就越大。随着孔隙的长宽比或宽高比变大,R_a也就趋于最小临界瑞利数R_{ac}。

根据研究表明[26],块石(碎石)层厚度从0.6 m增至2.5 m时,路基冻结强度明显增加的,最佳厚度为2.0~2.5 m。当大于2.5 m后,块石层中空气的流动轨迹发生变化,空气流速在不同区域发生很大差异,在顶部靠近边坡和路堤中心处形成局部的流动环。当厚度过大会导致寒季流在边坡附近形成循环。冷空气被带入块石层中心和底部的机会减弱,反而降低了块石层的冷却作用。暖季热流动在块石层中形成大循环,降低了隔热效果。

另外,上覆的砂砾石层厚度增加,块石层的冷却作用变化复杂,模拟计算,上覆砂砾石层的厚度为2.5~3.5 m,冻土路基的冷却效果最大[26]。厚度越厚,地表温度变化传入块石(碎石)层顶部的负值将相应减小,减弱块石(碎石)层的制冷能力和对冻土层的冻结强度。

多年冻土区路堤中埋设通风管后,不但有效地扩大了路基体与空气的接触面,增加了空气向路堤及地基传输能量的途径。在通风管中自然和强迫对流作用下,消耗了路基土内的热量,有效地阻止路基表面吸收的辐射热量的下传。由于多年冻土区的负积温远大于正积温的特点,通过通风管传入路基及地基的冷量大于传入的热量,增加了冻土路基的冷储量,减低地基温度,提高路堤下多年冻土上限。

由图7-1及表7-2看出[60],寒季期间,通过路堤中的通风管向冻土地基输入冷量,通风管路堤基底处的地温低于素填土路基相应位置地温,最大幅度达1.4 ℃~4.2 ℃,暖季期间地温相差幅度逐渐减小到0~0.6 ℃。寒季至暖季间,通风管路堤左右的平均地温低于素填土路堤幅度由0.73~1.12 ℃逐渐减小到0.33~0.54 ℃。通风管能将周围1.6 m~2.0 m范围的土体平均地温降低0.4~0.5 ℃以上。

表7-2　清水河地区混凝土管与素填土路堤体的平均地温(℃)

里　程	深度/m	2004年2月			2004年9月		
		3#(左路肩)	5#(右路肩)	差值	3#(左路肩)	5#(右路肩)	差值
DK1026+370(ZBC30)	0.5~5	−3.58	−9.54	−5.97	7.51	4.61	−2.90
DK1026+450(XBC30)	0.5~5	−7.17	−11.31	−4.13	6.30	4.37	−1.93
DK1026+525(DB)	0.5~5	−2.63	−6.54	−3.91	8.46	3.66	−4.79

注:差值为右路肩(5#孔)平均地温减左路肩(3#孔)平均地温;ZBC30——ϕ30钢筋混凝土管,净间距0.6 m

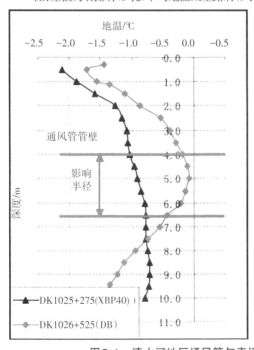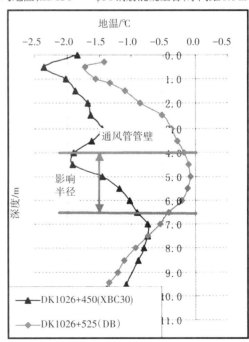

图7-1　清水河地区通风管与素填土路堤9月平均地温随深度变化曲线

(XBP40——埋置下部ϕ40PUC管,XBC——ϕ30钢筋混凝土管,DB——对比素填土路堤)

同时也可以看出，暖季期间，通风管也有将热量传入地基，尽管通风管地温比素填土路基低，但仍使通风管周围土体有升温影响。此时，可在阳坡采用自动风门装置，可控制暖季的热量不进入通风管内，保持管内温度不受外界高温的干扰。

由此可见，块石(碎石)路堤中增设通风管，就等于在块石(碎石)层顶面增加了一个冷却面，提前和加大了其顶底面的温差，增大了其孔隙内空气的对流换热强度，增加了路基基底的冷却作用。

7.2.2　块石-通风管复合路基适用条件

根据上面所述，块石(碎石)路基和通风管路基都具有"热屏蔽"和"高传冷"作用，暖季期可以减小热量传入路基，寒季又可以集冷下传至路基基底，冷却冻土地基，保持或提高多年冻土人为上限。因此，在高温高含冰量冻土和退化性多年冻土地段，可采用块石(碎石)-通风管复合路基结构形式，集两种路基结构的优点，增加冷却路基的冷储量，加大冷却路基的能力，更有利于变化冻土路基的稳定性。

图 7-2[69]是考虑全球气候变暖的影响下，假设未来 50 年气温升高 1.0 ℃时，预测研究了各种路基结构形式冻土人为上限的变化。冻土天然上限下降缓慢，由第一年的 -1.75 m 下降至 50 年的 -1.86 m。普通素填土路基冻土人为上限变化最明显，下降速度最快，由第一年的 -1.86 m 下降至 50 年的 -4.85 m，共下降了 2.99 m，表明素填土路基不利于冻土地基的保护。普通通风管路基下冻土人为上限处于较缓慢下降趋势，且始终高于冻土天然上限，从第一年的 -0.76 m 下降至 50 年后的 -0.89 m，说明通风管路基具有提高冻土上限的作用。封闭块石路基下冻土上限变化也缓慢，始终高于天然

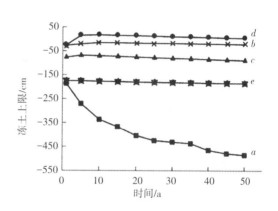

图 7-2　各种结构形式路基下冻土人为上限
与天然上限变化

a.素填土路基；b.封闭块石路基；
c.普通通风管路基；
d.通风管-块石(封闭)复合路基；e.天然上限

上限和通风管路基人为上限，至 50 年后仍位于地面下 0.22 m，有利于路基下冻土的保护。通风管-块石(封闭)路基下冻土人为上限，在竣工后前 5 年有明显的上升，随后缓慢下降，但始终位于天然地面之上，50 年后路基下人为上限仍处于原地面之上 0.04 m，可见，通风管-块石复合路基结构形式优于前述的各种路基结构形式，可以大幅度地提高冻土人为上限，保护冻土地基的稳定性。

根据研究表明[68]，在 214 国道退化性多年冻土区，未来 50 年年平均气温升高 2.6 ℃的条件下，沥青路面的块石(碎石)-通风管复合路基可以降低基底底部多年冻土温度，冻土人为上限始终高于通风管路基，由初始的 -0.55 m 下降到第 50 年的 -0.90 m，经历 50 年共下降了 0.35 m。可见历经长期的气候升温过程，通风管-封闭块石复合路基结构形式可在一定时期内起到保护多年冻土的作用。

7.3 设计参数指标

7.3.1 块石粒径和通风管管径选择

从第3章的块石(碎石)路基的论证可见,块石的粒径宜选用150 mm~300 mm。

第4章的通风管路基的论证可见,通风管的管径(D)宜采用0.4 m~0.7 m的钢筋混凝土预制管,为保证通风管的强度,管壁的厚度(δ)应为50 mm~80 mm。管的径长比值应大于0.02。通常每节长度为1.0 m~2.0 m,管的接头建议采用柔性钢承口管,保持通风管的平整性,有利于施工。

7.3.2 块石层的铺砌厚度

第3章的块石(碎石)路基中,按3.3.2条的要求,块石(碎石)层的铺砌厚度不宜小于0.6 m,否则路基中心的冻土人为上限则处于下降,超过此厚度,人为上限才开始逐渐抬升。块石(碎石)铺砌厚度从0.6 m~2.5 m路基下冻土人为上限处于近似于直线上升阶段[26](见第3章条文说明图3-12)。《青藏铁路高原多年冻土区工程设计暂行规定》中规定,块石(碎石)层填筑厚度不小于0.8 m;《多年冻土地区公路设计施工技术细则》中规定,块石层铺筑厚度宜为1.0 m~1.5 m,上层厚度为0.2 m~0.5 m,下层为0.8 m~1.0 m;《共和-玉树公路多年冻土区设计与施工技术指南》中规定,块石(碎石)层铺筑厚度宜为1.0 m~1.5 m,在富冰冻土区采用1.2 m,饱冰冻土区采用1.5 m。

公路设计中应满足路面结构层的要求。从路床设计要求和工程造价角度考虑,并能保证路基下冻土人为上限的抬升和保护多年冻土的稳定,块石(碎石)层宜在路面结构层下铺设,铺筑厚度一般为1.0 m~1.5 m为佳。

第4章通风管路基的论证及图7-1表明,通风管能将其下2.5 m范围内土体的平均地温降低0.4 ℃~0.5 ℃。考虑给予一定的安全系数,采用管径为0.4 m~0.7 m(外径)的预制钢筋混凝土管,管铺设的净间距宜为1.0 m~1.5 m。青藏铁路通风管路基试验结果认为,管径为0.3 m~0.4 m时,通风管铺设间距宜采用管中心间距1.6 m~2.0 m(试验段的管净间距为管径的2倍)。

7.3.3 块石(碎石)层及通风管铺砌位置

块石(碎石)-通风管复合路基的块石(碎石)层铺砌位置可按第3章开始(碎石)路基的要求,块石(碎石)层顶面宜在结构层下0.3 m~0.5 m,或底面在原地面以上0.5 m。采用倾填方式铺筑。

根据第4章通风管路基的论证,通风管埋置深度一般宜在原地面以上0.5 m,其冷却路基基底的效果较佳。但与块石(碎石)层组合成复合路基时,应充分发挥各自的优势,利用通风管铺筑可以增加

图7-3 块石通风管复合路基实体

块石(碎石)-通风管复合路基的冷却面,将其直接设置在块石(碎石)层的顶部或者中部(正文图7-1),增大其顶底面的温差,使之孔隙中空气产生对流换热,加速冷却路基下冻土地基,同时,又通过通风管将块石(碎石)层的热量排出。如果通风管埋置深度过大,既不能发挥通风管快速冷却的特性,特别是在具有强迫对流换热的优势,又失去块石(碎石)层的对流换热的作用。如果块石(碎石)层采用双层铺筑的话,通风管宜埋设在上、下层之间,即铺筑在下层块石层的顶面(正文图7-1)。

通风管两端均应伸出两端边坡0.3 m,且宜设置"自控风门"。

8 热棒隔热层复合路基

8.1 一般规定

8.1.1 热棒隔热层复合路基是集隔热层阻隔暖季热量传入路基的性能及热棒寒季采集大气冷量、疏散路基热量而保持或降低路基地温优点的保护多年冻土路基稳定性的工程措施。亦即说,热棒隔热层复合路基是一种暖季隔热、寒季导冷的复合路基结构,是保护多年冻土路基稳定性的新型工程措施。

8.1.2 热棒隔热层复合路基设计应执行《公路路基设计规范》和《公路工程技术标准》规定,并参考多年冻土区研究成果确定设计原则及路基设计高度。

8.1.3 热棒隔热层复合路基设计应在综合分析冻土工程地质勘察资料、冻土环境影响因素及工程成功经验的基础上,进行各项论证和相关的热工计算确定热棒隔热层路基设计方案。

8.1.4 热棒隔热层检验和施工,应严格遵循多年冻土区热棒及隔热层路基施工细则要求,恪守工序,精心施工,确保工程质量。

8.2 原理及适用条件

8.2.1 热棒隔热层复合路基的工作原理

隔热层具有高热阻性能,可以有效地增加路基土体热阻,减少路基下多年冻土的换热量,以延缓冻土融化或退化,在一定时间内起到保护多年冻土的作用。而热棒是一种单向传热元件,气温低于地温时,能够产生制冷作用,使地基冷却、降温,气温高于地温时,不会向地基传热而升温。两者的组合就构成暖季阻热、寒季冷却的互补特殊路基结构,保持多年冻土路基终年处于冷却状态,稳定或抬高多年冻土上限,达到保证多年冻土路基的稳定性。

8.2.2 热棒隔热层复合路基适用条件

热棒隔热层复合路基可用于多年冻土地区各类工程建筑物及各种工程条件,以解决地基冻土融化或冻土退化引起的融化下沉问题。热棒路基可长期维护冻土 路基的稳定。适用于新建、改建工程及工程病害治理。

缺点是工程造价较高,与单一的工程措施比较,其造价可成倍增加,施工要求和难度也增高。

8.3 设计参数指标

8.3.1 热棒及隔热层的技术要求

按第5章热棒路基的5.3.1条,确定热棒的参数及技术要求。

按第6章隔热层路基的6.3.1条,选择隔热材料及其技术性能要求。

根据路基设计要求委托专业厂家进行生产。

8.3.2 热棒及隔热层埋置位置

按第5章热棒路基的5.3.2及5.3.3条确定热棒的埋深及间距。

按第6章隔热层路基的6.3.2及6.3.3条确定隔热层的厚度及埋置深度。一般说应保证热棒蒸发段埋置在多年冻土上限以下不小于1.5 m～3.0 m最佳(图8-1)。

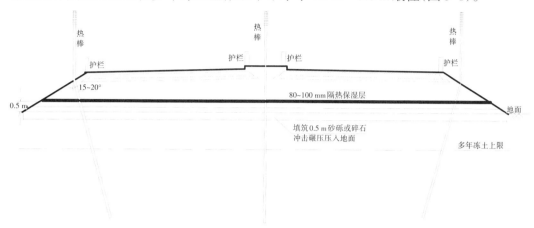

图8-1　热棒-XPS板复合路基设计图示意图

8.3.3 热棒及隔热层埋设方式

按第5章热棒路基的5.3.4条确定热棒的埋置方式。应在路堤施工完成后进行热棒施工。

隔热层按设计要求,在路堤施工过程中进行埋设。

8.4 施工技术及方法

8.4.1 施工前技术交底

应充分了解设计意图,掌握工程措施设置地段的冻土工程地质和水文地质条件。按第5章热棒路基的5.4.2条的第1款及6.4.2条做好施工前的技术交底。

8.4.2 材料准备与检验

按第5章热棒路基的5.4.1条、5.4.2条第2款及6.4.1条做好热棒和隔热材料进场前的质量检验,以及设备的准备。

8.4.3 隔热层垫层铺设与压实

1.按路堤设计要求,进行路堤施工和质量控制;

2.路堤填筑到隔热层铺设的设计标高时,按第6章隔热层路基的6.4.3条隔热层施工的程序进行隔热层的铺设施工。

8.4.4 隔热层铺设

按第6章隔热层路基的6.4.4条隔热层铺设的施工要求进行施工。

8.4.5 上垫层铺设与压实

按第6章隔热层路基的6.4.5条完成隔热层上垫层的施工。

8.4.6 热棒定位

1.完成路堤的填筑及路面结构层的施工后,进行热棒的安装施工。

热棒隔热层复合路基

2.按第5章热棒路基的5.4.3条第1款完成热棒安装施工的定位工作。

8.4.7 热棒施工

按第5章热棒路基的5.4.3条完成热棒成孔的施钻、热棒吊装、支护、间隙回填,以及热棒安装完毕后的场地清理与场地恢复工作。

8.4.8 施工验收

按第5章热棒路基的5.4.4条进行热棒的施工质量验收。

8.5 检测与评定标准

8.5.1 产品质量检验

1.隔热材料质量检验

按第6章隔热层路基的6.5.1条进行隔热材料的质量检测。

2.热棒质量检验

按第5章热棒路基的5.5.1条进行热棒的质量检测。

8.5.2 施工质量检验

1.隔热层施工检验

按第6章隔热层路基的6.5.2~6.5.5条进行隔热层的施工质量检测。

2.热棒施工检验

按设计要求进行热棒的施工质量验收和按第5章热棒路基的5.5.3条进行热棒工作状态的检测。

条文说明 // 8　热棒隔热层复合路基

8.1　一般规定

8.1.1　热棒是一种无源、高效的液、汽两相对流循环的热传输装置

第5章的条文说明中已详细地论述了热棒的工作原理。寒季，热棒冷凝器能将管内吸收了冻土地基热量而蒸发的汽体冷却成液珠，在重力作用下回流至管底的蒸发器，液体再吸收冻土地基的热量而呈汽体，蒸发上升至管顶冷凝器，再次冷却成液珠而回流，如此循环，不断地将冻土地基中热量带出，又将空气中的冷量带入地基，使冻土地基不断降温、冷却、冻结。暖季，因热棒冷凝器的温度高于蒸发器，故蒸发器的液体无法蒸发，冷凝器中蒸汽无法冷却凝结，热棒就停止工作，外界热量也即通过路堤介质逐渐地传入到冻土地基中，使寒季回冻的冻土地基逐渐升温、融化。为此，热棒就起到了"热二极管"作用。热棒的优点就是能将大气的冷量带入冻土地基，形成冻结区，其缺点则是无法保持冻结区的持久性，终究会在暖季期间融化。

隔热保温材料是一种多孔介质，内部大量气体充满在微小而密闭的孔隙中，对热量的对流起着较强的阻抗和隔热作用。通常在热工工程中，把导热系数小于0.2 kcal/(m·h·℃)的材料称为隔热材料，空气的导热系数约在0.022 kcal/(m·h·℃)。所以，静止的空气就是一种良好的隔热保温材料。这种固体材料内部的微小密闭的孔隙中含有大量静止的空气，就成为具有良好的隔热性能的隔热保温材料。热量的传导仅能通过弯弯曲曲的固体材料，使得这种多孔材料具有很大的热阻。目前工程中使用的隔热保温材料有聚苯乙烯泡沫塑料(EPS)、聚氨酯泡沫塑料(PU)和挤塑聚苯乙烯泡沫塑料(XPS)。隔热保温材料的导热系数随着材料的密度降低而减小；随着体内的含水率增加而增大；随着材料的温度升高而增大。在路基工程埋设隔热保温层后，使得隔热保温层上、下表面间形成较大的温差，在一定程度上阻隔了热量向冻土地基传递，也就有效地减小了隔热保温层下界面处的融化指数，使路基下冻土地基的融化深度减小，融化指数减小86%(表8-1)。同样在表中看出，在寒季，由于隔热保温层的阻隔，板上、下间的冻结指数也相应减小了83%，使基底冻土地基不能回冻。随着时间推移，路基下多年冻土人为上限将逐渐下降，冻土路基的变形将逐渐增多。

由此可见，单一的工程措施，有其独有的优势，也有其缺陷。热棒能主动制冷，但却无法避免暖季期间热量的侵蚀。隔热保温层具有较强的热阻，能阻隔热量对冻土路基的热侵蚀，减小融化深度，但也阻隔了寒季冷能传入冻土路基，提高冻土人为上限。热棒-隔热层复合路基则取之它们各自优点，避弃它们的缺点，发挥各自的优点，暖季，隔热保温层阻隔热量的侵蚀，保持着上一年热棒的冷量和冻土人为上限，寒季，热棒发挥其主动冷却地基作用，继续冷却冻土地基，使冻土人为上限进一步提升，如此反复循环，保护了多年冻土路基的稳定性。

表8-1　青藏公路昆仑山隔热保温层试验路隔热效果[4]

EPS板厚度/m	0.06	0.08	0.1
板上融化指数/℃·d	1262.34	1515.34	1422.8
板下融化指数/℃·d	126.85	197.90	163.64
差值	1133.49	1316.44	1258.16
融化指数减小/%	88.9	85.9	87.4
板上冻结指数/℃·d	1378.5	1520.76	1430.9
板下冻结指数/℃·d	360.86	257.20	252.00
差值	1017.64	1262.56	1177.90
冻结指数减小/%	72.8	82.0	82.4

8.2　原理及适用条件

8.2.2　热棒隔热层复合路基适用条件

热棒是高效传热的主动冷却冻土地基温度的液汽两相对流换热装置。在多年冻土能以形成的地区,根据年平均气温与多年冻土区(带)存在的一定相关性,在我国东北地区,多年冻土区南界大致为年平均气温0℃等温线相当;在西部高山、高原地区,多年冻土带下界大致与年平均气温-2.0℃~-3.0℃等温线相当[1]。这些地区(带)的冻结指数一般都大于融化指数,具有足够的低温冷却期来使热棒蒸发段周围土体冷却形成冻土。即使年平均气温为正温的地区亦有可能采用,如日本北海道的年平均气温为8.2℃,1月的

图8-1　日本北海道人工冻土的地温冷藏库

最低气温为-26~-29℃,冻结指数为500~1200℃·d[70],采用热棒修建地下冷藏库(图8-1~8-3)[71],以储存蔬菜、水果等,8月的库温为5℃能保持近一个夏天。可见,热棒可应用于各种条件的多年冻土区工程建筑。

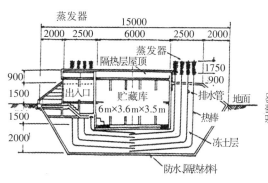

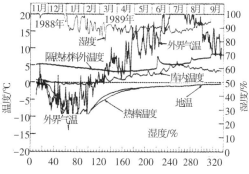

图8-2　人工冻土低温冷藏库构造　　　图8-3　冷藏库的室内外温度、地温及热棒温度变化

隔热保温材料的作用仅能阻隔大部分热量传入地基,也阻隔了寒季冷量传入地基,并不能保持冻土地基的冻结状态,路基下冻土人为上限将继续下降。

热棒-隔热保温层复合路基就是集热棒和隔热保温层的各自优点,在地表以上的路基中设置隔热保温层,使其安置在热棒的绝热段附近。这样布设,暖季期间,可以发挥隔热保温层的阻热作用,阻隔热量传入冻土地基,避免热棒无法保持冻土地基的地温和人为上限的缺点;寒季期间,热棒就可发挥其主动冷却降温作用,使冻土地基继续冷却,提高冻土人为上限,避免了隔热保温层阻隔冷量传入地基的缺陷。

由此可见,热棒适用于多年冻土区的工程建筑,可用于高温冻土区和退化性冻土区的路基工程,以降低冻土地基地温,提高人为上限,保持冷静稳定。与单一工程措施比较,造价可能较高,且施工要求和难度也增高。

8.3　设计参数指标

8.3.1　热棒及隔热层的技术要求

热棒的选择及其参数的确定,在第5章中第5.3.1条的条文说明作了详细分析。目前我国寒区道路工程中应用最为广泛,特别是青藏铁路和青藏公路,其次是在民用建筑中少量使用。初始时,没有统一的国家标准,均按工程实际提出要求,委托专业厂家生产。当前,我国主要的热棒生产厂家有:江苏中圣高科技产业有限公司(南京)、大连熵立得传热技术有限公司(大连)、航天科工哈尔滨风华有限公司热管分公司(哈尔滨)。2011年中华人民共和国国家质量监督检验检疫总局、中国国家标准化管理委员会发布了了有关《热棒》的国家标准[47]。

热棒的技术参数主要有:尺寸(各部尺寸)、工质、形状(直棒、弯棒)、产冷量、使用年限等。

作为热棒路基设计时,一般需要下列资料:

1.气象资料:最近10~15年各年的月平均气温、寒季风速、地表温度等;

2.多年冻土的年平均地温、年变化深度、上限埋深、冻土工程类型;

3.设计地段的地表特征,包括地表物质成分、植被覆盖度等;

4.路基地基土(活动层及多年冻土层)各土层的物理、热物理参数;

5.路基填土的物理、热物理参数。

根据上述资料,确定全球气候变化条件下路基使用年限,要求冻土上限抬升值求得的耗冷量以及布设间距,且选取一定的安全系数,得出热棒的产冷量,再参照现有的热棒尺寸规格进行试算,最终选取合适的参数值,以此向热棒专业生产厂家提出技术要求(热棒的功率、尺寸等)。

隔热保温材料选取和参数,在第6章中第6.3节的条文说明作了详细的分析和论述。结合路基工程使用的状态,目前使用的均是工业隔热保温材料,主要有聚苯乙烯泡沫塑料(EPS)、挤塑聚苯乙烯泡沫塑料(XPS)和聚氨酯泡沫塑料(PU)。用于路基工程中多为定型板状,要求具有较高的抗压强度(不低于0.6 MPa)和较小的导热系数(不大于0.03 W/m·℃),板的厚度一般选用80 mm~100 mm,接口采用搭接或企口较好,全幅铺盖。随着价格的降低,宜选用XPS板(强度高,导热系数小),鉴于生产厂家较多,关键在于把好材料的质量关。

8.3.2 热棒及隔热层埋置位置

热棒的埋设主要有两个参数:埋设深度和间距。在第5章中第5.3.2条及第5.3.3条的条文说明中有详细的分析。

热棒的埋设深度,主要依据构筑物的基础埋深和需强化的地基深度。热棒使用的主要目的在于能有效地冷却冻土地基,降低土体温度,提高路基基底的冻土人为上限,以保障冻土路基的稳定性。热棒要能完成此工作,只有将热棒的蒸发段埋置于多年冻土层内,才能冷却和降低冻土层温度的作用。因此,不论是直型热棒或弯型热棒,都应尽量将绝热段的顶部置于隔热保温层的下面(图8-4),使其

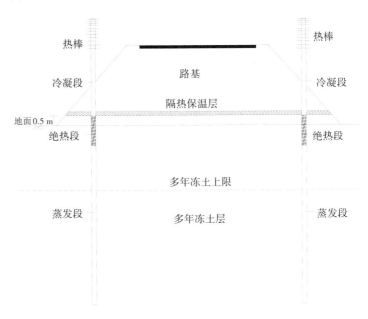

图8-4 热棒埋设位置(热棒总长9m)

置于路基和最大季节融化层内。当路基高度较高时,应选择蒸发段长度较长、功率较大的热棒(见第5章正文表5-1和表5-2),绝热段可适当高于隔热保温层上,但仍要保证热棒的蒸发段1/2~2/3的长度置于多年冻土层内。

热棒埋设间距主要根据热棒冷却的有效半径确定。根据青藏公路、青藏铁路和东北大兴安岭地区的经验,目前使用的热棒的冷却有效半径为1.5 m~2 m左右,设计中热棒间距可取3 m~4 m。

隔热保温层埋设的主要参数为:埋置深度和宽度。在第6章中第6.3.2条及第6.3.3条的条文说明有详细的论述。

隔热保温的选择应满足两个技术参数:抗压强度不低于0.6 MPa,导热系数不大于0.03 W/m·℃。在此条件下来选隔热保温材料,不同材料的表观密度直接影响着其抗压强度和导热系数,一般来说表观密度越大,抗压强度越高,导热系数也越大。我国目前生产的隔热保温层中,挤塑聚苯乙烯泡沫塑料(XPS)能够满足上述技术参数。

隔热保温层埋设深度。据第6章的论证结果,在路基工程中隔热保温层的埋设深度宜深度大些较好,通常情况下,宜埋置在原地表面以上0.5 m,且要全幅铺设,不可直接埋置在地表面上,这样做既可避免隔热保温层受地表水的侵蚀,降低其隔热保温性能,又有利阻隔外界热量侵入(从路基表面和路基边坡传入)路基基底的冻土地基,以最大限度地将热量阻隔在隔热保温层的上部。青藏公路的经验表明,采用厚度为80 mm~100 mm的隔热保温层,可以阻隔掉80%以上传入冻土地基的热量。低路堤情况下,在保证隔热保温层不被压坏的条件下,其埋置深度可适当距地表面高些。

8.3.3 热棒及隔热层埋设方式

热棒-隔热层复合路基的施工应分为两阶段进行:首先进行隔热保温路基的正常施工,达到路基的设计高度;然后再按设计要求进行热棒的安装施工。

1.隔热保温层的铺设

隔热保温层的设计要求应按第6章的规定执行,满足路基的隔热效果。在施工过程中首先应对隔热保温层的质量进行严格检测,且按其施工工艺的要求进行铺设和验收。

隔热保温层铺设应按第6章路基隔热保温层的施工工艺的要求进行施工。作为热棒-隔热保温复合路基,隔热保温层宜尽量采用低埋置方式,但不能直接埋置在原地表面上,距地表面的高度一般不宜小于0.5 m。因从公路路基边坡传入地基的热量占总传入热量的30%左右(铁路可达70%),当然,边坡传入的热量与路堤高度、边坡的反射率、坡面的朝向以及太阳的入射角等因素有关。隔热保温板应在路基横断面全幅铺设,热棒周边应尽量覆盖严密。板间连接宜采用企口或搭接方式,用专用黏合剂黏结。

2.热棒的安装

热棒的埋设应在隔热保温路基施工完成后进行。根据设计要求的间距埋设热棒,采用钻孔插入的施工工艺。施工过程中应采取严格的措施保证隔热保温层不受破坏。

根据选用的热棒形式确定施工方法:直型热棒通常采用先钻孔,后插入方法;斜插直型热棒,则按斜插热棒的设计角度,采用斜孔钻探法钻孔,然后斜插热棒,但应采取措施防止塌孔;弯型热棒,通常也可采用斜孔钻探法施工。上述形式的热棒适合于在隔热保温路基施工完成后,采用钻探法安装施工。

如果选用发卡式热棒,应根据热棒的结构确定施工方法:选用分离式发卡式热棒(蒸发段与冷凝段分离,然后金属软管连接),按设计要求的位置,先铺设热棒的蒸发段,然后再按隔热保温路基的施工要求进行施工,达到热棒设计标高要求,再铺设软管连接的热棒冷凝段。

选用整体式发卡式热棒(图8-5),方法Ⅰ,可先按隔热保温路基的施工要求先进行路基施工,达到发卡式热棒冷凝段设计标高时,进行挖槽,铺设热棒,且在热棒蒸发器上面一定位置严密铺设隔热保温层,再完成热棒施工;方法Ⅱ,在设计标高上,将发卡式热棒或弯型热棒(图8-6)铺设,热棒冷凝段均平卧摆放,或竖立摆放,支架固定,接着进行路基及隔热保温层的施工,达到冷凝段设计标高时,将热棒冷凝段放置指定位置,再进行路基施工。

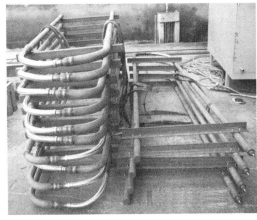

图8-5　发卡式热棒　　　　　　　图8-6　前嫩公路弯型(L型)热棒施工

据目前的试验结果看,采用弯型热棒,或直型热棒斜插埋设(见第5章正文图5-2),有利于冷却冻土路基,降低温度,快速提高路基冻土人为上限。热棒的绝热段宜置于隔热保温层下,使热棒蒸发段的绝大部分传入至多年冻土体中。

在一般公路情况下,热棒采用单排双向埋设(图8-7)。多年冻土条件特别复杂,或是退化性高含冰量冻土区,可采用双排双向埋设(图8-8)。新疆高速公路的试验段中采用单排双向发卡式热棒(图8-9)。青藏公路宽幅路面(四车道)北麓河试验段以及前嫩公路(伊春-五大连池)(图8-6)采用单排双向弯型热棒。在宽幅路面高速公路条件下,也可采用单排三向热棒布设(见正文图8-1)。

图8-7　青藏公路单排双向布设热棒[72]　　　图8-9　新疆高速公路发卡式热棒试验工程[72]

图 8-8　青藏铁路双排双向布设热棒[72]

（图 8-5~图 8-9 照片由江苏中圣高科技产业有限公司提供）

　　发卡式热棒在北美、加拿大的阿拉斯加地区使用较多,因该地区气候寒冷,冷冻期长,热棒具有较长的工作期。我国多年冻土区使用发卡式热棒的地区较少,仅新疆高速公路的试验工程有所报道,因我国的气温较高,年平均气温最低的地区在内蒙古的根河地区,最低达-5.5 ℃,黑龙江省漠河地区的极端最低气温为-54 ℃,负温期均在 11 月至翌年的 3、4 月,即五至六个月。通常情况下,地面温度比气温高 3~4 ℃,沥青路面则高出 5~6 ℃。发卡式热棒的冷凝器一般应埋设在路面结构层下,通常不小于 0.8 m,此处的地温约高出地面温度 30%,加上没有空气对流的散热作用,将对热棒的制冷能力起到较大的抑制作用。可见,发卡式热棒的适用条件比直型、弯型热棒的要求更加苛刻。尽管采用热棒-隔热保温层复合路基(图 8-9),其降温和保护多年冻土路基的效果仍然受到较大的影响,设计时应进行较严密的热工计算。

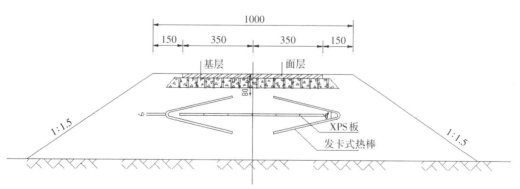

图 8-9　发卡式热棒隔热保温层复合路基示意图

9 路堤块（碎）石护坡与护道

9.1 一般规定

9.1.1 多年冻土区路基工程建设中,路基块（碎）石护坡和护道都有助于保护路基边坡稳定,降低路基基底地温,提高路基下冻土人为上限的作用,是寒区道路工程的特殊工程措施之一。

9.1.2 路基块（碎）石护坡与护道设计除满足《公路路基设计规范》和《公路工程技术标准》的要求外,应参考多年冻土区的道路工程及其相关研究成果,确定路基块（碎）石护坡与护道的设计和应用。

9.1.3 路基块（碎）石护坡与护道设计应根据不同冻土工程地质勘察资料,冻土热状态、地形地貌和气候条件的基础上确定。

9.1.4 路基块（碎）石护坡与护道施工和检验,应遵循多年冻土区公路路基施工细则和要求,确保工程质量。

9.2 原理及适用条件

9.2.1 路基块（碎）石护坡与护道的工作原理

路基坡面铺设块（碎）石层及护道是以调控太阳辐射、对流与传导,防御太阳辐射热,减少暖季大气热量传入路基,寒季有利于路基向外散热,减小或避免路基坡面和坡脚的热量侵蚀,增加冻土地基的冷储量。

当路基块（碎）石护道具有保温排水功能时,应按排水与保温相结合的原则设计。

9.2.2 路基块（碎）石护坡与护道的适用条件

在大于融化指数的冻结指数值≥1000 ℃·d 的高含冰量冻土地区,特别是高路堤和低洼积水地段,采用块（碎）石护坡、护道将有效地改善或补偿因各种因素引起热量侵蚀的影响,降低路基基底温度。

9.3 设计参数指标

9.3.1 路基护坡与护道的块（碎）石粒径选择

保持一定粒径范围的块（碎）石层具有良好的降温效果。

块片石的粒径宜选用150 mm~250 mm;碎石粒径宜选用80 mm~100 mm。

块（碎）石的材质宜具有较强的抗寒冻风化能力,孔隙内不得充填有细小碎石和其他杂质。

9.3.2 路基块（碎）石护坡与护道铺设厚度

块（碎）石护坡铺设厚度:阳坡宜不小于1.2 m;阴坡宜不小于0.8 m。

块（碎）石护道铺设宽度:在保持护坡厚度条件下,阳坡宜不小于3~4 m;阴坡宜不小于2~3 m。

9.3.3 路基块(碎)石护坡与护道铺设结构

路基块(碎)石护坡、护道的基本结构形式如图9-1,属于多年冻土路基工程的保温护坡,土护道加块片石护道才能起到保温防水护道作用。亦可作为前几章特殊路基结构的补强措施,或构成特殊路基结构的复合路基。

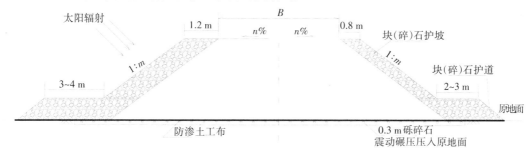

图9-1 路堤块(碎)石护坡与护道结构示意图

9.4 施工技术及方法

9.4.1 施工前技术准备

路基块(碎)石护坡、护道施工前,施工和监理人员应了解设计要求和意图,区别补强措施和复合路基工程:

1. 详细核对设计文件,填筑高度、宽度、坡率及顶面横坡要求;
2. 搜集施工地段的冻土和水文地质资料;
3. 核对料源地、运输条件;
4. 根据设计要求编制实施性的施工方案和工艺流程。

9.4.2 材料准备

按设计要求复核料场位置、用量和质量:

1. 按设计要求对块(碎)石的材质进行试验或检验;
2. 依据景观生态要求,确定石料的开采方案和实施细则;
3. 按设计要求进行石料的破碎和筛选:块石料粒径:150~200 mm,碎石料粒径:80~100 mm;
4. 石料采集完工后,应按景观生态要求进行恢复。

9.4.3 护坡施工

护坡施工应在各种特殊路基结构的路堤本体施工达到设计标高后,再进行护坡填筑:

1. 采用碎石护坡,可在路基面上用运输车直接往路堤边坡倾倒,再人工刷坡的施工工艺;
2. 采用块片石护坡,在路基面上运输车直接往路堤边坡倾倒块片石,将较大的块片石破碎,用人工堆砌的施工工艺,保持块片石护坡是厚度要求。

9.4.4 护道施工

1. 当块(碎)石护道仅具有保温功能时,基底可不做处理
（1）采用碎石护道,可在路基面上用运输车直接往路堤边坡倾倒,再人工刷坡的施

工工艺；

（2）采用块片石护道，在路基面上运输车直接往路堤边坡倾倒块片石，将较大的块片石破碎，用人工堆砌的施工工艺，保持块片石护坡的厚度要求。

2.当块（碎）石护道既具有保温，又有防排水功能时，应先做好防排水措施

（1）根据设计要求，在需作防水保温护道措施的地段，测量出其范围，每隔20 m打入边桩；

（2）做好排水措施，基底、坡脚、填土层面均不得有积水，应做向外侧4%的排水坡度，严禁有水流通过防水保温护道顶面流向路堤边坡；

（3）护道基底可不作处理，但要平整，结合路堤排水系统做好防排水措施；

（4）路堤高度不大于6 m时，防水保温护道可与路堤同时填筑。路堤大于6 m时，不宜同时填筑；

（5）防水保温护道与路堤本体采用同一填料时，应与路堤一体分层填筑。如果采用不同填料时，应分别填筑，先施工路堤本体，再填筑防水保温护道；

（6）分层填料投放、平整、压实（质量标准可低于路堤本体5~10%），坡面外倾4%坡度；

（7）块（碎）石护道填筑可采用运输车直接往路堤边坡倾倒块碎石，将较大的块石破碎，再用人工堆砌施工工艺，不做压实。

9.5 检测与评定标准

9.5.1 块（碎）石的强度与粒径的检测

1.块（碎）石粒径应符合设计要求：

块石粒径为150~200 mm；碎石粒径：80~100 mm。

2.按第3章块石路基的3.5.1条检测块碎石的强度。

9.5.2 施工工程的控制与检测

1.护坡护道的宽度、高度及坡率应符合设计要求；

2.防水保温护道：

（1）防排水护道的压实度应满足约低于路堤本体5%~10%要求；

（2）防排水护道的表面排水横坡、平整度、坡率应符合设计要求；

3.每200 m应检查4处。

条文说明 // 9　路堤块(碎)石护坡与护道

9.1　一般规定

太阳辐射热是通过传导、对流和辐射三种基本方式来影响路基底面的热量,从而影响着路基下伏多年冻土的热状态。多年冻土区路基面和坡面得到太阳辐射热是随着其朝向、走向、和表面特性的变化而变化,路基各部分所得到的融化深度、冻结深度不同,使得路基下多年冻土人为上限的形态出现较大的变化,进而影响着路基的稳定性。相同的路基高度下,砂砾石路面的坡面对路基基底的热量影响约占总量的70%以上,而沥青路面的坡面的影响值也仅占30%左右(热量主要来自沥青路面)。

随着路堤高度增加,在以路面影响为主的同时,坡面对路基的热量影响逐渐明显,基底面的边缘部位热流分布逐渐出现次一级峰值,且不断地增强,基底面热量分布由底面中心集中的传热方式过渡到路面为主和坡面为次的传热方式。因此,在做好路基面的热流防护条件下,随着路基高度增加,也必须做好坡面的热流防护。

在路基坡面铺设块(碎)石层不仅可以防太阳辐射热,又可以调控对流和传导,可减少暖季大气热量传入路基,寒季则有利于路基向外界散热。使得路基坡面的传热机制由路基本体传导传热方式变为多孔介质的点接触传导传热和空气对流传热的混合传热机制。充分利用了多年冻土区具有的较强的冻结能力和较大的气温年较差及日较差特性,且有效地减少对太阳辐射热的吸收,起到有效主动降温措施作用。

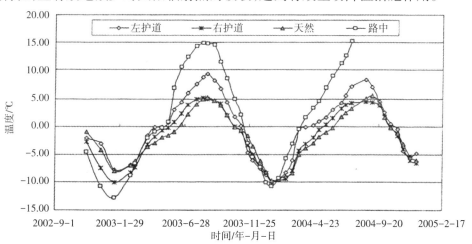

图9-1　不同地段下0.5 m深度处的地温变化

关于"保温护道"的问题。青藏公路在二十世纪七八十年代广泛采用土护道修筑于路基的两侧,减少了人为活动对路基坡脚和附近天然地面的破坏,阻止路基侧向地表积水渗入基底,且对路基边坡的反压,防止路肩滑塌,从力学稳定性来说是正确的。但从热稳定性看,有些地区(高温冻土区)就不能期望有"保温"效果。2002年至2004年对青藏公路楚玛尔河高平原地段(K2933)的保温护道的地温观测表明[8],黑色路面的强烈吸热作用,暖季期间地表下0.5 m深处地温高出天然地面约10 ℃(图9-1),左护道处高出 5 ℃,右护道与天然地面相当。左护道地温与天然地温的差异说明,土护道铺设后,地温有明显升高的趋势,不利于下伏冻土的热稳定性。

从土护道的垂向的地温平均值看(图9-2),左护道(阳面)在不同深度的地温均高于天然孔地温,热流方向向下,说明多年冻土处于吸热状态,长期如此就加速了多年冻土退化。右护道(阴面)恰好相反,热流方向向上,多年冻土处于放热状态,冻土处于发育。这是路基两侧太阳总辐射量具有较大差异结果。路基两侧造成阴阳坡的热量差异就导致多年冻土人为上限的差异变化,左护道下冻土人为上限下降,形成融化夹层,右护道下冻土人为上限则上升,最终导致路基变形,产生纵向裂缝。

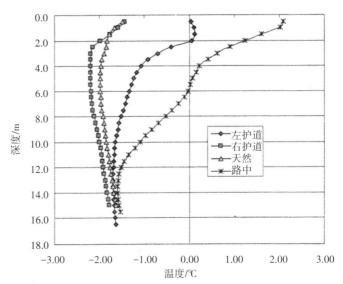

图9-2 不同部位地温年平均值随深度的变化

由此看,对于土护道与天然地面而言,尽管可近似地认为两者表面的太阳辐射总量相同,但存在有表面的反射率差异。因天然地面植被的存在,一方面增加地表的反射率,另一方面它的根系具有持水特性,水分蒸发将消耗大量热量,降低了地温,有利于保护冻土。在高温冻土区,单纯采用土护道以达到对路基的"保温"作用则适得其反,且易造成路基下存在融化夹层。

为此,改变"土护道"的表面形状和内部的物质成分以达到护道能起到真正的"保温"作用。试验表明,利用块片石的通风、对流效应,将"土护道"改为"块片石护道",可以起到冷却路基的效果。或者采用植被护坡和护道,改变护道表面的反射率和持水状态,减小热量吸收和增大护道的散热作用,"恢复"其天然状态,降低地温。

9.2 原理及适用条件

9.2.1 路基块(碎)石护坡与护道的工作原理

块片(碎)石护坡是指在路基的坡面上倾填一定厚度的块片(碎)石层,用来保护路基下多年冻土的稳定性。它具有热开关效应,也具有遮阳作用。

暖季,块片(碎)石护坡层外部的空气温度较高,密度较小,外部的热空气与块片(碎)石层孔隙中的空气不发生对流,仅在块片(碎)石层的表层形成一层热空气层,在无外界动力驱使作用下仅处于相对静止状态。此时,热量的传输仅靠块片(碎)石护坡层的点接触传导,有限地慢慢向路基传递。在块片(碎)石护坡层中被空气加热的热空气,因密度差的作用下,沿块片(碎)石护坡层孔隙又返回大气,从而起着减少热量传入路基基底,达到较强的热屏蔽作用。

寒季,大气密度大的冷空气,置换着块片(碎)石护坡层孔隙中密度小的热空气,形成对流,加上块片(碎)石间的传导作用,两者的热流方向一致向上,将块片(碎)石护坡层中的热空气带到大气中,使得块片(碎)石护坡层的有效导热系数增大,起到冷却路基的"传冷"效果。

太阳直接辐射是路基表面(路堤面和坡面)升温的直接热源。路基表面的温度状况决定着路基基底地温特点。路堤表面温度状况是由辐射平衡量、地面吸收的净辐射(辐射平衡量)、经过地表与近地大气间的热交换、下垫面的蒸发耗热及地面与地中的导热的综合作用所决定的。辐射平衡量越大,路堤表面的温度就越高,蒸发耗热和湍流热交换对路堤表面的温度又起到调节和控制作用。太阳辐射导致地表温度升高,一方面向外发射长波发射,使大气温度升高,另一方面,热量向地下传导,使地温升高。观测资料表明,净辐射与地表温度有很强的相关性(图9-3,图9-4)[73]。采用遮阳板(棚)能够有效地阻隔太阳辐射,减少82%[22]的辐射强度,降低地面或斜坡表面温度。

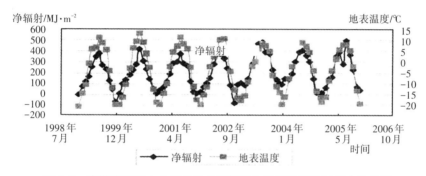

图9-3 青藏高原风火山气象站月净辐射与地表温度随时间变化曲线

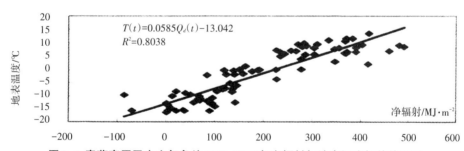

图9-4 青藏高原风火山气象站2000~2005年净辐射与地表温度相关关系图

由此可见,在路堤坡面上铺设一层块片(碎)石层,遮断了太阳对路基坡面的直接辐射,阻止路基体对太阳辐射热的吸收,减少传入路基的热量,这相当于一种遮阳作用。

块片石护道的作用原理如同块片石通风路基的作用。

但是,应该强调,路堤的护道作用,除了具有保温作用外,更重要的作用是具有路基坡脚排水功能。多年冻土区道路工程病害产生的重要原因之一是路基坡脚的积水,它带入了大量的热量而导致路基基底的地温升高和使地基土强度弱化。"土护道"在高温冻土区中虽然不能满足保温作用,但却有很好的排水功能。因此,在做路基护道时,原地面上还必须先采用"土护道"措施来排除路基坡脚的积水,达到排水功能的厚度后,再修筑块片石护道。排水与保温相结合应是多年冻土区护道的基本设计原则。

9.2.2 路基块(碎)石护坡与护道的适用条件

要使块(碎)石护坡与护道能充分发挥其工程效果,应考虑下面几方面的因素[73]:

1.气候条件

气候条件——年平均气温,是决定有效潜在冻结能力,满足多年冻土生存和发育的基本要求。下面引入几个概念:

冻结指数(Ω)指一年中(或整个寒季)连续低于0 ℃气温的持续时间和负气温值乘积的总和,是表征该地区寒季的寒冷程度,反映了当地气候对地层的冻结能力,也称为负积温值。单位:℃·天。

融化指数(Ω^+)指一年中(或整个暖季)连续高于0 ℃气温的持续时间和正气温值乘积的总和,是表征该地区暖季的温暖程度,反映了当地气候对地层的融化能力,也称为正积温值。单位:℃·天。

过剩冻结指数(积温差)Ω_c,即为冻结指数与融化指数的代数和,$\Omega_c=\Omega+\Omega^+$,它表征该地区气候的冻结能力的大小,负值大,表明有更多的冻结能力与冻结或冷却地层;负值小,说明气候的冻结能力和融化能力相近,该地区的多年冻土层的稳定性差,年平均地温很高,难以抵御气候转暖的影响;若数值为正值,说明该地区融化能力大于冻结能力,属于季节冻土区。

冻结数,F,即为积温比,是指气温冻结指数与融化指数的比值,$F=\Omega/\Omega^+$,它表征气候冻结能力的指标。当F的绝对值大于1时,气候的潜在冻结能力强;当F的绝对值小于1时,融化能力大于冻结能力,该区属季节冻土区。

据青藏高原的研究资料[74],若以对应的年平均气温为−2.74 ℃,即为该区黏性土地带形成多年冻土的基本条件(砂砾石地区则需更低的气温条件)为准得准线 I,它的过剩冻结指数$\Omega_c=$ −1000 ℃·天,冻结数$F=2$,(见图9-5),其上部分均在北纬32°15′至35°30′的地区,均具有有效的潜在冻结能力,寒季能形成衔接多年冻土,且有继续冻结的潜在冻结能力。其下部分,已处于多年冻土的南、北界边缘地区,不具备潜在冻结能力。

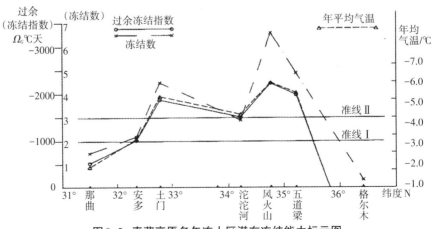

图9-5 青藏高原多年冻土区潜在冻结能力标示图

若根据高原多年冻土区地表年平均温度 t=0 ℃时相对应的年平均气温,年平均气温 $T_0 \approx$ -4.0 ℃为准,得准线 Ⅱ,它的过剩冻结指数 Ω_c= -1500 ℃·天,冻结数 F=3(图9-5),其上部分的过剩冻结指数的绝对值均大于1500 ℃·天,相当于分布在32°30′至35°23′的地区,即青藏高原的腹部地带,具有强大的有效潜在冻结能力,适宜采用大气冷能降温的工程结构措施。

根据青藏高原北麓河地面观测站资料给出路基边坡表面融化指数和冻结指数及其冻结数等有关参数计算结果(表9-1)[75]:在年平均气温近-4 ℃的情况下,地表温度已高于0 ℃;如果就地取土修筑路基(沙石土),正南方向的坡面温度最高,达1.96 ℃,正北方向的坡面温度最低,为-2.26 ℃,其南、北方向坡面温度差值高达4.22 ℃;除了北或偏北方向的坡面之外,其余各方向的坡面融化指数均大于冻结指数,这种现象相对于正南方向是不对称的,大致以正南方向为高差值中心,经由西、东转向北方逐渐减小,在南偏西方向坡面上的差值要大于南偏东方向坡面上的差值;与平面温度相比,南坡升温而北坡降温,南坡升温幅度小于北坡降温幅度,非均匀的温度变化使融、冻指数比在南坡比北坡大了约58%,超出一半。路基相对的两个坡面,由于朝向不同会造成温度分布具有很强的非匀性,其中南和偏南方向与北和偏北方向的路基坡面热状况差异最大,有必要对路基相对的两个坡面采用不同的防护措施,一方面改善就地取土修筑路基(沙石土)对其下伏冻土层的直接不良影响,同时也尽可能减小路基表面温度分布的非均匀性引起路基横向差异变形。

表9-1 气温、平面及各坡向坡面年平均温度值、振幅
及其融化指数 Ω' 和冻结指数 Ω、冻结数 F、n 系数和坡–平比 K

		年平均值 /℃	振幅 /℃	Ω' /℃·月	Ω /℃·月	F	n^+	n^-	n^+/n^-	K^+		
										Ω'	Ω	F
气温		-3.82	11.5	12.31	36.22	0.34						
平面温度		0.38	14.5	30.16	27.84	1.08	2.45	0.77	3.18			
坡面朝向	NE	-1.46	15.1	25.82	34.88	0.74	2.10	0.96	2.19	0.85	1.25	0.69
	E	0.10	14.0	28.28	27.72	1.02	2.30	0.77	3.00	0.94	1.00	0.94
	SE	1.43	13.2	31.02	22.04	1.41	2.52	0.61	4.15	1.03	0.79	1.31
	S	1.96	12.6	31.63	19.28	1.64	2.57	0.53	4.80	1.05	0.69	1.52
	SW	1.70	12.9	31.35	20.64	1.52	2.55	0.57	4.45	1.04	0.74	1.41
	W	0.54	13.8	29.26	25.95	1.13	2.38	0.72	3.30	0.97	0.93	1.05
	NW	-1.23	15.0	26.25	33.90	0.77	2.13	0.94	2.29	0.87	1.22	0.71
	N	-2.26	15.8	24.81	39.03	0.69	2.02	1.08	1.89	0.82	1.40	0.64

以上分析可初步认为,在图9-5中准线 Ⅰ 对应的过余冻结指数 Ω_c 的绝对值≥1000 ℃·天、冻结数 $F \geqslant 2$ 的地区,利用块片(碎)石层护坡来保持多年冻土路基稳定是合理的。

2.地表、地层条件

地表、地层条件是指块片(碎)石层能以保持地温场稳定的岩土地基的热物理特性、本身的温度状态、岩性、含水(冰)和水文地质条件。

在同一裸露地区,地表年平均温度都比气温高,砂石地面要高出2~4℃,沥青路面要高出5~6℃,高温冻土区最大可达10~15℃,低温冻土区则高出5~10℃。地表的过剩冻结指数只是气温过剩冻结指数的50%左右。因此,以气温作为衡量地中的潜在冻结能力时,需充分考虑到气温积温与地面积温的对应关系。根据附面层理论[76],相同的气温波动在不同物质表面引起的温度变化是不同的,不同的地表性状(物质成分、地形地貌、水分状态、植被和覆盖度等)对太阳辐射热的吸收则不同。

在一定条件下,局地因素的影响会超过大气的影响,如,路基修建往往造成朝向的变化,导致阳坡的融化指数可大阴坡的一半;裸露地面(砂石)平均温度比有遮阳设备(如遮阳棚)地面高出8℃[74];块石堆中的年平均地温较相邻的矿物土要低4~7℃,Harris在昆仑山垭口块石堆(0.15 m厚)下的地温年平均值比相邻细粒土的地温低7.1℃[77],这说明中国新疆东天山、辽宁省丹东宽甸县等地年平均气温为正值地区的块碎石堆积层下发现多年冻土存在的原因。

另外,对极易受大风和集中降雨冲刷的路基边坡,采用块(碎)石护坡也能起到很好的防护作用。

当路基坡脚有积水情况下,为防止水浸泡路堤,降低路堤本体的抗剪强度,增大冻土地基的热侵蚀作用,引起表破失稳、滑塌和路基纵向裂缝,土护道的修筑能起到将路基坡脚积水排除的作用。但土护道修筑设计必须与路基排水系统紧密连接,避免排水土护道失去排水的功能。

9.3 设计参数指标

9.3.1 路基护坡与护道的块(碎)石粒径选择

1.碎石护坡的粒径选择

从第三章块石路基的论述可知,块片(碎)石层中发生自然对流的强弱取决于Rayleigh数(Ra)的大小,在负温梯度作用下,Ra越大,自然对流强度就越大。根据实验表明[78],随着碎石粒径的增大,Ra也增大,这主要是由于碎石层的空气渗透率(K)增大的关系,空气渗透率大小随碎石粒径变化较为显著,导热系数则随粒径增大而减小(表9-2)。

表9-2 不同粒径材料的物理参数[78]

材料	粒径 /mm	密度 /kg/m³	孔隙率 /%	渗透率 /m²	导热系数 /W·m⁻¹·K⁻¹	容积热容量 /J·m⁻³·K⁻¹
碎石	20~40	1520	44.4	7.80×10^{-7}	0.424	1.277×10^{6}
碎石	40~60	1500	45.2	2.28×10^{-6}	0.407	1.260×10^{6}
碎石	60~80	1400	45.7	4.38×10^{-6}	0.396	1.250×10^{6}
碎石	100~150	1410	46.5	6.67×10^{-6}	0.385	1.184×10^{6}
卵砾石	≤40	1790	36.1	3.00×10^{-8}	0.522	1.343×10^{6}
砂砾石	≤5	1800	–	3.00×10^{-10}	0.766(0.857))	$1.581(1.393)\times10^{6}$
空气	–	0.900	–	–	0.024	0.909×10^{3}

根据室内的模型试验和计算结果认为,碎石层粒径为60~80 mm的降温效果较佳[78],在模型顶部开放及一定风速条件下,平均粒径为70 mm的碎石层的降温效果好于平均粒径约220 mm的块石层[79]。然而,青藏铁路的北麓河实体试验观测的结果却认为,碎石层具有较强的热屏蔽作用,其降温效果次于块石层[80、81]。

青藏铁路北麓河试验段块片石和碎石护坡对比试验研究(图9-6),块片石的粒径为400~500 mm,铺设厚度为0.8 m,碎石的粒径为50~80 mm,铺设厚度为0.8 m。其观测结果:

温度场的对比分析:

选择路基表面下0.3 m、路基基底和路基原天然上限附近的路基中心平均地温值进行分析,三年的观测资料表明(表9-3),块片石护坡(DK1141+374)和碎石护坡(DK1141+324)不同深度处平均地温均低于普通路基(DK1141+882)。路基表面下0.3 m的地温差别最大,低0.2~0.4 ℃,路基基底居中,低0.1~0.2 ℃,原天然上限附近差别最小,低0.1 ℃。

再从上述三处的积温对比分析,块片石和碎石护坡的路基中心的负积温值也比普通路基多,差值也随深度增加而趋于减小。

图9-6 块(左)碎(右)石护坡(中铁一院葛建军摄)

表9-3 路基中心不同位置的平均地温(℃)和积温(℃·天)对比[22]

观测年份	观测断面	路基表面下0.3m		路基基底		原天然上限附近	
		平均地温	积温	平均地温	积温	平均地温	积温
2002	DK1141+374块片石护坡	−0.93	6.96	−0.02	−2.40	−0.26	−36.26
	DK1141+324碎石护坡	−0.68	41.36	−0.01	−0.55	−0.32	−45.28
	DK1140+882普通路基	2.21	418.32	0.28	42.50	−0.21	−29.66
2003	DK1141+374块片石护坡	0.33	55.80	−0.22	−81.67	−0.33	−120.85
	DK1141+324碎石护坡	0.06	−40.11	−0.27	−98.18	−0.44	−160.91
	DK1140+882普通路基	0.47	126.09	−0.06	−19.12	−0.33	−119.46
2004	DK1141+374块片石护坡	−1.30	−477.93	−0.25	−90.44	−0.44	−159.44
	DK1141+324碎石护坡	−2.28	−489.65	−0.20	−42.50	−0.52	−110.70
	DK1140+882普通路基	−0.82	−294.35	−0.08	−30.16	−0.42	−152.56

比较北麓河试验段同一时间观测的块片石、碎石护坡与普通路基的地温等温线图（图9-7）[22]可看出，在路基本体内，普通路基地温整体上高于块片石、碎石护坡路基，说明块片石、碎石护坡起到了降温作用。块片石、碎石护坡路基本体地温曲线表明路基阴阳坡侧的地温差异较小，起到了减小阴阳坡地温差异的作用，而普通路基则差异较大。

根据观测（表9-4）表明，块片石护坡路基下的冻土人为上限抬升了2.5m，碎石护坡路基下的冻土人为上限抬升2.2m，普通路基下冻土人为上限抬升1.8m。相比较，块片石、碎石护坡路基的冻土人为上限较普通路基分别抬升了0.7m及0.4m。说明块片石护坡较碎石护坡对路基降温效果好些。

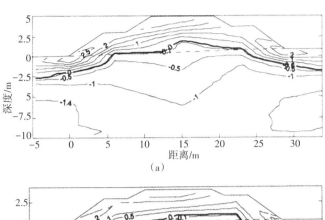

（a）

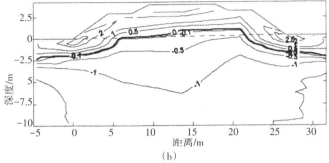

（b）

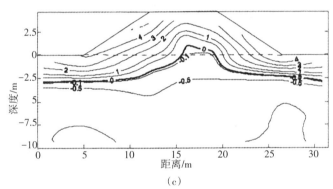

（c）

图9-7　北麓河试验段块片石(a)、碎石(b)护坡及普通路基(c)等温线对比图(2004.09.29)

表9-4　北麓河试验段测试地面各观测孔的最大融化深度值（单位：m）[60]

观测年份	DK1141+374块片石护坡路基				DK1141+324碎石护坡路基				DK1141+882普通路基			
	左肩	中心	右肩	平均	左肩	中心	右肩	平均	左肩	中心	右肩	平均
2002	-2.0	-0.3	-0.1	-0.8	-0.1	-0.5	0.0	-0.2	-2.4	-1.5	-1.8	-1.9
2003	-0.2	0.1	0.0	0.0	0.0	-0.3	0.5	0.1	-2.3	0.0	-0.1	-0.8
2004	0.0	1.4	0.0	0.5	0.0	0.2	0.4	0.2	-2.2	1.5	-0.1	-0.3

注：0.0 m位置为原天然地面。正值表示位于原天然地面之上，负值表示位于原天然地面之下。

通过块片石、碎石层下0.2~0.7 m深度范围的土层的热收支计算[73]，观测期间，碎石层下土体的总热收支为3878.8 kJ·m⁻²，处于吸热状态，而块片石层下土体总热收支为-10940 kJ·m⁻²，处于散热状态。此说明，在相同厚度条件下，粒径为400~500 mm的块片石层比粒径为50~80 mm的碎石层具有更好的冷却地基土的作用。

在一定粒径范围内，块片(碎)石层的降温效果随着粒径增大而增强，是因其渗透率随粒径增大而增加，但粒径超过400 mm后，其渗透率则因比表面积减小和孔隙特征的改变，而导致其随粒径增大而减小。封闭块碎石层最佳降温粒径的室内试验研究（表9-5）表明，221 mm和271 mm粒径的降温效果优于83 mm和148 mm粒径。

表9-5　第8周期块碎石层底部的平均温度[82]

粒径/mm	83	148	221	271
平均温度/℃	-0.39	-1.05	-1.57	-1.38

表9-6　采用排水法测得的不同粒径块石堆孔隙[83]

石料类型	平均粒径/mm	孔隙率/%	
大块石	250	47.52	46.45
中等块石	150	45.71	43.52
小块石	100	43.70	
混合块石	以上3种粒径各1/3	38-92	

在实际工程中，很难要求粒径保持某个量值，只能限定在某个粒径范围。从表9-6中可见，块石平均粒径为250、150和100 mm的孔隙率变化虽有差别，但幅度不大，但三种粒径的混合块石堆的孔隙率则显著减小。因此，施工过程中控制粒径在一定范围内显得十分重要，因对块(碎)石护坡的自然对流和降温效果有很大的影响。

根据上述室内与现场的试验研究，以及工程实践中的情况，块片石的粒径宜选用150 mm~250 mm；碎石粒径宜选用80 mm~100 mm。

2.块片石、碎石护道粒径选择

青藏铁路仅在五道梁地段进行过块片石和碎石护道试验研究（图9-8及图9-9），护道的结构尺寸列于表9-7。

图9-8　块(左)碎(右)石护道(中铁一院葛建军摄)

表9-7　青藏铁路片石护道试验段的结构尺寸

地段	观测段里程		项目	粒径 /mm	厚度 /m	护道铺设宽度/m		备注
	里程	代号				阳坡(左)	阴坡(右)	
五道梁	DK1082+625	A1	护道	100	1.5	6.0	4.0	年平均气温-5.6 ℃ 年平均地温-2.3~-2.4 ℃
	DK1082+675	A2		200	1.5	6.0	4.0	
	DK1082+725	A3		300	1.5	6.0	4.0	

两年的试验观测情况[87]：

1)护道路基冻融过程变化规律

左路肩,均于4月下旬至5月上旬地表开始融化。A3断面比A1和A2断面迟5天左右。右路肩,A1和A3断面于5月中旬地表开始融化,A2断面于5月下旬地表开始融化,约迟5~10天。图9-9反映出DK1082+725(A3)块片石护道路基的冻融过程曲线。

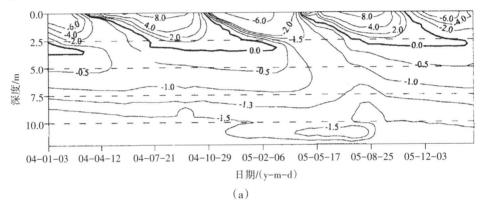

(a)

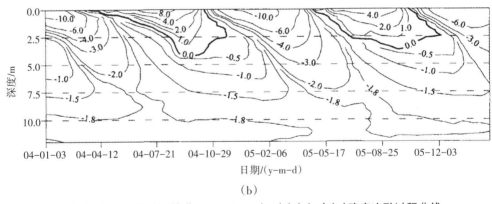

(b)

图9-9　五道梁块片石护道DK1082+725(A3)左(a)、右(b)路肩冻融过程曲线

2)护道路基地温时空变化规律

据观测,A1断面左路肩(阳坡)2005年的不同深度地温年平均值基本上高于2004年,但4.5 m深度以下变化不大,而右路肩则较上年度有所降低。A2、A3断面的左、右路肩不同深度的地温年平均值均较低于上年度。

3)护道路基下原天然地面地温变化

观测断面左路肩正负温期约为5~7个月,右路肩负温期为7~9个月,正温期为3~5

个月;左、右坡脚负温期9~11个月,正温期1~3个月左右。表9-8表明,除A1和A2断面左路肩(阳坡)原天然地面最高与最低地温年平均值为正值外,A3断面却为负值,右路肩及左、右脚坡均为负值。说明块片石粒径大具有较好的降温功能,A1断面的碎石降温功能最小。

表9-8 左右路肩、路基坡脚原天然地面最高、最低地温(℃)

断面	左路肩(阳坡)				右路肩(阴坡)				左坡脚(阳坡)				右坡脚(阴坡)			
	2004年		2005年		2004年		2005年		2004年		2005年		2004年		2005年	
	最高	最低	最高	最低	最高	最低	最高	最低	最高	最低	最高	最低	最高	最低	最高	最低
A1	2.76	-1.83	4.53	-1.67	0.56	-4.06	0.24	-5.34	0.89	-4.27	0.27	-4.49	1.13	-7.92	0.24	-7.11
A2	2.44	-2.57	3.20	-2.23	0.64	-5.06	0.56	-5.72	1.41	-5.05	3.78	-5.15	2.84	-9.56	3.45	-9.20
A3	2.42	-3.26	1.78	-1.97	2.01	-4.96	1.32	-5.73	1.91	-4.32	1.30	-6.09	2.46	-7.96	2.41	-7.98

4)护道路基的地温场

2005年各观测断面的地温均低于2004年,说明寒季冷量的储存增加,使左边坡下没有出现较大的融区。

各观测断面最大季节融化深度的地温场表明,在同一水平面上,左、右护道坡脚和左路肩的地温较高,其次左、右路基坡脚地温较低,右路肩地温最低。表9-9~表9-11左、右路肩、路基坡脚和右护道坡脚冻土人为上限都在原天然冻土上限之上,冻土人为上限有所抬升。但各断面左护道坡脚的冻土人为上限在原天然上限之下。

表9-9 左、右路肩冻土人为上限与天然上限(m)比较

断面	左路肩(阳坡)						右路肩(阴坡)					
	2004年			2005年			2004年			2005年		
	天然	人为	差值	天然	人为	差值	天然	人为	差值	天然	人为	差值
A1	4.5	4.7	-0.2	4.6	4.7	-0.1	4.7	2.8	1.9	4.9	2.7	2.2
A2	4.6	3.7	0.9	4.6	4.4	0.2	4.7	2.9	1.8	4.8	2.9	1.9
A3	4.4	3.5	0.9	4.5	3.1	1.4	4.7	4.3	0.4	4.7	3.7	1.0

表9-10 左、右路基坡脚冻土人为上限与天然上限(m)比较

断面	左路基坡脚(阳坡)						右路基坡脚(阴坡)					
	2004年			2005年			2004年			2005年		
	天然	人为	差值	天然	人为	差值	天然	人为	差值	天然	人为	差值
A1	3.7	1.9	1.8	3.9	1.7	2.2	3.8	2.0	1.8	3.9	1.7	2.2
A2	3.6	2.1	1.5	3.7	2.1	1.6	3.4	2.4	1.0	3.5	2.2	1.3
A3	3.5	2.3	1.2	3.6	2.0	1.6	3.3	2.1	1.2	3.5	2.2	1.3

表9-11 左、右护道坡脚冻土人为上限与天然上限(m)比较

断面	左护道坡脚(阳坡)						右护道坡脚(阴坡)					
	2004年			2005年			2004年			2005年		
	天然	人为	差值	天然	人为	差值	天然	人为	差值	天然	人为	差值
A1	2.3	–		2.4	–		2.3	1.9	0.4	2.4	2.2	0.2
A2	2.3	3.0	-0.7	2.4	3.6	-1.2	2.3	1.6	0.7	2.4	2.3	0.1
A3	2.3	4.7	-2.4	2.4	4.7	-2.3	2.3	2.1	0.2	2.4	2.0	0.4

5)护道路基冻土人为上限的地温特点

从表9-12~表9-14可见,路基下冻土人为上限的地温逐年降低。路基阳坡或阴坡,各断面达到护道坡脚、路基坡脚和路基的冻土热稳定性是依次升高的,但路基阴坡要比阳坡的热稳定性高。显然是与受太阳辐射作用和在相同深度处地面温度波的传导距离不同有关。块片石护道对路基坡脚的冷却作用很强,而对护道坡脚冷却作用却很弱。

表9-12 左、右护道坡脚冻土人为上限地温特征值(℃)

断面	左护道坡脚(阳坡)								右护道坡脚(阴坡)							
	2004年				2005年				2004年				2005年			
	年均	最高	最低	年较差	年均	最高	最低	年较差	年均	最高	最低	年较差	年均	最高	最低	年较差
A1	–	–	–	–	–	–	–	–	-2.11	0.00	-6.15	6.15	-1.76	0.00	-5.04	5.04
A2	-1.05	0.03	-3.22	3.25	-1.23	-0.01	-3.47	3.47	-2.04	0.02	-6.59	6.62	-2.09	0.04	-5.91	5.95
A3	-0.92	-0.01	-2.46	2.45	-1.21	0.00	-4.12	4.12	-1.47	0.00	-4.92	4.92	-1.87	0.01	-5.73	5.74

表9-13 左、右路基坡脚冻土人为上限地温特征值(℃)

断面	左路基坡脚(阳坡)								右路基坡脚(阴坡)							
	2004年				2005年				2004年				2005年			
	年均	最高	最低	年较差	年均	最高	最低	年较差	年均	最高	最低	年较差	年均	最高	最低	年较差
A1	-0.66	0.01	-1.76	1.77	-1.48	0.00	-4.01	4.01	-2.08	0.00	-5.65	5.65	-2.47	0.00	-6.77	6.77
A2	-0.40	0.03	-1.28	1.31	-1.22	0.03	-4.00	4.03	-1.82	0.00	-5.22	5.22	-2.10	0.00	-6.14	6.14
A3	-0.20	0.04	-0.74	0.78	-1.32	0.00	-4.45	4.45	-1.56	0.00	-4.78	4.78	-1.86	0.00	-5.52	5.52

表9-14 左、右路肩冻土人为上限地温特征值(℃)

断面	左路肩坡脚(阳坡)								右路肩坡脚(阴坡)							
	2004年				2005年				2004年				2005年			
	年均	最高	最低	年较差	年均	最高	最低	年较差	年均	最高	最低	年较差	年均	最高	最低	年较差
A1	-0.23	0.00	-0.36	0.36	-1.19	0.00	-3.58	3.58	-0.83	0.08	-2.88	2.96	-1.76	0.00	-5.04	5.04
A2	-0.16	0.05	-0.56	0.61	-0.52	0.00	-1.32	1.32	-1.32	0.03	-4.33	4.36	-1.66	0.00	-5.07	5.07
A3	-0.17	0.06	-0.77	0.83	-0.37	0.07	-1.45	1.52	-1.16	0.10	-2.73	2.83	-1.46	0.00	-3.96	3.96

6)护道路基原冻土天然上限地温变化特点

块片(碎)石护道路基冻土人为上限在天然上限的基础上普遍抬高。各观测断面左右路基坡脚和路肩原冻土天然上限最高、最低和年均地温都有逐年降低的趋势(表9-15~表9-16),左、右路基坡脚的热稳定性却比路肩高,这是因路基坡脚受护道冷却作用的影响。

表9-15 左、右路基坡脚原冻土天然上限地温特征值(℃)

| 断面 | 左路基坡脚(阳坡) | | | | | | | | 右路基坡脚(阴坡) | | | | | | | |
| | 2004年 | | | | 2005年 | | | | 2004年 | | | | 2005年 | | | |
	年均	最高	最低	年较差	年均	最高	最低	年较差	年均	最高	最低	年较差	年均	最高	最低	年较差
A1	-0.45	-0.28	-0.64	0.36	-1.31	-0.68	-2.29	1.61	-1.47	-0.45	-3.47	3.02	-2.30	-0.84	-4.61	3.77
A2	-0.38	-0.07	+0.76	0.69	-1.16	-0.36	-2.59	2.23	-1.76	-0.38	-4.24	3.86	-2.05	-0.47	-4.80	4.33
A3	-0.32	-0.12	-0.63	0.51	-1.14	-0.33	-2.81	2.48	-1.47	-0.32	-3.47	3.15	-1.84	-0.51	-4.23	3.72

表9-16 左、右路肩冻土人为上限地温特征值(℃)

| 断面 | 左路肩(阳坡) | | | | | | | | 右路肩(阴坡) | | | | | | | |
| | 2004年 | | | | 2005年 | | | | 2004年 | | | | 2005年 | | | |
	年均	最高	最低	年较差	年均	最高	最低	年较差	年均	最高	最低	年较差	年均	最高	最低	年较差
A1	-0.16	0.16	-0.32	0.48	-1.17	-0.66	-2.16	1.50	-0.62	0.55	-2.14	2.69	-1.76	-0.79	-2.97	2.18
A2	-0.36	-0.16	-0.65	0.49	-0.60	-0.20	-1.32	1.12	-1.40	-0.49	-2.73	2.24	-1.67	-0.62	-3.27	2.65
A3	-0.37	-0.21	-0.75	0.54	-0.67	-0.25	-1.99	1.74	-1.25	-0.41	-2.51	2.10	-1.53	-0.51	-3.14	2.63

综观上述的观测资料比较,块片石护道冷却路基的效果比碎石护道好,不宜混合使用。

9.3.2 路基块(碎)石护坡与护道铺设厚度

根据多孔介质渗流理论,要使粒径一定的块石层达到理想的降温效果,除需要利用它的变当量导热系数的特点外,还需要达到一个最小的厚度。这一厚度需要满足以下条件[79]:负温期,冷能可以充分传输的底部,在正温期热量不能达到底部。根据第三章论述,块石层中要发生自然对流的最小临界瑞利数 Ra_c 为 $4\pi^2$,瑞利数的大小是与介质的厚度成正比,以此可以求得块碎石层护坡产生自然对流的临界厚度。居于对流降温效应,路面温度振幅(θ)为一定值时,路堤冬季自然对流效应开始能"冷却地基"的临界状态相对应的碎石护坡层最小厚度(H)可由下式[84]确定:

不透气边界 $H_{min} = -43.61 \ln\theta + 180.3$ (9-1a)

透气边界 $H_{min} = -34.94 \ln\theta + 129.3$ (9-1b)

对于道砟碎石护坡路堤,厚度为 1 m[85],其碎石表明温度振幅为 13 ℃条件下,按公式9-1求得碎石护坡最小厚度为0.7 m(不透气边界)和0.4 m(透气边界)。

中铁西北院风火山观测站碎石护坡试验路堤,碎石粒径50~150 mm,上部厚度0.7 m,中下部为0.55~0.6 m[86],碎石层表面温度振幅取14.2℃,按公式9-1求得碎石护坡的最小厚度为0.66 m(不透气边界)和0.37m(透气边界)。

碎石护坡路堤冬季自然对流效应具有如下特点[84]:

1.对于一定厚度的碎石护坡路堤,其冬季自然效应随路面温度振幅变大而增强;

2.在相同条件下,由于透气边界碎石层中的空气能与外界大气组成对流循环而使透气边界碎石护坡路堤的冬季自然对流效应明显强于不透气边界的碎石护坡路堤;

3.对于给定路面温度振幅,碎石护坡路堤的冬季自然对流效应随碎石护坡层厚度变大而增强;

4.路堤碎石护坡层的冬季自然对流效应通常是从坡脚开始形成的,因此,相比较而言,碎石护坡层下部分的自然对流降温能力更强;

5.因碎石层的有效导热系数远小于砂砾石等传统路基填料,所以,路堤碎石护坡层除了具有冬季自然对流降温效应以外,在夏季还能起到一种热阻材料的作用,阻止更多热量的传入;

6.碎石护坡层厚度较小时,其产生的冬季自然对流效应比较弱,主要发挥热阻材料的作用。

总之,在多年冻土地区,碎石护坡路堤冬季自然对流降温效应的产生及其演化主要与碎石护坡层厚度、碎石粒径、边界形式、冻土条件等密切相关。

青藏铁路在五道梁和开心岭均有碎石护坡试验段,观测断面结构尺寸见表9-17:

表9-17 青藏铁路碎石护坡试验段的结构尺寸

地段	观测段里程	项目	粒径/mm	护坡铺设厚度/m		备注
				阳坡(左)	阴坡(右)	
五道梁	DK1082+375	护坡	100	1.0	0.6	年平均气温-5.6℃ 年平均地温-2.3~-2.4℃
	DK1082+425			1.3	0.8	
	DK1082+475			1.0	1.2	
开心岭	DK1262+575	护坡	70~120	1.2	0.6	年平均气温-3.3℃ 年平均地温-0.6~-0.7℃
	DK1262+625			1.6	1.0	
	DK1262+675			1.4	0.8	

五道梁不同厚度碎石护坡路基试验结论[22]:

1.碎石层下年平均地温低于普通路基坡面温度,左侧阳坡碎石层降低了坡面温度约3.0℃,右侧阴坡碎石层降低了1.6℃。普通路基年较差均明显大于碎石护坡坡面年较差,其中,左侧差值为13℃,右侧为20℃。可见,铺设碎石层后,起到降低坡面温度和年较差作用;

2.普通路基阴、阳坡坡面温差为2.2℃左右,碎石护坡阴、阳坡坡面温差为0.7℃,说明碎石层护坡具有减小阴、阳坡坡面温差,可减弱路基温差的不对称性;

3.碎石护坡路基的冻土人为上限抬升值大于普通路基;

4.从表9-18、表9-19及图9-10中可见[87],路基铺设碎石护坡都具有降低路基坡面地温的作用,能使路基下冻土原天然上限的地温逐年降低,有利于保护路基基底的多年冻土的稳定性;

5.阴、阳坡铺设厚度分别为0.8 m及1.6 m的碎石层护坡的人为上限抬升值大于铺设厚度分别为0.6 m和1.3 m的碎石层护坡路基,说明碎石层铺设厚度大的工程效果好些。

表9-18　北麓河碎石护坡路肩下冻土原天然上限处的地温(℃)特征值

观测断面	左(阳坡)路肩								右(阴坡)路肩							
	2004				2005				2004				2005			
	平均	最高	最低	年较差	平均	最高	最低	年较差	平均	最高	最低	年较差	平均	最高	最低	年较差
DK1082+375	-0.08	0.11	-0.35	0.46	-0.52	0.05	-1.53	1.58	-1.11	0.00	-3.38	3.38	-2.0	-0.01	-4.90	4.89
DK1082+425	-0.05	0.09	-0.25	0.34	-0.46	-0.01	-1.14	1.13	-0.51	0.06	-1.43	1.49	-1.17	0.01	-3.09	3.10
DK1082+475	0.00	0.06	-0.18	0.24	-0.51	0.04	-1.47	1.51	-0.83	0.00	-2.28	2.28	-1.75	0.00	-3.56	3.56

表9-19　北麓河碎石护坡坡脚下冻土原天然上限处的地温(℃)特征值

观测断面	左(阳坡)护坡坡脚								右(阴坡)护坡坡脚							
	2004				2005				2004				2005			
	平均	最高	最低	年较差	平均	最高	最低	年较差	平均	最高	最低	年较差	平均	最高	最低	年较差
DK1082+375	-0.29	0.05	-.84	0.90	-0.95	0.04	-3.14	3.18	-1.71	0.03	-5.28	2.31	-2.34	0.00	-6.22	6.22
DK1082+425	-0.04	0.11	-0.32	0.43	-0.82	0.01	-2.61	2.62	-1.40	0.00	-4.11	4.11	-2.16	0.00	-5.69	5.69
DK1082+475	-0.01	0.09	-0.48	0.57	-1.07	0.00	-3.21	3.21	-1.90	0.00	-5.11	5.11	-2.41	0.00	-6.19	6.19

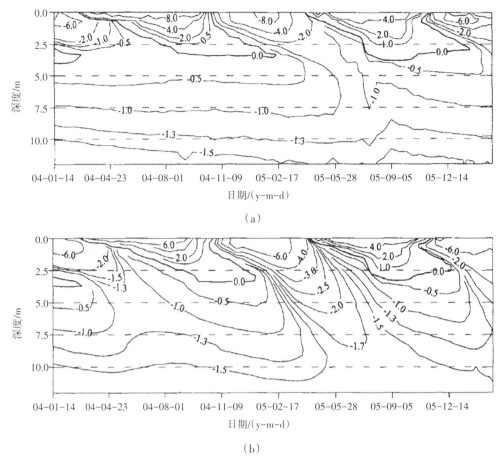

图9-10　五道梁青藏铁路碎石护坡试验段DK1082+425左(a)、右(b)路肩冻融过程曲线图

开心岭不同厚度碎石护坡路基试验结论[22]：

1.碎石护坡厚度为1.0 m(阴坡)和1.6 m(阳坡)断面的路基基底的年平均地温低于同期的普通路基，说明碎石护坡能增加地基中的冷储量(表9-20)；

2.三种不同厚度的碎石护坡路基的地温观测资料表明，铺设厚度越小，效果越差。护坡的碎石层厚度越大，路基下冻土原天然上限处的地温也越低(表9-21)。

表9-20　碎石护坡和对比断面路基基底的年平均温度(℃)

观测断面 (阴阳坡厚度)	DK1262+575 (0.6 m/1.2 m)		DK1262+625 (1.0 m/1.6 m)		DK1262+675 (0.8 m/1.4 m)		DK1262+530 (普通路基)	
观测年份	2004	2005	2004	2005	2004	2005	2004	2005
左路肩(阳坡)	−0.21	−0.08	−0.17	−0.20	−0.09	−0.12	0.14	0.20
路中心	−0.23	−0.13	−0.27	−0.21	−0.19	−0.13	−0.22	−0.13
右路肩(阴坡)	−0.10	−0.24	−0.24	−0.31	−0.19	−0.27	−0.12	−0.12

表9-21　碎石护坡和对比断面路基冻土原天然上限年平均温度(℃)

观测断面 (阴阳坡厚度)	DK1262+575 (0.6 m/1.2 m)		DK1262+625 (1.0 m/1.6 m)		DK1262+675 (0.8 m/1.4 m)		DK1262+530 (普通路基)	
观测年份	2004	2005	2004	2005	2004	2005	2004	2005
左路肩(阳坡)	−0.12	−0.10	−0.16	−0.23	−0.31	−0.31	−0.08	−0.12
路中心	−0.04	−0.02	−0.29	−0.30	−0.19	−0.19	−0.07	−0.10
右路肩(阴坡)	−0.17	−0.16	−0.39	−0.41	−0.36	−0.39	−0.17	−0.19

综上所述,碎石护坡与块片石护道冷却路基效果对比分析结论[87]:

1.地温年平均值

左路肩,碎石护坡路基相对较低,块片石护道路基相对较高。碎石护坡有利于提高路基阳坡的热稳定性。

右路肩,碎石护坡路基相对较高,块片石护道路基相对较低。块片石护道有利于提高路基阴坡的热稳定性。

从地温年平均值的降幅看,碎石护坡路基左、右路肩相对较大,有利于提高路基的冷量储备。

2.原天然地面地温变化

左路肩,碎石护坡路基基底冻土热稳定性较块片石护道高;

右路肩,碎石护坡路基冻土热稳定性较块片石护道路基和路基坡脚低;

左右路肩,碎石护坡路基基底地温年平均值降幅相对较大。

说明碎石护坡和块片石护道在提高路基基底稳定性上各具优势。

3.最大季节融化深度

左、右路肩,碎石护坡抬升冻土人为上限能力较强,块片石护道对路基坡脚冻土人为上限的抬升能力很强,超过碎石护坡对路肩冻土人为上限的能力;

左路肩,两种措施对路肩坡脚冻土人为上限抬升能力较弱,块片石护道更弱些;

右路基坡脚,碎石护坡路基抬升冻土人为上限能力较强,块片石护道相对强一些。

4.冻土人为上限的地温变化特点

块片石护道路基冻土人为上限地温年平均值和最低地温比较低,寒季期积累冷量较多;

碎石护坡路基冻土人为上限地温年平均值和最低地温降温幅度比较大。

统观前述,建议:

块(碎)石护坡铺设厚度:阳坡宜不小于1.2 m;阴坡宜不小于0.8 m。

块(碎)石护道铺设宽度:在保持护坡厚度条件下,阳坡宜不小于3~4 m;阴坡宜不小于2~3 m。

9.3.3　路基块(碎)石护坡与护道铺设结构

路基块(碎)石护坡、护道的基本结构形式如正文图9-1,及本说明图9-6及图9-

8。可作为块石路基、通风管路基、隔热保温路基、热棒路基及它们的复合路基等路基工程的补强措施,有利于提高各种工程措施的降温效果、冷量采集和储存能力。

当护道具有排水功能时,必须先做土护道,防止水流渗入路基坡脚与基底。防排水土护道的最小高度必须满足多年水流溢漫高度以上 0.5 m,然后在其上填筑块片石层。

10　附录

附录1　冻土物理力学参数[12]

1.0.1　冻土物理力学参数应由试验确定。当无试验条件时,可按本附录提供数值选用。

1.0.2　冻土、未冻土热物理指标的计算值。

1.根据土类、天然含水率及干密度测定数值,冻土和未冻土的容积热容量、导热系数和导温系数可分别按表1.0.2-1至表1.0.2-4取值。高含水(冰)率土的导热系数在无实测资料时可按表1.0.2-5取值。表列数值允许直线内插。

2.相变热是指单位体积土中由于水的相态改变所放出和吸收的热量[单位:kJ/(m³·℃)]可按下式计算:

$$Q = \theta \times \rho_d (\omega - \omega_u) \tag{1.0.2-1}$$

式中　Q ——相变热;

θ ——水的结晶或冰的融化潜热,一般热工计算中,取334.56kJ/kg;

ρ_d ——土的干密度;

ω ——土的天然含水率(总含水率);

ω_u ——冻土中的未冻含水率。此指标是温度的函数,建议通过试验确定,无试验条件时,无外荷状态下可用下式方法估算:

黏性土　　　　　　　$\omega_u = \omega_p k(T)$ 　　　　　　(1.0.2-2)

砂土　　　　　　　　$\omega_u = \omega[1 - i(T)]$ 　　　　　(1.0.2-3)

式中　ω_p ——塑限,以小数计;

k ——温度修正系数,以小数计,查表1.0.2-6;

i ——含冰率(冰质量与总水质量之比),以小数计,查表1.0.2-6;

T ——温度。

表1.0.2-1　草炭粉质黏土计算热参数取值表

ρ_d/(kg·m^{-3})	ω/%	kJ/(m^3·℃)		W/(m·℃)		m^2/h	
		C_u	C_f	λ_u	λ_f	a_u	a_f
400	30	903.3	710.9	0.13	0.13	0.00050	0.00062
	50	1237.9	878.2	0.19	0.22	0.00052	0.00092
	70	1572.4	1045.5	0.23	0.37	0.00054	0.00126
	90	1907.0	1212.8	0.29	0.53	0.00056	0.00159
	110	2241.6	1380.1	0.35	0.72	0.00057	0.00187
	130	2576.1	1547.3	0.41	0.88	0.00057	0.00206
500	30	1129.1	890.8	0.17	0.17	0.00054	0.00069
	50	1547.3	1099.9	0.24	0.31	0.00056	0.00130
	70	1965.5	1309.0	0.32	0.51	0.00059	0.00140
	90	2383.7	1518.1	0.41	0.74	0.00061	0.00176
	110	2801.9	1727.2	0.49	1.00	0.00062	0.00208
	130	3220.1	1936.3	0.56	1.24	0.00063	0.00231
600	30	1355.0	1066.4	0.22	0.22	0.00057	0.00076
	50	1856.6	1317.3	0.31	0.42	0.00061	0.00115
	70	2358.6	1568.3	0.42	0.68	0.00064	0.00156
	90	2860.5	1819.2	0.53	0.99	0.00067	0.00196
	110	3362.3	2070.1	0.63	1.32	0.00068	0.00229
	130	3864.2	2321.0	0.75	1.61	0.00068	0.00251
700	30	1580.8	1246.2	0.27	0.30	0.00061	0.00087
	50	2166.3	1539.0	0.39	0.56	0.00066	0.00130
	70	2375.4	1831.7	0.53	0.88	0.00070	0.00174
	90	3337.2	2124.5	0.66	1.26	0.00071	0.00214
	110	3922.7	2417.2	0.79	1.67	0.00073	0.00250
	130	4508.2	2709.9	0.92	2.01	0.00073	0.00277
800	30	1806.6	1421.9	0.32	0.37	0.00065	0.00094
	50	2475.7	1756.4	0.48	0.68	0.00070	0.00141
	70	3144.9	2091.0	0.64	1.09	0.00073	0.00187
	90	3814.0	2425.6	0.80	1.55	0.00076	0.00232
	110	4483.1	2760.1	0.96	2.05	0.00077	0.00268
	130	5152.2	3094.7	1.10	2.47	0.00078	0.00288
900	30	1971.0	1342.4	0.38	0.46	0.00068	0.00103
	50	2785.2	1978.1	0.57	0.85	0.00073	0.00153
	70	3538.0	2354.5	0.75	1.32	0.00077	0.00203
	90	4290.7	2370.8	0.95	1.63	0.00080	0.00249
	110	5043.5	3107.2	1.14	2.46	0.00082	0.00286
	130	5796.3	3483.6	1.32	2.92	0.00082	0.00302

注：表中符号：ρ_d——干密度；ω——含水率；λ——导热系数；α——导温系数；C——容积热容量；脚标u为未冻土；f为冻土，下同。

表 1.0.2-2　粉土、粉质黏土计算热参数取值表

$\rho_d/(\text{kg}\cdot\text{m}^{-3})$	$\omega/\%$	kJ/(m³·℃)		W/(m·℃)		m²/h	
		C_u	C_f	λ_u	λ_f	a_u	a_f
1200	5	1254.6	1179.3	0.26	0.26	0.00073	0.00076
	10	1505.5	1405.2	0.43	0.41	0.00102	0.00104
	15	1756.4	1530.6	0.58	0.58	0.00119	0.00137
	20	2007.4	1656.1	0.67	0.79	0.00121	0.00171
	25	2258.3	1781.5	0.72	1.04	0.00114	0.00210
	30	2509.2	1907.0	0.79	1.28	0.00113	0.00240
	35	2760.1	2032.5	0.86	1.45	0.00112	0.00257
1300	5	1359.2	1279.7	0.30	0.29	0.00080	0.00080
	10	1631.0	1522.2	0.50	0.48	0.00111	0.00112
	15	1902.8	1660.3	0.71	0.71	0.00133	0.00147
	20	2174.6	1794.0	0.79	0.92	0.00131	0.00185
	25	2446.5	1932.1	0.84	1.21	0.00123	0.00225
	30	2718.3	2065.9	0.90	1.46	0.00119	0.00255
	35	2990.1	2203.9	0.97	1.67	0.00118	0.00274
1400	5	1463.7	1375.9	0.36	0.35	0.00087	0.00090
	10	1756.4	1639.3	0.59	0.57	0.00122	0.00122
	15	2049.8	1785.7	0.84	0.79	0.00146	0.00158
	20	2341.9	1932.1	0.94	1.06	0.00144	0.00196
	25	2634.7	2496.7	0.97	1.39	0.00133	0.00241
	30	2927.4	2224.8	1.06	1.68	0.00132	0.00273
	35	3220.1	2371.2	1.18	1.93	0.00132	0.00292
1500	5	1568.3	1476.2	0.41	0.41	0.00093	0.00098
	10	1881.9	1756.4	0.67	0.65	0.00128	0.00132
	15	2191.4	1907.0	0.96	0.91	0.00158	0.00171
	20	2509.2	2070.1	1.09	1.22	0.00157	0.00212
	25	2822.9	2229.0	1.13	1.58	0.00144	0.00255
	30	3136.5	2383.7	1.24	1.89	0.00143	0.00285
	35	3450.2	2542.7	1.36	2.12	0.00142	0.00301
1600	5	1672.8	1572.4	0.46	0.46	0.00101	0.00105
	10	2425.6	1873.5	0.78	0.74	0.00140	0.00142
	15	2541.9	2040.8	1.11	1.02	0.00172	0.00181
	20	2676.5	2208.1	1.24	1.38	0.00167	0.00225
	25	3011.0	2375.4	1.28	1.80	0.00152	0.00273
	30	3345.6	2542.7	1.42	2.12	0.00152	0.00301
	35	3680.2	2709.9	1.54	2.40	0.00151	0.00320

表1.0.2-3　含碎石粉质黏土计算热参数取值表

$\rho_d/(\text{kg}\cdot\text{m}^{-3})$	$\omega/\%$	kJ/(m³·℃)		W/(m·℃)		m²/h	
		C_u	C_f	λ_u	λ_f	a_u	a_f
1200	3	1154.2	1053.9	0.23	0.22	0.00072	0.00077
	7	1355.0	1154.2	0.34	0.37	0.00091	0.00115
	10	1505.5	1229.5	0.43	0.52	0.00103	0.00152
	13	1656.1	1304.8	0.53	0.71	0.00116	0.00196
	15	1756.4	1355.0	0.59	0.85	0.00121	0.00226
	17	1856.8	1405.2	0.60	0.94	0.00126	0.00242
1400	3	1346.6	1229.5	0.34	0.32	0.00089	0.00097
	7	1580.8	1346.6	0.50	0.53	0.00115	0.00144
	10	1756.4	1434.4	0.65	0.74	0.00133	0.00186
	13	1932.1	1522.2	0.79	0.97	0.00148	0.00230
	15	2049.2	1580.8	0.88	1.14	0.00155	0.00259
	17	2166.3	1639.3	0.92	1.24	0.00153	0.00273
1600	3	1539.0	1405.2	0.46	0.45	0.00107	0.00117
	7	1806.6	1539.0	0.68	0.74	0.00138	0.00173
	10	2007.4	1639.3	0.89	1.00	0.00161	0.00220
	13	2208.1	1739.7	1.10	1.29	0.00180	0.00266
	15	2341.9	1806.6	1.28	1.45	0.00187	0.00290
	17	2475.7	1873.5	1.42	1.57	0.00196	0.00302
1800	3	1731.3	1580.8	0.60	0.60	0.00125	0.00238
	7	2032.5	1731.3	0.92	0.97	0.00162	0.00243
	10	2258.3	1844.3	1.17	1.31	0.00187	0.00256
	13	2484.1	1957.2	1.45	1.65	0.00210	0.00303
	15	2634.7	2032.5	1.60	1.82	0.00219	0.00323
	17	2785.2	2107.7	1.71	1.93	0.00221	0.00328

表1.0.2-4 砾砂土计算热参数取值表

$\rho_d/(kg \cdot m^{-3})$	$\omega/\%$	kJ/(m³·℃)		W/(m·℃)		m²/h	
		C_u	C_f	λ_u	λ_f	a_u	a_f
1400	2	1229.5	1083.1	0.42	0.49	0.00123	0.00162
	6	1463.7	1200.2	0.96	1.14	0.00236	0.00342
	10	1697.9	1317.3	1.17	1.43	0.00240	0.00341
	14	1932.1	1434.4	1.29	1.67	0.00240	0.00420
	18	2166.3	1555.5	1.39	1.86	0.00227	0.00431
1500	2	1317.3	1162.6	0.50	0.59	0.00136	0.00184
	6	1568.3	1288.1	1.09	1.32	0.00251	0.00370
	10	1819.2	1413.5	1.30	1.60	0.00258	0.00408
	14	2070.1	1539.0	1.44	1.87	0.00251	0.00438
	18	2321.0	1664.4	1.52	2.08	0.00237	0.00450
1600	2	1405.2	1237.9	0.61	0.73	0.00156	0.00213
	6	1672.8	1371.7	1.28	1.60	0.00174	0.00421
	10	1940.4	1505.5	1.48	1.86	0.00275	0.00444
	14	2208.1	1639.3	1.64	2.15	0.00267	0.00472
	18	2468.4	1773.2	1.69	2.35	0.00247	0.00479
1700	2	1493.0	1317.3	0.77	0.94	0.00185	0.00252
	6	1777.4	1459.5	1.47	1.91	0.00299	0.00473
	10	2061.7	1601.7	1.68	2.20	0.00294	0.00496
	14	2346.1	1743.9	1.84	2.48	0.00284	0.00513
	18	2630.5	1886.1	1.95	2.69	0.00266	0.00514
1800	2	1580.8	1392.6	0.95	1.19	0.00217	0.00309
	6	1882.7	1543.2	1.71	2.27	0.00327	0.00531
	10	2183.0	1693.7	1.91	2.61	0.00317	0.00556
	14	2484.1	1844.3	2.09	2.85	0.00302	0.00558
	18	2785.2	1994.8	2.18	3.05	0.00285	0.00551

表1.0.2-5　高含水(冰)率土的导热系数

红色粉质黏土				黄色粉土			
青海风火山				兰州			
ρ_d/(kg·m⁻³)	ω/%	W/(m·℃)		ρ_d/(kg·m⁻³)	ω/%	W/(m·℃)	
		λ_u	λ_f			λ_u	λ_f
380	202.4	0.73	2.15	400	200.0	—	2.13
680	109.2	0.94	2.06	700	100.0	—	2.08
900	78.2	1.03	1.97	1000	55.8	—	2.05
1000	60.0	1.08	1.95	1200	40.0	1.94	2.02
1100	50.0	1.08	1.95	1400	35.0	1.86	1.91
1200	44.9	1.09	1.88	1400	30.0	1.72	1.81
1200	34.3	1.09	1.67	—	—	—	—

草炭粉土				草根(皮)				草炭粉质黏土			
西藏两道河				西藏两道河				东北满归			
ρ_d/(kg·m⁻³)	ω/%	W/(m·℃)		ρ_d/(kg·m⁻³)	ω/%	W/(m·℃)		ρ_d/(kg·m⁻³)	ω/%	W/(m·℃)	
		λ_u	λ_f			λ_u	λ_f			λ_u	λ_f
100	960.0	—	1.86	100	840	—	1.62	100	884.0	—	1.68
200	428.8	—	2.16	200	400	0.68	1.86	200	423.2	—	1.91
300	300.0	—	2.25	200	300	0.57	1.32	300	260.3	0.51	1.90
300	284.4	—	1.98	200	250	0.46	0.86	350	213.5	0.45	1.46
400	180.8	—	2.03	200	200	0.39	0.65	350	200.0	0.43	1.30
500	143.3	—	2.06	200	150	0.27	0.46	350	119.3	0.31	0.57
700	138.1	—	2.13	200	100	0.23	0.26	400	175.2	0.55	1.58
—	—	—	—	300	250	0.65	1.65	400	100.0	0.36	0.80
—	—	—	—	300	180	0.45	1.07	—	—	—	—
—	—	—	—	300	150	0.41	0.93				
—	—	—	—	300	130	0.36	0.68				
—	—	—	—	300	110	0.36	0.57				

1.0.3 冻土强度指标

1.冻土地基承载能力,可根据规范规定的建筑物安全等级要求进行试验确定。不能进行原位试验确定时,可按冻结地基土的名称、含水率查表1.0.3-1确定。

表1.0.3-1 冻土承载力特征值 f_a(kPa)

土名 \ 地温(℃)	-0.5	-1.0	-1.5	-2.0	-2.5	-3.0
碎砾石类土	800	1000	1200	1400	1600	1800
砾砂、粗砂	650	800	950	1100	1250	1400
中砂、细砂、粉砂	500	650	800	950	1100	1250
黏土、粉质黏土、粉土	400	500	600	700	800	900
含土冰层	100	150	200	250	300	350

注:①冻土"极限承载力"按表数值乘2;
②表中数值适用于"多年冻土的融沉性分级表2-11"中Ⅰ、Ⅱ、Ⅲ类的冻土工程类型;
③冻土含水率属于分级表2-11中Ⅳ类时,黏性土取值乘以0.8~0.6(含水率接近Ⅲ类取0.8,接近Ⅴ类取0.6,中间取中值)。块卵石土、碎砾石土和砂土取值乘以0.6~0.4(含水率接近Ⅲ类取0.6,接近Ⅴ类取0.4,中间取中值);
④含土冰层指包裹冰含率为0.4~0.6;
⑤当含水率小于等于未冻水率,按不冻土取值;
⑥表中温度是使用期间基础底面下的最高地温;
⑦本表不适于盐渍化冻土、冻结泥炭化土。

附
录

181

2.在无试验资料的情况下,桩端冻土承载力值按表1.0.3-2确定;对于盐渍化冻土按表1.0.3-3确定,对于冻结泥炭化土按表1.0.3-4确定。

表 1.0.3-2　桩端冻土端阻力特征值 q_{fpa}（kPa）

土名		桩沉入深度 /m	不同温度/℃时的承载特征值/kPa							
			−0.3	−0.5	−1.0	−1.5	−2.0	−2.5	−3.0	−3.5
土含冰量 < 0.2	碎石土	任意深度	2500	3000	3500	4000	4300	4500	4800	5300
	粗砂和中砂	任意深度	1500	1800	2100	2400	2500	2700	2800	3100
	细砂和粉砂	3～5	850	1300	1400	1500	1700	1900	1900	2000
		10	1000	1550	1650	1750	2000	2100	2200	2300
		15及15以上	1100	1700	1800	1900	2200	2300	2400	2500
	粉土	3～5	750	850	1100	1200	1300	1400	1500	1700
		10	850	950	1250	1350	1450	1600	1700	1900
		15及15以上	950	1050	1400	1500	1600	1800	1900	2100
	粉质黏土及黏土	3～5	650	750	850	950	1100	1200	1300	1400
		10	800	850	950	1100	1250	1350	1450	1600
		15及15以上	900	950	1100	1250	1400	1500	1600	1800
土含冰量0.2～0.4	上述各类土	3～5	400	500	600	750	850	950	1000	1100
		10	450	550	700	800	900	1000	1050	1150
		15及15以上	550	600	750	850	950	1050	1100	1300

表 1.0.3-3 桩端盐渍化冻土端阻力特征值 q_{fpa}（kPa）

土的盐渍度 /%	不同温度/℃时的承载特征值/kPa										
	−1			−2			−3			−4		
	桩沉入深度/m											
	3～5	10	≥15	3～5	10	≥15	3～5	10	≥15	3～5	10	≥15
细砂和中砂												
0.10	500	600	850	650	850	950	800	950	1050	900	1150	1250
0.20	150	250	350	250	350	450	350	450	600	500	600	750
0.30	—	—	—	150	200	300	250	350	450	350	450	550
0.50	—	—	—	—	—	150	200	300	250	300	400	
粉土												
0.15	550	650	750	800	950	1050	1050	1200	1350	1350	1550	1700
0.30	300	350	450	550	650	800	750	900	1050	1000	1150	1300
0.50	—	—	—	300	350	450	500	550	650	650	750	900
1.00	—	—	—	—	—	—	200	250	350	350	450	550
粉质黏土												
0.20	450	500	650	700	800	950	900	1050	1200	1150	1300	1400
0.50	150	250	450	350	450	550	550	650	750	750	850	1000
0.75	—	—	—	200	250	350	350	450	550	500	600	750
1.00	—	—	—	150	200	300	300	350	450	400	500	650

注：①表列的设计值适用于包裹冰含冰率小于0.2盐渍化冻土；
②柱式基础底面的设计值允许按本表桩沉入深度3～5 m之值采用。

表 1.0.3-4 含植物残渣和泥炭混合物（冻结泥炭化土）端阻力特征值 q_{fpa}（kPa）

土的泥炭化程度ξ	不同温度/℃时的承载特征值/kPa					
	−1	−2	−3	−4	−6	−8
砂 土						
0.03 < ξ≤0.10	250	550	900	1200	1500	1700
0.10 < ξ≤0.25	190	430	800	860	1000	1150
0.25 < ξ≤0.60	130	310	460	650	750	850
粉土、黏性土						
0.05 < ξ≤0.10	200	480	700	1000	1160	1330
0.10 < ξ≤0.25	150	350	540	700	820	940
0.25 < ξ≤0.60	100	280	430	570	670	760
ξ > 0.60	60	220	320	450	520	590

3.冻土和基础间的冻结强度。

冻土和基础间的冻结强度应在现场进行原位测定,或在专门试验设备条件下进行试验测定。若无试验资料时,可依据冻结地基土的土质,力学指标按表1.0.3-5确定。地基土的分类按"多年冻土的融沉性分级表2-11"确定。对于盐渍化冻土与基础间的冻结强度按表1.0.3-6确定。冻结泥炭化土按表1.0.3-7确定。表1.0.3-5、1.0.3-6、1.0.3-7适用于混凝土或钢筋混凝土基础。不同材料的基础与冻土间的冻结强度,可按表值进行修正,其修正系数列于表1.0.3-8。

表1.0.3-5 冻土和基础间的冻结强度特征值 f_{cu}(kPa)

类 别	不同温度/℃时的承载特征值/kPa						
	-0.2	-0.5	-1.0	-1.5	-2.0	-2.5	-3.0
粉土、黏性土							
Ⅲ	35	50	85	115	145	170	200
Ⅱ	30	40	60	80	100	120	140
Ⅰ、Ⅳ	25	30	40	60	70	85	100
Ⅴ	15	20	30	40	50	55	65
砂土							
Ⅲ	40	60	100	130	165	200	230
Ⅱ	30	50	80	100	130	155	200
Ⅰ、Ⅳ	25	35	50	70	85	100	115
Ⅴ	10	20	30	35	40	50	60
砾石土(<0.075 mm)粒径含量(≤10%)							
Ⅲ	40	55	80	100	130	155	180
Ⅱ	30	40	60	80	100	120	135
Ⅰ、Ⅳ	25	35	50	60	70	85	95
Ⅴ	15	20	30	40	45	55	65
砾石土(<0.075 mm)粒径含量(>10%)							
Ⅲ	35	55	85	115	150	170	200
Ⅱ	30	40	70	90	115	140	160
Ⅰ、Ⅳ	25	35	50	70	85	95	115
Ⅴ	15	20	30	35	45	55	60

注:①Ⅰ、Ⅱ、Ⅲ、Ⅳ、Ⅴ类含水率的判别可按表2-11确定;
   ②插入桩侧面冻结强度按Ⅳ类土取值。

表 1.0.3-6　盐渍化冻土与基础间的冻结强度特征值 f_{ca}（kPa）

土的盐渍度/%	不同温度/℃时的承载特征值/kPa			
	−1	−2	−3	−4
细砂、中砂				
0.10	70	110	150	190
0.20	50	80	110	140
0.30	40	70	90	120
0.50	—	50	80	100
粉土				
0.15	80	120	160	210
0.30	60	90	130	170
0.50	30	60	100	130
1.00	—	—	50	80
粉质黏土				
0.20	60	100	130	180
0.50	30	50	90	120
0.75			80	110
1.00	—	—	70	100

表 1.0.3-7　含植物残渣和泥炭混合物的冻结泥炭化土与基础间的冻结强度特征值 f_{ca}（kPa）

土的泥炭化程度ξ	不同温度/℃时的承载特征值/kPa					
	−1	−2	−3	−4	−6	−8
砂土						
0.03 < ξ ≤ 0.10	90	130	160	210	250	280
0.10 < ξ ≤ 0.25	50	90	120	160	185	210
0.25 < ξ ≤ 0.60	35	70	95	130	150	170
粉质黏土						
0.05 < ξ ≤ 0.10	60	100	130	180	210	240
0.10 < ξ ≤ 0.25	35	60	90	120	140	160
0.25 < ξ ≤ 0.60	25	50	80	105	125	140
ξ > 0.60	20	40	75	95	110	125

表 1.0.3-8　不同材质基础表面状态修正系数

基础材质及表面状况	木质	金属（表面未处理）	金属或混凝土表面涂工业凡士林或渣油	金属或混凝土增大表面粗糙度	预制混凝土
修正系数	0.90	0.66	0.40	1.20	1.00

4.冻胀力作用下基础稳定性验算的冻胀力值应由试验确定,在无条件时可按表1.0.3-9-1及表1.0.3-9-2选用。

表1.0.3-9-1　切向冻胀力标准值 τ_d（kPa）

冻胀类别	弱冻胀	冻胀	强冻胀	特强冻胀
单位切向冻胀力	$30 \leqslant \tau_d \leqslant 60$	$60 < \tau_d \leqslant 80$	$80 < \tau_d \leqslant 120$	$120 < \tau_d \leqslant 150$

表1.0.3-9-2　水平冻胀力标准值 σ_h（kPa）

冻胀等级	不冻胀	弱冻胀	冻胀	强冻胀	特强冻胀
冻胀率 η（%）	$\eta \leqslant 1$	$1 < \eta \leqslant 3.5$	$3.5 < \eta \leqslant 6$	$6 < \eta \leqslant 12$	$\eta > 12$
水平冻胀力	$\sigma_h < 15$	$15 \leqslant \sigma_h < 70$	$70 \leqslant \sigma_h < 120$	$120 \leqslant \sigma_h < 200$	$\sigma_h \geqslant 200$

1.0.4　冻土融化和压缩指标。

1.冻土地基融化时沉降计算中的融化下沉系数和压缩指标,应以试验确定。对均质的冻结细粒土可以在试验室条件下,用专门的试验装置确定。

2.如没有试验条件和资料时,冻土融化下沉系数 A_o 可依据冻结地基土的土质、物理力学性质,按以下公式计算。

1）按含水率（ω）确定：

对于按"多年冻土的融化下沉性分类"表2-11中地基土含水率判别的 I、II、III、IV类土：

$$A_o = \alpha_1(\omega - \omega_0)\,（\%）\qquad（1.0.4\text{-}1）$$

式中　α_1 —— 系数,按表1.0.4-1确定;

ω_0 —— 起始冻土融化下沉含水率,可按表1.0.4-1确定。

对于黏性土,可按其塑限含水率 ω_p,依下式进行计算：

$$\omega_0 = 5 + 0.8\omega_p\,（\%）\qquad（1.0.4\text{-}2）$$

表1.0.4-1　α_1、ω_0 值

土质	砾石、碎石土①	砂类土	粉土、粉质黏土	黏土
α_1	0.5	0.6	0.7	0.6
ω_0（%）	11.0	14.0	18.0	23.0

注：①对于粉黏粒（< 0.075 mm 的粒径）含量 < 15%者 α_1 取0.4;

②黏性土 ω_0 的按式1.0.4-2计算值与表1.0.4-1所列值不同时,取小值。

对于Ⅴ类土,其融化下沉系数 A_o 按下式计算:

$$A_o = 3\sqrt{\omega - \omega_c} + A_o' \qquad (1.0.4-3)$$

式中 $\omega_c = \omega_p + 35$,对于粗颗粒土可用 ω_0 代替 ω_p,无试验资料时,可按表1.0.4-2取值;

A_o' —— 对应于 $\omega = \omega_c$ 时的 A_o 值可按公式(1.0.4-1)计算,无试验资料时,可按表1.0.4-2取值。

表1.0.4-2　ω_c、A_o' 值

土质	砾石、碎石土①	砂类土	粉土、粉质黏土	黏土
ω_c /%	46	49	52	58
A_o' /%	18	20	25	20

注:对于粉黏粒(<0.075 mm的粒径)含量<15%者,ω_c 直线段至曲线段的拐点含水率,取44%,A_o' 可取14%。

2)按冻土干密度 ρ_d 确定。对于Ⅰ、Ⅱ、Ⅲ、Ⅳ类土:

$$A_o = \alpha_2(\rho_{d0} - \rho_d)/\rho_d \qquad (1.0.4-4)$$

式中　α_2 ——系数,按表1.0.4-3确定;

ρ_{d0} ——起始融沉干密度,大致相当于或略大于最佳干密度。

无试验资料时,可按表1.0.4-3取值。

表1.0.4-3　α_2、ρ_{d0} 值

土质	砾石、碎石土①	砂类土	粉土、粉质黏土	黏土
α_2	25	30	40	50
ρ_{d0} /t·m⁻³	1.95	1.80	1.70	1.65

注:①对于粉黏粒(<0.075 mm的粒径)含量<15%者,α_2 取20,ρ_{d0} 可取2.0。

对于Ⅴ类土,

$$A_o = 60(\rho_{dc} - \rho_d) + A_o' \qquad (1.0.4-5)$$

式中　ρ_{dc} ——对应于 $\omega = \omega_c$ 的冻土干密度,无试验资料时,按表1.0.4-4取值。

表1.0.4-4　ρ_{dc} 值

土质	砾石、碎石土①	砂类土	粉土、粉质黏土	黏土
ρ_{dc} /t·m⁻³	1.16	1.10	1.05	1.00

注:对于粉黏粒(<0.075 mm的粒径)含量<15%者,ρ_{dc} 可取1.2(t/m^3)。

3.要求现场测定冻土含水率(ω)及干密度 ρ_{dc},分别计算冻土融化下沉系数 A_o 值,取大值作为设计值。

4.冻土融化后的体积压缩系数 m_v 可按表1.0.4-5确定。

表1.0.4-5　各类冻土融化后体积压缩系数 m_v /MPa⁻¹

m_r/MPa⁻¹ 土质及压力/kPa 冻土 ρ_d/t·m⁻³	砾石、碎石土 $P_0=10\sim110$	砂类土 $P_0=10\sim210$	黏性土 $P_0=10\sim210$	草皮 $P_0=10\sim210$
2.10	0.00	—	—	—
2.00	0.10	—	—	—
1.90	0.20	0.00	0.00	—
1.80	0.30	0.12	0.15	—
1.70	0.30	0.24	0.30	—
1.60	0.40	0.36	0.45	—
1.50	0.40	0.48	0.60	—
1.40	0.40	0.48	0.75	—
1.30	—	0.48	0.75	0.40
1.20	—	0.48	0.75	0.45
1.10	—	—	0.75	0.60
1.00	—	—	—	0.75
0.90	—	—	—	0.90
0.80	—	—	—	1.05
0.70	—	—	—	1.20
0.60	—	—	—	1.30
0.50	—	—	—	1.50
0.40	—	—	—	1.65

附录 2　冻结深度及融化指数分布图

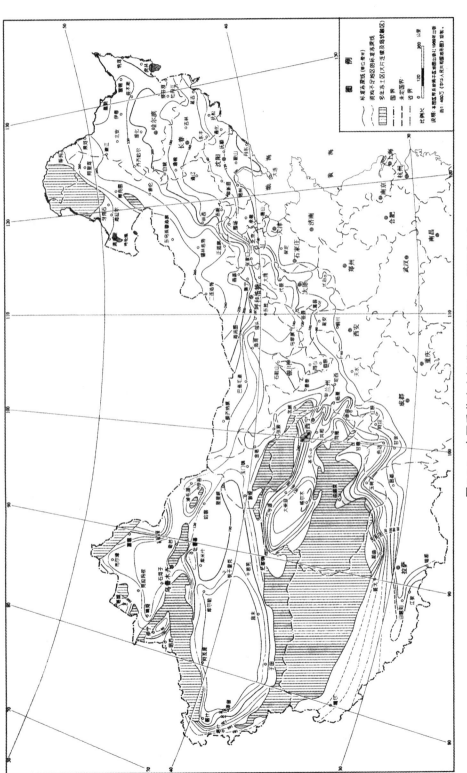

图 2.0.1　中国季节冻土标准冻深线图/cm　引自[10]

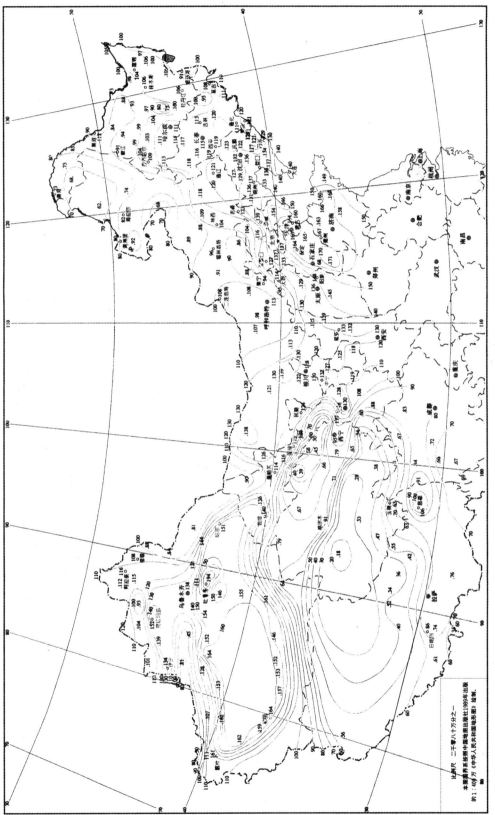

图 2.0.2 中国融化指数标准值等值线图/℃·m 引自[10]

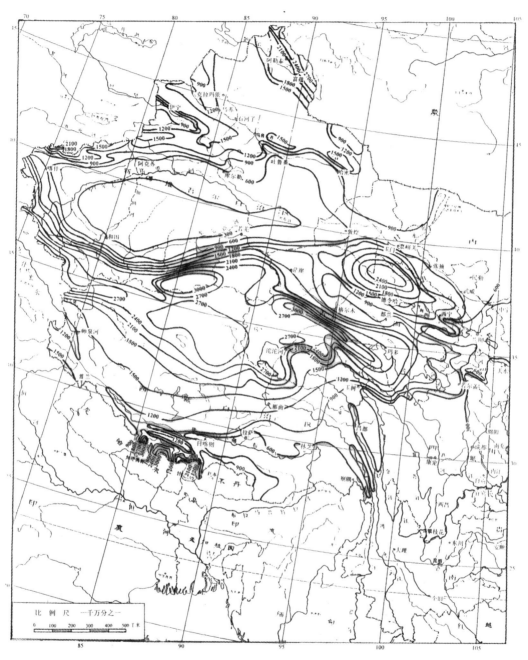

图2.0.3　中国西部地区冻结指数等值线图/℃·d

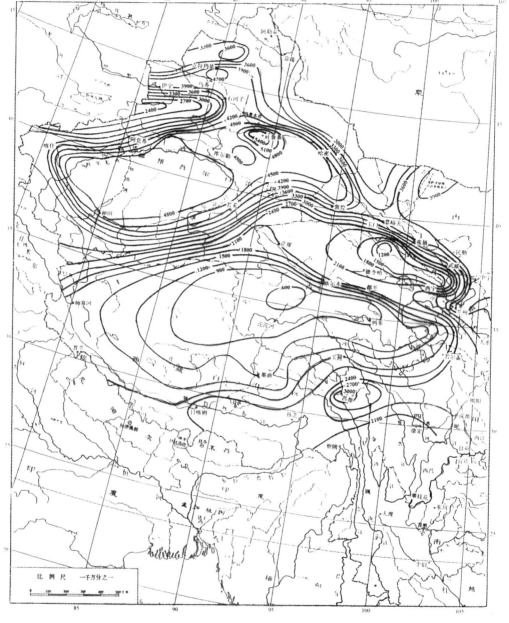

图2.0.4　中国西部地区融化指数等值线图/℃·d

附录3 土的季节融化与冻结深度[12]

3.0.1 土的季节融化深度

标准融深 Z_0^m，为衔接多年冻土地基的融化层属非融沉性黏性土，地表平坦，裸露的空旷场地中，多年(不少于10年)实测最大融深的平均值(自融前地面算起)。

标准融深 Z_0^m，应以当地实测资料为准，在无实测资料时可按下式计算：

对高海拔多年冻土区(青藏高原)

$$Z_0^m = 0.195\sqrt{\sum T_m} + 0.882(\text{m}) \qquad (3.0.1-1)$$

对高纬度多年冻土区(东北地区)

$$Z_0^m = 0.134\sqrt{\sum T_m} + 0.882(\text{m}) \qquad (3.0.1-2)$$

式中 $\sum T_m$ —— 融化指数的标准值(度·月)，应以当地实测资料为准。对无实测资料的山区可按下式计算：

$$\sum T_{m1} = (7532.8 - 90.96L - 93.57H)/30 \qquad (3.0.1-3)$$

$$\sum T_{m2} = (10722.7 - 141.25L - 114.00H)/30 \qquad (3.0.1-4)$$

$$\sum T_{m3} = (9757.7 - 71.81L - 140.48H)/30 \qquad (3.0.1-5)$$

$\sum T_{m1}$ 适用于东北地区；$\sum T_{m2}$ 适用于青海境内；$\sum T_{m3}$ 适用于西藏地区。

式中 L —— 纬度(度)；

H —— 海拔(100 m)。

设计融深 Z_d^m 按下式计算：

$$Z_d^m = Z_0^m \cdot \Psi_s^m \cdot \Psi_w^m \cdot \Psi_c^m \cdot \Psi_{t0}^m \qquad (3.0.1-6)$$

式中 Ψ_s^m、Ψ_w^m、Ψ_c^m、Ψ_{t0}^m —— 各融深影响系数，可按表3.0.1取值。

表3.0.1 融深影响系数

项目	1				2					3			4
	Ψ_s^m				Ψ_w^m					Ψ_{t0}^m			Ψ_c^m
	土质(岩性)影响				湿度(融沉性)影响					地形影响			
内容	黏性土	细砂、粉砂、粉土	中砂、粗砂、砾砂	碎石土	不融沉	弱融沉	融沉	强融沉	融陷	平坦	阴坡	阳坡	地表草炭覆盖
Ψ	1.00	1.20	1.30	1.40	1.00	0.95	0.90	0.85	0.80	1.00	0.90	1.10	0.70

3.0.2 土的季节冻结深度

标准冻深 Z_c 为地下水埋深与冻结锋面之间的距离大于2.0 m，非冻胀黏性土、地表平坦、裸露、城市之外的空旷场地中，多年(不少于10年)实测最大冻深的平均值(自冻前地面算起)。

设计冻深 Z_d 可按下式计算：

$$Z_d = \Psi_{zs} \cdot \Psi_{zw} \cdot \Psi_{zc} \cdot \Psi_{zt0} \qquad (3.0.2\text{-}1)$$

式中 Ψ_{zs}、Ψ_{zw}、Ψ_{zc}、Ψ_{zt0} —— 各冻深影响系数，按表3.0.2查取。

表3.0.2 冻深影响系数

项目	1				2					3			4		
	Ψ_{zs}				Ψ_{zw}					Ψ_{zc}			Ψ_{zt0}		
	土质(岩性)影响				湿度(冻胀性)影响					周围环境			地形影响		
内容	黏性土	细砂、粉砂、粉土	中砂、粗砂、砾砂	碎石土	不冻胀	弱冻胀	冻胀	强冻胀	特强冻胀	村镇旷野	城市近郊	城市市区	平坦	阳坡	阴坡
Ψ	1.00	1.20	1.30	1.40	1.00	0.95	0.90	0.85	0.80	1.00	0.95	0.90	1.00	0.90	1.10

注：①土的湿度(冻胀性)影响一项，见季节冻土与季节融化层土冻胀性分级表2-6；

②周围环境影响一项，按下述取用：

城市市区人口：20～50万人，只考虑城市市区的影响；

50～100万人，要考虑5 km～10 km的近郊范围；

＞100万人，尚应考虑10 km～20 km的近郊范围。

附录4 多年冻土上限的确定[12]

4.0.1 根据当地气象台站多年观测资料,编制如图4.0.1所示融化进程图。如当地无气象资料则可用图4.0.1估算。

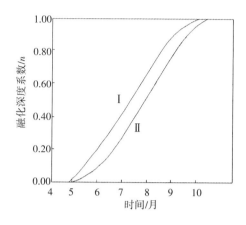

图4.0.1 融化进程图

图中Ⅰ线的应用条件为地表植被不太发育(包括无植被或植被稀疏)、浅层土中含有少量草炭。Ⅱ线应用条件为地表沼泽化、植被繁茂,浅层土中草炭含量及厚度大。

4.0.2 野外勘探时,可用触探法(用钢钎插入土中,根据融土硬度小、冻土硬度大的原理判别当时的融化深度)、描述法(根据融土颜色深、无冰晶和冻土颜色浅、含冰晶等特点判别当时融化深度)或测温法(每隔一定间距用温度计测温后,绘制地温随深度变化曲线,线上通过零温轴的深度即为当时的融化深度)确定当时的融化深度。

4.0.3 按野外勘探时间,在融化进程图上其中的一条选线,并根据勘探时所得的融化深度确定当时的融化深度系数。

4.0.4 按下式计算多年冻土上限深度:

$$Z_n = \frac{\Delta Z}{n} \qquad (4.0.4)$$

式中 Z_n——多年冻土上限深度,m;

ΔZ——勘察时所得的融化深度,m;

n——查图4.0.1所得勘探时所对应的融化深度系数。

附录5 冻土地温特征参数计算[12]

5.0.1 多年冻土地基、基础的热工计算和设计,常常需要地温年变化带中某些特定深度处的地温值,称为冻土地温特征参数。常用的冻土地温特征参数有:

1.多年冻土的年平均地温值;

2.多年冻土上限处地温的年平均值、最高值、最低值;

3.建筑物基础底面埋深处冻土地温的年平均值、最高值、最低值等。

冻土地温特征参数,一般应通过现场钻孔测温确定,在无条件时,可参考下面方法计算。

5.0.2 根据现场钻孔一次性测温资料,按下面各式计算地温特征参数。采用该方法时,测温钻孔深度应大于 15 m。

假设:

1.测温钻孔底深度 d 处多年冻土的地温为 t_d,距离孔底 L(3 m ~ 5 m)处的地温为 t_L,多年冻土上限埋深(季节融化深度)的多年平均值为 h_z;

2.多年冻土上限处地温的年振幅等于年平均地温的绝对值;

3.不同深度的年平均地温随深度按线性变化,地温年振幅随深度增加按指数规律衰减;

4.计算时土中水分无相变,即不考虑土体冻结、融化过程潜热放出、吸收所引起的地温变化。

地温特征参数采用下面公式计算:

1)地温梯度 ξ:

$$\xi = \frac{t_d - t_L}{L} \tag{5.0.2-1}$$

2)上限处地温年平均值 t_z、最高值 t_{zmax}、最低值 t_{zmin}:

年平均值: $$t_z = t_d - \xi \times (d - h_z) \tag{5.0.2-2}$$

最高值: $$t_{zmax} = 0 \tag{5.0.2-3}$$

最低值: $$t_{zmin} = -2t_z \tag{5.0.2-4}$$

3)自上限起算的地温年变化深度 H:

$$H = \sqrt{\frac{\alpha\tau}{\pi}} \times \ln\left(\frac{t_z}{A_0}\right) \tag{5.0.2-5}$$

式中 A_0——年变化带底部地温的年振幅,采用 0.1 ℃;

　　　α——多年冻土导温系数的平均值,m²/h;根据多年冻土的岩性成分、物理性质,查附录1,经加权平均计算确定;

　　　τ——年周期,8760 小时。

4)多年冻土年平均地温 t_{cp}:

$$t_{cp} = t_d - \xi \times (d - H - h_z) \tag{5.0.2-6}$$

5)上限以下任意深度(自地面起算)h_x 处地温的年平均值 t_x、最高值 t_{xmax}、最低值 t_{xmin}:

年平均值: $$t_x = t_d - \xi \times (d - h_x) \tag{5.0.2-7}$$

最高值：$t_{x\max}=t_x+A_x$ (5.0.2-8)

最低值：$t_{x\min}=t_x-A_x$ (5.0.2-9)

式中：A_x——基础底面埋深（自上限起算）$H(=h_x-h_z)$处地温的年振幅，℃。采用下面公式计算：

$$A_x=A_u\times\exp(-H\times\sqrt{\pi/\alpha t})$$ (5.0.2-10)

(5.0.2-10)式中A_u为上限处地温的年振幅，数值上等于上限处年平均地温的绝对值。

5.0.3 计算说明：

1.地温梯度计算（5.0.2-1式），要求采用地温年变化带以下的地温。如果采用的地温计算出来的地温年变化带深度大于投入运算点的埋深时，需重新选点进行计算；

2.多年冻土上限埋深的多年平均值为h_z应根据实际勘探和调查资料确定；

3.为提高计算精度，钻孔测温间距在5 m深度内以0.5 m为好，5 m深度以下可采用1.0 m。

附录6 冻土地温观测[12]

6.0.1 冻土层地温观测应观测各深度冻土温度,以及它们随时间与环境变化过程。根据冻土地温观测可计算土的季节冻结和季节融化深度、冻土地温年变化深度、冻土年平均地温、冻土下限等冻土层地温特征参数。

6.0.2 冻土层地温观测孔应设置在典型的自然环境条件和地貌单元中,或监测区域范围内未受人为(工程)干扰的天然场地。

6.0.3 冻土层地温观测深度应达到年变化层深度(地面下 15 m ~ 20 m)。作为地域控制性长期监测孔的观测深度宜超过多年冻土下界面(下限)以下 5 m。

6.0.4 观测孔应采用钻探成孔,终孔直径不宜小于 Φ90 mm,孔中插入 Φ60 mm 底部与管接密封的铝塑管或钢管(或不锈钢管),保证其外部水不能渗入测温管内。管周用颗粒粒径 0.5 mm ~ 2 mm 的砂震动回填。

6.0.5 地温观测宜采用热敏电阻或铂电阻温度感应器,观测温度精度为 0.05 ℃,二次量测仪表应采用 4 位半及以上的数字万用表或数据采集仪,输出电流 < 10 μA。

6.0.6 冻土层地温测点布置应符合下列要求:

1.观测深度应达到地温年变化深度以下 1.0 m;

2.温度传感器测点从地面起算,地表 10 m 深度范围内,按 0.5 m 间隔布设,10 m 以下按 1.0 m 间隔布设,或根据工程需求做适当调整。

6.0.7 冻土地温观测时间应符合下列要求:

1.地温观测可在成孔后进行,年平均地温应在地温恢复稳定后取得;

2.地温观测半年内每月应不少于 3 次,半年至一年每月不少于 1 次;

3.长期(一年以上)观测孔应根据工程需要设定观测频次;

4.最大季节融化深度观测时间宜在 9 ~ 11 月,最大季节冻结深度观测时间宜在 3 ~ 5 月。

6.0.8 冻土地温观测记录表(表 6.0.8):

表 6.0.8 冻土地温观测记录表

观测孔位置: 钻孔编号:

坐标:N ____°____′____″ E____°____′____″

天气状况: 气温: ℃ 观测日期: 年 月 日

深度(m)	观测值	温度值	深度(m)	观测值	温度值	备 注

观测者: 计算者: 校核者: 页码:

6.0.9 冻土地温观测资料整理,以水平线为冻土地温,垂直线为深度,绘制不同观测时间的冻土地温沿深度的分布曲线。与垂直深度线相交的点即为多年冻土上限(10月份左右)。

附录7　热桩、热棒基础计算[10]

7.0.1　液、汽两相对流循环热桩、热棒,在寒季可将地基中的热量吸出,故又称为热虹吸。热虹吸在单位时间内的传热量,应根据热虹吸-地基系统的热状态分析所得热流程图计算确定。对于垂直埋于天然地基中热虹吸的热流程,如图7.0.1。

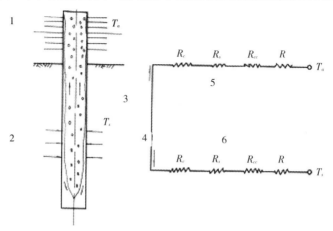

图7.0.1　热虹吸-地基系统热流程图
1—热流流出;2—热流流入;3—绝热蒸汽流;
4—绝热冷凝液体流;5—冷凝器热阻;6—蒸发器热阻。

199

7.0.2　热虹吸-地基系统的热通量,按下面公式计算:

$$q = \frac{T_s - T_a}{R_f + R_{wc} + R_{cc} + R_c + R_e + R_{ce} + R_{we} + R_s} \tag{7.0.2}$$

式中:　R_f——冷凝器表面的放热热阻;

　　　　R_{wc}——冷凝器壁的热阻;

　　　　R_{cc}——冷凝器中冷凝液体膜的热阻;

　　　　R_c——工质蒸汽冷凝热阻;

　　　　R_e——液态工质蒸发热阻;

　　　　R_{ce}——蒸发器中液体膜的热阻;

　　　　R_{we}——蒸发器壁的热阻;

　　　　R_s——热虹吸蒸发段传热影响范围圆柱土体的热阻;

　　　　T_a——计算期空气的平均温度;

　　　　T_s——传热影响范围圆柱土体的平均温度。

7.0.3　一般情况下,计算热虹吸单位时间内的传热量时,公式(7.0.2)中的热阻,只计入冷凝器热阻和土体热阻,可简化为(7.0.3)式计算:

$$q = \frac{T_s - T_a}{R_f + R_s} \tag{7.0.3}$$

7.0.4　冷凝器表面的放热热阻(R_f),可通过低温风洞试验测定。当无条件试验

时,冷凝器表面的放热热阻,可用下式计算:

$$R_f = \frac{1}{Aeh} \qquad (7.0.4-1)$$

式中：A——冷凝器表面的散热面积；

h——冷凝器表面的放热系数；

e——冷凝器叶片的有效率。

1.对于指定类型的冷凝器,可通过低温风洞试验,测定其表面有效放热系数(eh)与风速v的关系,得出$eh \sim v$关系曲线和计算公式；

2.钢串片式冷凝器,其表面有效放热系数(eh)值,可用下式计算:

$$eh = 2.75 + 1.51v^{0.2} \qquad (7.0.4-2)$$

式中:v——冷凝器所在处的风速。

7.0.5 热虹吸蒸发段传热影响范围土体的热阻(R_s),用下列公式计算:

1.对于垂直埋于地基中的热虹吸,其蒸发段传热影响范围内,圆柱土体的热阻(图7.0.5-1)用下式计算:

$$R_s = \frac{\ln(r_2/r_1)}{2\pi\lambda z} \qquad (7.0.5-1)$$

式中:

r_2——冻结期热虹吸蒸发段传热影响范围的平均半径,应通过现场试验确定。在无条件试验时,对于我国多年冻土地区,其传热有效影响半径,可采用1.2~1.5 m。视热虹吸使用地点冻结期长短和热虹吸蒸发段外半径大小而定。冻结期长、蒸发段外半径大,选用大值。

r_1——热虹吸蒸发段的外半径；

λ——蒸发段周围土体(冻土或融土)的导热系数。

z——热虹吸蒸发段的长度。

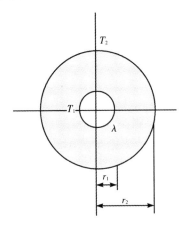

图7.0.5-1 正环形圆柱体热阻计算图式

2.倾斜成组埋于地基中的热虹吸,任一热虹吸周围土体的热阻(图7.0.5-2),用下面公式计算:

$$R_u = \frac{\ln\left[\frac{2L}{\pi D}\sinh\left(\frac{\beta_u \pi z_u}{L}\right)\right]}{\beta_u \pi \lambda_u z} \qquad (7.0.5\text{-}2)$$

$$R_d = \frac{\ln\left[\frac{2L}{\pi D}\sinh\left(\frac{\beta_d \pi z_d}{L}\right)\right]}{\beta_d \pi \lambda_d z} \qquad (7.0.5\text{-}3)$$

式中： L ——热虹吸的中心间距；

$\quad D$ ——热虹吸蒸发段的外直径；

$\quad z_u$ ——热虹吸蒸发段的平均埋深；

$\quad \lambda_u$ ——热虹吸蒸发段平均埋深 z_u 范围内，土体的导热系数；

$\quad z_d$ ——热虹吸蒸发段平均埋深线至多年冻土年变化带深度线的距离；

$\quad \lambda_d$ —— z_d 范围内，土体的导热系数；

$\quad z$ ——热虹吸蒸发段的长度；

$\quad T_u$ ——房屋地坪的计算平均温度；

$\quad T_d$ ——地基多年冻土的年平均地温；

$\quad \beta_u$ 、β_d ——比例系数。

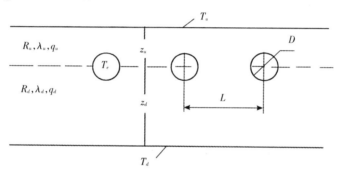

图 7.0.5-2　排式埋藏式圆柱热阻计算图式

3. 比例系数 β_u 、β_d ，用下面公式计算：

$$\beta_u = \frac{2q_u}{q_u + q_d} \qquad (7.0.5\text{-}4)$$

$$\beta_d = \frac{2q_d}{q_u + q_d} \qquad (7.0.5\text{-}5)$$

式中： q_u ——来自热虹吸上部的热流；

$\quad q_d$ ——来自热虹吸下部的热流。

7.0.6 采用热虹吸冻结地基融土时，热虹吸的冻结半径(r)，是气温冻结指数的函数(图7.0.6)，可用下面超越方程(7.0.6)求解：

$$\Sigma I_f = \frac{L}{24}\left[\pi z R_f(r^2 - r_0^2) + \frac{r^2}{4\lambda_s}\left(\ln\frac{r^2}{r_0^2} - 1\right) + \frac{r_0^2}{4\lambda_s}\right] \qquad (7.0.6)$$

式中： ΣI_f ——计算地点的气温冻结指数，℃·d；

$\quad r$ ——热虹吸的冻结半径，m；

$\quad L$ ——热虹吸周围融土的体积潜热，千卡/m³

r_0——热虹吸蒸发段的外半径,m;

λ_s——融土的导热系数,千卡/米.小时.度。

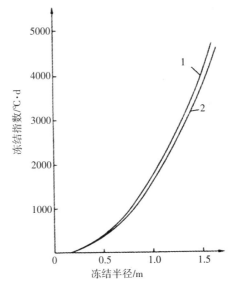

图7.0.6 热虹吸冻结半径与冻结指数的关系

土质:粉土;ρ_d=1600kg/cm³;ω=10%;

1-风速υ=0.9m/s;2-风速υ=4.5m/s;埋深z=6.1m

7.0.7 热棒在寒季的产冷量和降温效果,与热棒蒸发段外直径和长度等有关。表7.0.7列出了地基基础工程中常用热棒的热工技术性能。供热棒地基、基础设计参考。

表7.0.7 热棒产品性能

标准外管直径/mm	51	60	76	83	89	108
冷凝段长度/m	2.50	2.50	2.50	2.50	2.50	2.50
冷凝(散热)面积/㎡	2.07	2.43	3.08	3.36	3.61	4.38
蒸发段长度/m	6.0	6.0	6.0	6.0	6.0	6.0
热流量/瓦	54.3	62.2	72.7	77.0	80.5	90.9
寒季产冷量/兆焦	986.1	1128.5	1318.8	1397.5	1461.2	1648.6
最大平均降温/℃	5.5	6.3	7.4	7.8	8.2	9.2
融土冻结半径/m	0.89	0.95	1.02	1.05	1.08	1.12

注:1.平均风速4.5 m/s,热传送半径2.0 m;

2.冻土导热系数1.67 W/m.℃,融土导热系数0.79 W/m.℃,融土体积潜热56.27兆焦/m³;

3.热棒热流量为冷凝段与蒸发段之间温差为10 ℃之值;

4.寒季产冷量为寒季长210天,温差10 ℃时之值;

5.厂家可根据需要,制作各种形状、管径、长度的热棒产品。

条文说明 // 附录7 热桩、热棒基础计算[10]

1.热虹吸-地基系统工作时,其热量的传递过程十分复杂。它包括热量传递的三种基本形式,即包括传导、对流和辐射。在蒸发段,土体和器壁中为传导传热;在器壁与液体工质间为对流换热;在蒸汽与液体工质间为沸腾传热。在冷凝段,汽体工质与冷凝液膜之间为冷凝传热;冷凝液膜与器壁之间为对流换热;在冷凝器壁中为传导传热;冷凝器与大气之间为对流换热和辐射传热。热虹吸的传热量取决于总的传热系数。也就是说,取决于上述各部分的热阻和温差。土体热阻与器壁热阻相比,土体热阻要大得多。以外径0.4 m、壁厚0.01 m的钢管热桩为例,若蒸发段埋入多年冻土中7 m,在传热影响半径为1.5 m时,土体的热阻为0.0231 h·℃/W,而管壁的热阻仅为0.0000257 h·℃/W。即管壁的热阻仅为土体热阻的1/800。在各接触面的对流换热热阻中,以冷凝器与大气接触面的热阻最大,据计算,该热阻约为液体工质与管壁接触面热阻的20倍。而蒸发与冷凝热阻则更小,约为冷凝器与大气接触面热阻的1/400～1/1000。所以,在实际计算中,忽略其他热阻,仅采用土体热阻和冷凝器的放热热阻进行计算,对于工程应用来讲,是完全可以满足要求的。

2.冷凝器放热系数,是冷凝器的总放热系数。它包括对流放热系数和辐射放热系数。放热系数也叫换热系数或授热系数。它的值不仅与接触面材料的性质有关,而且与接触面的形状、尺寸以及液体和汽体流动的条件等有关,特别与液体或汽体流动的速度有着密切关系。流体的状态参数(如温度、密度)和流体的物性(如黏滞性、热传导性等),都对放热系数有很大影响。因此,对于不同类型的冷凝器和不同的表面处理方法,都应进行试验,以确定相应的放热系数。

有效率e是指冷凝器的实际传热量与全部叶片都处于基本温度时可传递热量之比。无叶片的钢管冷凝器,其有效率$e=1$。在冷凝器风洞试验中,我们确定的是eh与风速v的关系。

3.热虹吸的冻结半径,除决定于热虹吸本身的传热特性外,还与土体的含水量、密度以及空气的冻结指数有着密切关系。可用附录7中的超越方程(7.0.6式)求解。在东北大、小兴安岭和青藏高原高寒地区,其冻结半径一般在1 m左右。热虹吸在多年冻土中使用时,其有效传热半径约1.5 m左右。附录7图7.0.6中,冻结指数与冻结半径的关系,是用铁道部科学研究院西北分院生产的热虹吸,根据低温风洞试验资料,计算得出的。

4.使用热虹吸的桩基础,在寒季可使桩周和桩底的多年冻土温度大幅度降低。但暖季来临,桩周冻土温度将迅速升高。至暖季末,桩周多年冻土的温度较之一般地基多年冻土温度,仍将低0.8 ℃左右。热虹吸地基多年冻土地温的这种降低,可使桩的承载能力有明显增加,并可有效地防止地基多年冻土的衰退。

5. 钢管桩的放热系数未进行过试验。在计算中,假定与已试验过的冷凝器相同。这种假定是偏于安全的。据美国阿拉斯加北极基础有限公司资料,无叶片的钢管冷凝器,其放热系数约为叶片式冷凝器放热系数的两倍。

6.热桩、热棒基础计算算例

（1）一钢管热桩的计算

设有一直径0.40 m的钢管热桩,埋于多年冻土中,用来承担上部结构荷载和稳定地基中的多年冻土(图7-1)。求该热桩的年近似传热量和桩周冻土地基的温度降低值。冻结期为240 d;冻结期平均气温为-10.5 ℃,平均风速为5.0 m/s;蒸化段平均地温-3.0 ℃;多年冻土上限埋深1.0 m。

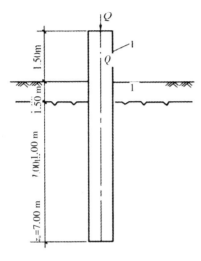

图7-1 钢管热桩计算示意图
1—冷凝面积1.88 m²;2—λ=1.997 W/m²·℃;
3—平均地温-3.0 ℃

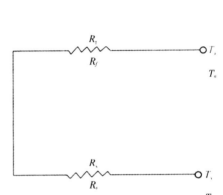

图7-2 钢管热桩—地基系统热流程图

题解:

1)绘制热流程图

由于活动层厚度较薄,冻结活动层的冷量主要来自大气层。故在计算中,将活动层中热桩看作绝热段。这样,在热桩-地基系统中,多年冻土是唯一的热源,钢管冷凝段是唯一的热汇。多年冻土中的热量传至热桩蒸发段,使液体工质蒸发成汽体;汽体工质在压差作用下,携带热量上升至冷凝段,将热量传递给钢管(冷凝器),散发至大气中,汽体工质冷凝成液体。据此,可以绘出热流程图,如图7-2。

单位时间的传热量(热通量),采用下面公式计算:

$$q = \frac{T_s - T_a}{R_f + R_s} \tag{7-1}$$

2)计算冷凝段的热阻R_f

在该算例中,冷凝器为无散热翅片的裸露钢管。据有关资料,裸露钢管的放热系数,较叶片式散热器的大。由于裸露钢管的放热系数无计算公式,这里采用铁道部科

学研究院西北分院提出的叶片式散热器放热系数计算公式,即附录7中公式(7.0.4-2),进行计算,即:

$$eh = 2.75 + 1.51v^{0.2} \qquad (7-2)$$

将v=5.0代入,得eh=4.83 W/m²·℃,
所以

$$R_f = \frac{1}{Aeh} = \frac{1}{1.88 \times 4.83} = 0.1101 \ ℃/W \qquad (7-3)$$

3)计算土体热阻R_s
假定冻结期的平均传热半径为1.5m
则

$$R_s = \frac{\ln\left(\frac{r_2}{r_1}\right)}{2\pi\lambda z} = \ln(1.5/0.2)/2 \times \pi \times 1.977 \times 7 = 0.0232 \ ℃/W \qquad (7-4)$$

4)计算热桩的热通量

$$q = \frac{T_s - T_a}{R_f + R_s} = \frac{-3.0 - (-10.5)}{0.1101 + 0.0232} = 56.26 \ W = 202.54 \ kJ/h$$

5)计算冻结期热桩的总传热量Q

$$Q = qt = 202.54 \times 24 \times 240 = 1166630.4 \ kJ$$

热桩的年近似传热量 $Q_a = \dfrac{Q}{\psi_Q} = \dfrac{1166630.4}{1.5} = 777753.6 \ kJ$

式中 ψ_Q——传热折减系数。

6)计算冻结期桩周冻土地基的最大温度降低值T
设冻土的体积热容量C=2470.2 kJ/m³·℃。
传热影响范围内的冻土体积为:

$$V = \pi(r_2^2 - r_1^2)z_u = 3.1415 \times (1.5^2 - 0.2^2) \times 7 = 48.6 \ m^3 \qquad (7-5$$

$$T = \frac{Q_a}{VC} = \frac{777753.6}{48.6 \times 2470.2} = 6.5 \ ℃$$

即在冻结期内,可使桩周冻土地温降低约6.5℃。

（2）热棒填土基础的计算

今有一填土地基采暖房屋（图7-3）。为防止地基中的多年冻土融化和衰退,保持地基多年冻土的稳定,采用在地基中埋设热棒,将地坪传下去的热量带出。求热棒的合理间距和多年冻土地基的最大温降。有关计算参数如图7-3。

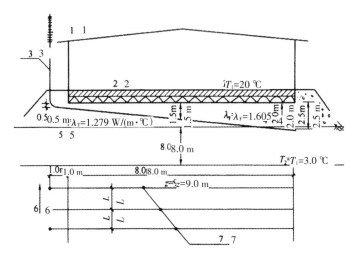

图7-3　热棒填土地基计算示意

1—T_a=-10.5 ℃,冻结期265 d;2—地坪150 mm混凝土,λ_c = 1.279 W/(m·℃),200 mm聚乙烯泡沫塑料,
λ_p = 0.041 W/(m·℃);3—热棒;冷凝器面积A=6.24 m²;4—砾石垫层;5—粉质黏土 λ_φ =1.977 W/(m·℃);
6—风速v=5.0 m;7—蒸发器ϕ=60 mm

题解:

1)绘制热流程图

从图7-3可以看出,该系统存在两个热源(室内采暖和多年冻土)和一个热汇(热棒),据此,可以绘出热流程图如图7-4。

图中R_c为混凝土层热阻,R_1为隔热层热阻,R_G为砾石垫层热阻,R_s为冻结亚黏土层热阻。T_{1c}为混凝土层底面温度,T_{G1}为隔热层底面温度。

温度与热阻的关系为:

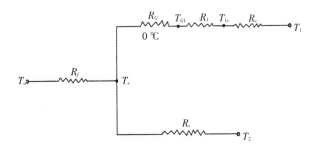

图7-4　热棒填土地基系统热流程图

R_c—混凝土层热阻;R_1—隔热层热阻;R_G—砾石垫层热阻;
R_s—冻结亚黏土层热阻;T_{1c}—混凝土层底面温度;
T_{G1}—隔热层底面温度

$$\frac{T_e - T_a}{R_f} = \frac{T_1 - T_e}{R_c + R_1 + R_G} + \frac{T_2 - T_1}{R_s} \tag{7-6}$$

2)计算砾石垫层暖季的融化深度

计算土体融化深度有许多方法,这里采用多层介质修正的斯蒂芬方程,来求解碎石填土层的融化深度。

$$\Sigma T_m = \frac{L_n d_n}{24 \times 3.6}(\Sigma R_{n-1} + \frac{R_n}{2}) \tag{7-7}$$

式中： ΣT_m ——融化指数($\mathrm{℃ \cdot d}$)；

L_n ——第 n 层的体积潜热；

d_n ——第 n 层的融化厚度；

R_n ——第 n 层的热阻。

设：融化期为100 d，则地坪表面的融化指数为：

$$\Sigma T_m = (20 - 0) \times 100 = 2000 \ \mathrm{℃ \cdot d}$$

$$L_n = 32154.6 \ \mathrm{kJ/m^3}$$

$$\Sigma R_{n-1} = \frac{0.15}{1.279} + \frac{0.2}{0.041} = 4.9953 \ \mathrm{℃ \cdot m^2/W}$$

$$R_n = \frac{d_n}{\lambda_n} = \frac{d_n}{1.605} \ \mathrm{℃ \cdot m^2/W}$$

将上面各值代入方程(7-7)，得出一个 d_n 的二次方程：

$$115.9 d_n^2 + 1859 d_n - 2000 = 0$$

解上面方程得：

$$d_n = 1.00 \ \mathrm{m}$$

3)计算砾石层的回冻

在计算砾石层的回冻时，假定来自多年冻土层的热流是微不足道的，故仅考虑热流程图的上半部。

现取二分之一融深处截面进行计算，即在回冻过程中，假定二分之一融深处的温度为0 ℃。

这样，从二分之一融深面到热棒蒸发器中截面的平均距离(S)为：

$$S = 1.50 - 0.48 = 1.02 \ \mathrm{m}$$

因 $q_d = 0$

所以

$$\beta_u = 2(\frac{q_u}{q_u + q_d}) = 2$$

设：热棒间距为 $L = 3.0$ m

令 $D = 0.06$；$\lambda_u = 1.605 \ \mathrm{W/m \cdot ℃}$, $z = 9.0$ m

则

$$R_u = \frac{\ln\left[\frac{2L}{\pi D}\sinh(\frac{\beta_u \pi z_u}{L})\right]}{\beta_u \pi \lambda_u z} = 0.0539 \ \mathrm{℃/W} \tag{7-8}$$

热棒散热器的热阻R_f,采用附录7中公式(7.0.4-2)计算,得:

$$eh = 4.83 \text{ W/m}^2 \cdot ℃$$

$$R_f = \frac{1}{Aeh} = \frac{1}{30.14} = 0.0332 \text{ ℃/W}$$

单位时间内从热棒传走的热量q为:

$$q = \frac{T_s - T_a}{R_u + R_f} = \frac{0 - (-10.5)}{0.0539 + 0.0332} \times 3.6 = 434.00 \text{ kJ/h}$$

通过单位面积地坪和已融砾石层上部在单位时间内传入的热量q_1为:

$$q_1 = \frac{(T_a - T_s)}{R_C + R_1 + R_G} = \frac{3.6 \times (20 - 0)}{\left(\frac{0.15}{1.279} + \frac{0.2}{0.041} + \frac{0.48}{1.279}\right)} = 13.41 \text{ kJ/h} \cdot \text{m}^2 \qquad (7-9)$$

在每根热棒范围内通过地坪传入的热量Q为:

$$Q = 13.41 \times 3 \times 8 = 321.84 \text{ kJ/h}$$

砾石层的净冷却率为:

$$q_2 = q - Q = 434.00 - 321.84 = 112.16 \text{ kJ/h}$$

每根热棒范围内融化砾石层的冻结潜热Q_1为:

$$Q_1 = 3 \times 8 \times 0.96 \times 32154.6 = 740841.98 \text{ kJ}$$

则砾石层的冻结时间t为:

$$t = 740841.98 / 112.16 \times 24 = 275 \text{ d}$$

这与假定的冻结期265 d基本相等。

若采用安全系数为1.5,则热棒间距为:

$$L = 3/1.5 = 2 \text{ m}$$

按新间距进行计算,得:

$$R_u = 0.0613 \text{ ℃/W}$$

$$q = 400.00 \text{ kJ/h}$$

$$Q = 13.41 \times 2 \times 8 = 214.56 \text{ kJ/h}$$

$$q_2 = q - Q = 185.44 \text{ kJ/h}$$

$$Q_1 = 2 \times 8 \times 0.96 \times 32154.6 = 493894.66 \text{ kJ}$$
$$t = 493894.66 / 185.44 \times 24 = 111 \text{ 天}。$$

即采用间距 $L=2$ m 时,砾石层的回冻时间为 111 d。

4)砾石层回冻后的传热

计算各层的热阻:

设: $\beta_u = 1.60$; $\beta_d = 0.40$

则:$R_u = \dfrac{\ln[\dfrac{2L}{\pi D}\sinh(\dfrac{\beta_u \pi S}{L})]}{\beta_u \pi \lambda_u z} = \dfrac{\ln\left[\dfrac{2 \times 2}{\pi \times 0.06}\sinh(\dfrac{1.6 \times \pi \times 1.5}{2})\right]}{1.6 \times \pi \times 1.605 \times 9} = 0.0843$ ℃/W

$R_d = \dfrac{\ln[\dfrac{2L}{\pi D}\sinh(\dfrac{\beta_u \pi d}{L})]}{\beta_d \cdot \pi \cdot \lambda_d \cdot z} = \dfrac{L_n\left[\dfrac{2 \times 2}{\pi \times 0.06}\sinh(\dfrac{0.4 \times \pi \times 8.5}{2})\right]}{0.4 \times \pi \times 1.977 \times 9} = 0.344$ ℃/W

$R_c = \dfrac{0.15}{1.279 \times 16} = 0.0073$ ℃/W

$R_1 = \dfrac{0.2}{0.041 \times 16} = 0.3049$ ℃/W

$R_f = 0.0332$ ℃/W

计算蒸发温度 T_e :

$$T_e = \dfrac{\dfrac{T_a}{T_f} + \dfrac{T_1}{R_C + R_1 + R_u} + \dfrac{T_2}{R_d}}{\dfrac{1}{R_f} + \dfrac{1}{R_C + R_1 + R_u} + \dfrac{1}{R_d}} = \dfrac{\dfrac{-10.5}{0.0332} + \dfrac{20}{0.0073 + 0.3049 + 0.0843} + \dfrac{-3.0}{0.344}}{\dfrac{1}{0.0332} + \dfrac{1}{0.0073 + 0.3049 + 0.0843} + \dfrac{1}{0.344}} = -7.71 \text{ ℃}$$

(7−10)

计算从上下界面流入热棒的热量 q_u 和 q_d :

$$q_u = \dfrac{T_1 - T_e}{R_C + R_1 + R_u} = \dfrac{27.71}{0.3965} \times 3.6 = 251.6 \text{ kJ/h}$$

$$q_d = \dfrac{T_2 - T_c}{R_d} = \dfrac{4.71}{0.3440} \times 3.6 = 49.29 \text{ kJ/h}$$

重新计算 β_u 和 β_d :

$$\beta_u = \dfrac{2q_u}{q_u + q_d} = 1.67$$

$$\beta_d = \dfrac{2q_d}{q_u + q_d} = 0.33$$

与假定的 $\beta_u=1.60$ 和 $\beta_d=0.40$ 基本相符,即砾石层回冻后,每根热棒每小时可以从地基中带出 300.89 kJ 的热量。其中 42.29 kJ 是用于地基的过冷却的。

5)计算地基的过冷却

热棒在冻结期可提供地基的过冷却冷量为:

$$Q_0=42.29\times24\times(265-111)=156303.8\ kJ$$

若这些冷量用于冷却热棒下 8 m 以内的地基,则可使地基土温度降低值为:

设冻结亚黏土的热容量为 2386 kJ/m³·℃

则

$$\Delta t=156303.8/(8\times2\times8\times2386)=0.51\ ℃$$

即除使砾石层回冻外,还可使地基温度降低 0.51 ℃。

(3)热棒~钢筋混凝土桩的计算

设有一钢筋混凝土桩,内径 200 mm,外径 400 mm,埋深 8 m,在桩中插入热棒一根(图7-5),热棒外径 60 mm,桩内长度 8 m,散热器面积 6.14 m²。求热棒的年近似传热量和桩周冻土的最大温度降低值。该处冻结期平均气温 -10.5 ℃,平均地温为 -3.0 ℃。平均风速为 5.0 m/s。冻结期 240 d。

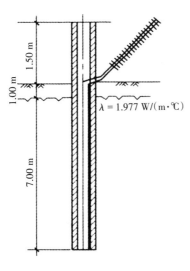

图7-5 钢筋混凝土热桩计算示意图

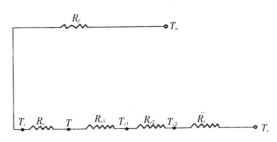

图7-6 钢筋混凝土桩土系统热流程图

R_f—散热器的放热热阻;
R_e—蒸发器的放热热阻;
R_{c1}—钢筋混凝土桩内表面的放热热阻;
R_{c2}—钢筋混凝土管壁的热阻;
R_s—土体热阻;
T_a—气温;
T_s—冻结期多年冻土平均温度;
T_c—蒸发器表面温度;
T—钢筋混凝土桩中空气温度;
T_{c1}—钢筋混凝土桩内表面温度;
T_{c2}—钢筋混凝土桩外表面温度

题解:设钢筋混凝土导热系数 λ=1.547 W/m·℃,冻土导热系数 λ=1.977 W/m·℃

1)绘热流程图:

由于活动层较薄,且它的冻结主要由于来自大气层的冷量,故在计算中予以忽略。热流程图如图7-6所示。单位时间热棒的热流量,用下面公式计算:

$$q = \frac{T_s - T_a}{R_f + R_e + R_{c1} + R_{c2} + R_s} \qquad (7\text{-}11)$$

2)计算各热阻值:

散热器的放热热阻 R_f:采用附录7中公式(7.0.4-1)计算,即:

当 $v = 5.0$ m/s 时,$eh = 4.83$ W/m²·℃,

所以 $\quad R_f = \dfrac{1}{Aeh} = 0.0337$ ℃/W

蒸发器的放热热阻 R_e:仍采用上面公式计算,当 $v=0$,$eh=2.75$ W/m²·℃,

故 $\quad R_e = \dfrac{1}{Aeh} = 1/\pi \times 0.06 \times 7 \times 2.75 = 0.2756$ ℃/W

钢筋混凝土桩内表面的放热系数 R_{c1}:

设钢筋混凝土桩内表面的放热系数与热棒蒸化段钢管相同,

即 $\quad eh = 2.75$ W/m²·℃

则 $\quad R_{c1} = \dfrac{1}{Aeh} = 1/\pi \times 0.20 \times 7 \times 2.75 = 0.0827$ ℃/W

钢筋混凝土桩管壁的热阻 R_{c2}:

$$R_{c2} = \frac{\ln(d_2/d_1)}{2\pi\lambda L} = \frac{\ln(0.4/0.2)}{2 \times \pi \times 1.547 \times 7} = 0.0102 \text{ ℃/W}$$

桩周土体热阻 R_s:

设传热影响范围为 1.5 m,

则 $\quad R_s = \dfrac{\ln(d_2/d_1)}{2\pi\lambda L} = \dfrac{\ln(1.5/0.4)}{2 \times \pi \times 1.977 \times 7} = 0.0152$ ℃/W

3)计算热棒单位时间的传热量 q:

$$q = \frac{T_s - T_a}{R_f + R_e + R_{c1} + R_{c2} + R_s} = \frac{-3 - (-10.5)}{0.0337 + 0.2756 + 0.0827 + 0.0102 + 0.0152} \times 3.6$$

$$= \frac{7.5}{0.4174} \times 3.6 = 64.69 \text{ kJ/h}$$

4)计算冻结期的总传热量:

$$Q = 64.69 \times 24 \times 240 = 372614.4 \text{ kJ}$$

热棒的年近似传热量 Q_a 为:

$$Q_a = \frac{Q}{\phi_a} = 372614.4/1.5 = 248409.6 \text{ kJ}$$

5)计算冻结期桩周冻土温度降低值 θ:

设冻土的体积热容量 $C = 2470$ kJ/m³·℃,传热影响范围内冻土体积 V 为:

$$V = \pi(r_2^2 - r_1^2)L = 3.1415 \times (1.5^2 - 0.2^2) \times 7 = 48.6 \text{ m}^3$$

所以 $\quad T = Q_a/VC = 248409.6/48.6 \times 2470 = 2.07$ ℃。

即在冻结期内可使桩周冻土温度降低 2.07 ℃。

附录8 反射率及热量平衡[88]

8.0.1 不同景观带天然地面反射率

表面类型	反射率(%)
60°以南地区稳定雪盖	70
具有稳定雪盖的森林	45
春天不稳定雪盖	38
春天不稳定雪盖的森林	25
秋天不稳定雪盖	50
秋天不稳定雪盖的森林	30
雪盖消失至日平均气温通过10℃期间的草原和森林	13
雪盖消失至日平均气温通过10℃期间的苔原	18
春天气温通过10℃至雪盖出现期间的苔原、草原和阔叶林	18
春天气温通过10℃至雪盖出现期间的针叶林	14
一年干燥期间扫除落叶的森林和半荒漠	24
一年潮湿期间扫除落叶的森林和半荒漠	18
农业用地:	
a)河漫滩森林,多汁的密草	21~25
b)深绿色草,生长第一阶段的杂草,深灰色干土地	17
新降落的雪盖	85
污化雪盖	40
潮湿雪盖	43
绿草	28
枯萎草	19
具灌丛(藜属)的沼泽	25
灌丛	15~20
阔叶林	20
云杉林	10
暗针叶林	10~15
明亮针叶林	15
水越橘、矶踯躅属	10~11
绿色潮湿苔藓	14
苔属(湿草甸)	22~23
黑化表面	6
杂有松树的阔叶林(桦、山杨),林冠郁闭度0.3~0.7	17
松属中泰加林,林冠郁闭度0.5~0.8,杂有桦树和灌木,地表覆盖绿色、棕色苔藓	15

8.0.2　潮湿和干燥土壤表面的反射率(%)

表面	压实的		新鲜翻松的	
	干燥的	潮湿的	干燥的	潮湿的
黑(钙)土	12	7	9	5
栗色土	14	9	11	6
浅灰钙土	32	18	20	13
白色砂土	40	18	–	–

8.0.3　人工铺盖层反射率

表面类型	反射率(%)
砂石	18
水泥	27
石灰岩	50~65
混凝土(淡色的)	30~35
花岗岩(浅灰色)	35~40
大理石(白的)	45
砖(通常用的红色砖)	30
耐火砖	48~50
页岩(暗灰色黏土)	8
凝灰岩(光滑表面),蓝色的	50
凝灰岩(光滑表面),玫瑰——浅紫色	40
凝灰岩(光滑表面),暗色——玫瑰色	30
凝灰岩(光滑表面),赤色	25
凝灰岩(光滑表面),黑色	7
瓦(鲜红色)	42~44
铁(生锈的)	25
细毛毡(浅色的)	28
细毛毡(黑色的)	14
焦油屋顶纸	20
浅蓝色灰面墙	73
玫瑰色灰面墙	62
黄色灰面墙	57
乡村灰面墙	40
表面灰面	60
新白色涂料	75
旧白色涂料	55
碎石垫层	18
砾石垫层	13
沥青	10~30
铺方石的马路,人行道	17

8.0.4 **我国多年冻土区地面热量平衡组成**[4]

项目 地区	辐射平衡 Q_d /MJ/m²·年	蒸发耗热 LE		湍流交换耗热 P		地中热交换量 A		多年冻土 特征
		LE 值 /MJ/m²·年	LE/Q_d	P 值 /MJ/m²·年	P/Q_d	A 值 /MJ/m²·年	A/Q_d	
西藏土门格拉	2792.6	664.5	23.9%	2096.6	75.0%	31.5	1.1%	大片连续
昆仑山垭口	1737.4	495.3	28.4%	1224.8	70.5%	19.3	1.1%	大片连续
大兴安岭北部	1599.4	699.2	43.7%	799.7	50.0%	100.5	6.3%	大片连续

附录9 冻土环境保护与景观生态

9.1 一般规定

9.1.1 多年冻土区公路建设环境保护应贯彻"预防为主,保护优先,建设与保护并重"的总体原则。设计和施工必须坚持因地制宜、全面、协调、可持续发展的原则。

9.1.2 新建工程必须在可研阶段工作的同时开展环境保护评价研究。改(扩)建工程应对原有工程及其环境保护设施进行全面的环境评估和环境保护措施。

9.1.3 多年冻土区公路设计与施工应与社会环境相协调,兼顾地方产业、农林牧的需求。保护区域的民族、宗教、特殊文化、建筑和人文生态景观。

9.1.4 加强多年冻土区水环境的保护,防止施工期及公路设施内的污(废)水、工业废渣和化学危险品事故对水资源的污染,做好切实措施防止水土流失。

9.2 冻土环境保护

9.2.1 线路经过自然保护区、湿地、湖泊等冻土环境敏感地带,宜绕避或进行路桥比选,并做好相应的环境保护措施。

9.2.2 加强公路两侧的地表(包括腐殖土)和边坡植被保护,减少植被破坏,防止土地沙化。需剥离的高原草甸植被草皮,应挖移和妥善保存,并及时移植。

9.2.3 公路设计应做好路面径流和路基两侧排水工程,将分道间积水并入路基排水系统进行设计。富水地段路基两侧应回填,横坡不小于2%。

9.2.4 多年冻土区应加强土石方的调配,遵循分段集中取弃土和用后恢复原则,合理设置取、弃土场,做好防排水设计,防止水土流失措施。严禁路基两侧200 m以内取土和随意弃土。

9.2.5 取土场应选择丘陵、山包、少冰冻土地带。下列地带不得设置取土场:融冻泥流、热融滑塌等冻融侵蚀发育地段;高含冰冻土地段;崩塌、滑坡等坡地边缘地带;植被发育地带。

9.2.6 施工便道、场地、营地应合理规划,少占地域,保护植被及腐殖土层。固定行车路线,规定便道宽度、高度,限制人为活动范围,少扰动地表和破坏植被。

9.2.7 施工期应加强管理,严格控制高热物的使用温度和热污染物的排放。

9.3 自然环境保护

9.3.1 公路设计中应遵循保护冻土区自然景观的原则:禁止线路两侧乱挖乱弃,任意践踏;各类构造物宜与周围环境相协调。

9.3.2 自然保护功能区的河道管理范围内,不得取弃土。工程需要采砂时,必须按相关法规办理。

9.3.3 取弃土场、施工便道、施工场地、施工营地完工后应采取恢复措施,做好平整、覆盖和排水措施。开挖段和取土场的植被应采取移植、养护措施,以备利用。

9.3.4 不良冻土现象分布地区应避免扰动。固定和半固定沙丘地段不得取弃土。

9.3.5 各类工程建筑物应根据地形和水文特征合理布设,不宜强行改变地表径流方向,改变河沟道。开挖的河岸边坡应及时采取有效岸坡防护措施,减少水土流失。不得在沟河道中弃土。

9.3.6 严禁在自然保护的核心区和缓冲区布设砂石料场。采石场应保持景观生态原则,布设在远离线路的背向公路的山包后侧。

9.3.7 沿线站房的废水、污水不得排入源头水体。施工中的生产、生活垃圾和污废水应集中处理。

9.4 生态环境保护

9.4.1 多年冻土区公路线路宜远离野生动物聚集和频繁活动的地区,不宜布设在草原腹地。

9.4.2 在国家和地方重点保护的野生动物种群栖息地、繁殖地和出没路段应根据地形地貌设置迁移通道和预告、禁止鸣笛等标志。

9.4.3 在野生动物主通道上及其附近、大面积湿地分布区不得设置施工场地、营地和取弃土场。

9.4.4 野生动物繁殖、迁徙季节,应暂停施工,留出通道。

9.4.5 大面积湿地地段应设置桥涵,或者采用抛填块片石等渗水路基通过。

9.4.6 根据多年冻土区的环境特性,宜草则草、宜林则林、宜荒则荒的因地制宜原则设计公路景观绿化工程,植物种类不应侵占原生态种群系统。

附录10　公路冻土工程地质勘察要点
（据《冻土工程地质勘察规范》GB　50324[112]节录）

10.0.1　多年冻土地区一、二、三级新建、改建公路的冻土工程地质勘察要点,对四级及农村公路勘察工作量可适当减少。高速公路冻土工程地质勘察应专门研究,但可参照使用。

10.0.2　多年冻土地区料场的勘察除应查明料场及工程用水的分布和储量外,还应查明料场的多年冻土特征,评价料场开采及废方堆放对多年冻土环境的影响,并提出相应的环境保护措施。

10.0.3　调绘范围为线路中线两侧200 m~500 m。比例尺为1:2000~1:10000。

10.0.4　冻土工程地质选线时,路线宜选择在地表干燥、平缓、向阳地带。线路通过山岳、丘陵的融冻坡积层时,宜选择在缓坡上部;线路走向沿大河河谷时,宜选择在高阶地上;在多年冻土不稳定地段线路宜按最短距离通过,宜避免顺着大河融区附近的多年冻土不稳定地段定线。

10.0.5　线路应采用填方路基,宜避免挖方,并宜减少零断面及高度小于1.0 m的低填方,同时宜避免采用高度大于3.0 m的填方。

10.0.6　线路必须通过冻土现象发育地段时,可按照下列原则确定线路走向和位置:

1.线路宜从厚层地下冰分布区的较窄和较薄的地方通过;

2.线路宜从热融滑塌、冻胀丘、冰锥等冻土不良地质体外缘下方以路堤通过;

3.线路宜用路堤穿过热融湖塘和冻土沼泽,在热融湖塘地段应根据最高水位、波浪侵袭高度及路堤填筑后的壅水高度等因素确定路基高度;

4.不宜在厚层地下冰、冰锥、冻胀丘等冻土现象发育的地段挖方通过。

10.0.7　桥址选择时应避开冻胀丘、冰锥、热融滑塌等冻土现象发育地段。不得使同一座桥的墩台分别设在融土和多年冻土两种不同的地基上。

10.0.8　在地下水发育地段不宜设隧道。不应将洞口设在冻土现象发育的地段。

10.0.9　线路的冻土工程地质勘察应完成下列内容:

1.多年冻土区:

1)查明多年冻土类型、分布范围和特征,及其与地质-地理环境的相互关系;

2)查明季节融化深度与多年冻土层厚度,及其空间分布特征;

3)查明多年冻土层的物质成分、含冰率及冻土工程类型(表10.0.9-1)、冻土构造类型(10.0.9-2)、地下冰层的厚度及分布特征;

4)查明多年冻土层年平均地温、地温年变化深度;

5)查明多年冻土层物理力学及热学性质、冻土融化下沉特性,提供设计所需参数;

6)查明多年冻土区内融区的成因、分布特征,及其与冻土条件、自然因素和人为工程活动的关系;

7)查明地表水及地下水的贮运条件,及其与多年冻土层的相互关系和作用;

8)查明冻土现象类型、特征和发育规律及其对工程的影响与危害;

9)对冻土工程地质条件做出评价,预测工程建设及运营期间冻土-工程-环境条件的变化和相互影响,提出合理的措施与建议。

2.季节冻土地区:

1)查明季节冻结深度和特征及其与地质-地理环境的相互关系;

2)查明季节冻结层的含冰特征及其空间分布和变化;

3)查明季节冻结层的物质成分与含水特征;

4)查明季节冻结层岩土的物理力学及热学性质,土的冻胀特性,提供设计所需参数;

5)查明地下水补给、径流、排泄条件及与地表水的关系;

6)查明场地冻土现象类型、成因、分布,评价场地和地基稳定性及其发展趋势。

不论多年冻土区或是季节冻土区,都应了解当地建筑材料的分布状况和采购运输条件。

表10.0.9-1　多年冻土工程类型及融沉性分级的野外鉴别

融沉分类	等级	粗颗粒类土		黏性土		冻土工程类型
		冻结状态特征	融化状态特征	冻结状态特征	融化状态特征	
不融沉	I	结构较为紧密,仅在孔隙中有冰晶存在	融化过程结构上没有变化,不产生颗粒重分布现象	整体状冻土构造,冻土中肉眼看不到冰层,多数小冰晶在放大镜下可见	融化过程原土的结构不发生变化,没有发生矿物颗粒重分布现象,没有渗水现象	少冰冻土
弱融沉	II	有较多冰晶充填其孔隙,偶尔可见薄层冰及冰包裹体	融化后产生小的密实作用,但结构外形基本不变,有明显的渗水现象	以整体状冻土构造为主,偶尔可见微冰透镜体或小的粒状冰	融化过程,其原结构状态基本不变,但可见体积有缩小现象并有少量渗水现象	多冰冻土
融沉	III	除孔隙被冰充填满外,可见冰晶将矿物颗粒包裹,使卵砾石相互隔离或可见较多的土冰冰透镜体	融化过程发生明显颗粒重排列(密实)作用,并有大量水分外渗,土表面可见水层	以层状、网状冻土构造为主,冻土中可见分布不均匀的冰透镜体和薄冰层	融化过程发生明显的矿物重分布作用,有较多水分外渗	富冰冻土
强融沉	IV	卵砾石颗粒基本为冰晶所包裹或存在大量的冰土透镜体和冰透镜体	融化过程使冻土构造受破坏,水土(石)产生密实作用,最后水土(石)界限分明	以层状网状冻土构造为主,在空间上,冰土普遍相隔分布	融化后,即失去原来结构形成崩塌现象和流动状态,在容器中融化,最后水土界限分明	饱冰冻土
融陷	V	冰体积大于土颗粒体积	融化后,水土(石)分离,上部可见水层	中厚层状构造为主,冰体积大于土体积	融化后完全呈流动体	含土冰层

表10.0.9-2　冻土构造野外鉴别

构造类别	冰的产状	岩性与地貌条件	冰结特征	融化特征
整体构造	晶粒状	①岩性多为细颗粒土,但砂砾石土冻结亦可产生此种构造 ②一般分布在长草或幼树的阶地和缓坡地带及其他地带 ③土稍湿$\omega<\omega_p$	①粗颗粒土冻结,结构较紧密,孔隙中有冰晶,可用放大镜观察到 ②细颗粒土冻结,呈整体状 ③冻结强度一般(中等),可用锤子击碎	①融化后原土结构不产生变化 ②无渗水现象 ③融化后,不产生融沉现象
层状构造	微层状(冰厚一般可达1~5mm)	①岩性以粉砂土或黏性土为主 ②多分布在冲-洪积扇及阶地其他地带,地被物较茂密 ③土湿$\omega_p\leq\omega<\omega_p+7$	①粗颗粒土孔隙被较多冰晶充填,偶尔可见薄冰层 ②细颗粒土呈微层状构造,可见薄冰层或薄透镜体冰 ③冻结强度很高,不易击碎	①融化后原土体积缩小,现象不明显 ②有少量水分渗出 ③融化后,产生弱融沉现象
层状构造	层状(冰厚一般可达5~10mm)	①岩性以粉砂土或黏性土为主 ②一般分布在阶地或塔头沼泽地带 ③有一定的水源补给条件 ④土很湿 $\omega_p+7\leq\omega<\omega_p+15$	①粗颗粒土如砾石被冰分离,可见到较多冰透镜体 ②细颗粒土冻结,可见到层状冰 ③冻结强度高,极难击碎	①融化后土体积缩小。 ②有较多水分渗出。 ③融化后产生融沉现象
网状构造	网状(冰厚一般可达10~25mm)	①岩性以细颗粒土为主。 ②一般分布在塔头沼泽与低洼地带 ③土饱和$\omega_p+15\leq\omega<\omega_p+35$	①颗粒土冻结,有大量冰层或冰透镜体存在 ②细颗粒土冻结,冻土互层 ③冻结强度偏低,易击碎	①融化后土体积明显缩小,水土界限分明,并可成流动状态 ②融化后产生融沉现象
网状构造	厚层网状(冰厚一般可达25mm以上)	①岩性以细颗粒土为主 ②分布在低洼积水地带,植被以塔头、苔藓、灌丛为主 ③土超饱和 $\omega>\omega_p+35$	①以中厚层状构造为主 ②冰体积大于土体积 ③冻结强度很低,极易击碎	①融化后水土分离现象极其明显,并可成流动体 ②融化后产生融陷现象

10.0.10 预可和工可勘察应以资料收集和工程地质调绘为主,必要时辅以勘探手段对项目建设各工程方案的冻土工程地质条件进行研究。除按10.0.9的内容外,重点应阐明重大工程场址、越岭段的冻土工程地质条件。

10.0.11 工程地质调绘比例尺为1:10000~1:50000。范围以能满足线路方案选择、工程设计和病害处理为原则,对于冻土条件复杂的路段可适当扩大。

10.0.12 遇到下列情况时,应进行工程地质勘探:

1.无区域冻土资料,且通过地质调绘无法确定冻土发育情况的路段;

2.控制路线及工程方案的冻土工程地质条件复杂、冻土现象发育路段;

3.控制路线方案的越岭路段。

10.0.13 初步勘察阶段应基本查明公路沿线区域地质条件、区域冻土条件、水文地质条件,并对线路通过区域及各类构筑物建设场地的冻土工程地质条件做出评价;基本查明对线路起控制作用的冻土现象的类型、范围、性质和特征;依据冻土工程地质条件,进一步做好地质选线工作,为优选线路方案和编制初步设计文件提供依据。

10.0.14 初步勘察阶段勘察基本内容除10.0.9规定外,尚应重点做下列工作:

1.沿线多年冻土的变化趋势、工程类型、地温特征、物理力学和热学性质和融区的分布情况;

2.冻土沼泽、冻胀丘、冰锥、热融湖塘、热融滑塌、融冻泥流等冻土现象的分布、规模、特征及其发展和变化情况;

3.在沿线重大工程地段和大的地貌单元应建立长期地温观测点,进行地温观测,观测孔深度不应小于地温年变化深度。

10.0.15 初步勘察阶段应根据冻土条件采用钻探、坑探、槽探、地球物理勘探、原位测试等手段进行综合勘探。宜先进行地球物理勘探,确定重点钻探位置。

最大冻结深度的勘探宜在每年3—5月进行,查明多年冻土上限深度的勘探宜在每年9—10月份进行。

在多年冻土不稳定的边缘地段应有查明多年冻土下限的钻孔。在多年冻土稳定地段,应结合工程需要,布置查明多年冻土下限的钻孔。

勘探点的数量、深度应根据工程类别及冻土工程地质条件的复杂程度确定。一般不得小(少)于表10.0.15所列数值。

表10.0.15 各类工程的勘探点数和深度

项目	设计原则	数量/个	深度/m(均应大于表列数值)				备注
			一般	天然上限	设计人为上限	最小深度	
路基工程		2个/km	≥8 m	2~3倍			
路堑工程	断面>1条	≥2个	≥8 m	2~3倍	路肩下8 m		
支挡工程	保护冻土	≥1个	持力层下3 m	2倍	以下2.5 m	12 m	遇到饱冰冻土或含土冰层均应酌情加深或钻透
	允许融化		持力层下3 m		以下2 m		
小桥涵洞	保护冻土	≥1个	持力层下3 m	2倍	以下2.5 m	12 m	
	允许融化		持力层下3 m		以下2 m		
中、大、特大桥	保护冻土	≥3、5、7个	持力层下3 m	3.5倍	以下2.5 m	20 m	
	允许融化		持力层下3 m		以下2 m		
隧道工程	洞底设计高程			2倍	以下5 m(或泄水洞基底下)		

10.0.16 冻土工程地质初步勘察阶段勘察除按10.0.9和符合现行国家有关标准规定外,尚应查明下列内容:

1.路基工程

1)沿线多年冻土上限的分布,季节融化层的成分及冻胀性,地面植被的覆盖程度;

2)路基基底以下8 m且不小于2～3倍上限深度范围内多年冻土的特征,重点查明高含冰量冻土的埋藏深度;

3)沿线冻土现象的分布及对路基工程的影响;

4)确定取土、弃土位置。

2.支挡工程

1)场址多年冻土的分布、发育及物理力学及热学性质,季节融化层的冻胀性;

2)冻土现象类型、分布、规模及危害程度。

10.0.17 详细勘察应分析冻土与工程的相互作用,对工程建设可能诱发的冻土地质灾害和冻土环境工程地质问题及冻土条件改变对工程所造成的影响进行评价、预测,并提出相应的防治措施。

10.0.18 详细勘察阶段冻土工程地质勘察应在确定的线位及构筑物位置上进行勘探、测试,勘探点的数量、深度应满足各类工程施工图设计时对冻土工程地质资料的需要,勘探点的间距应根据冻土工程地质条件的复杂程度和冻土现象的性质以及建筑物类型确定。除符合初勘要求外,尚应符合下列要求:

1.多年冻土地区路基工程的勘探每公里勘探点不应少于4个,多年冻土边缘地带、冻土现象发育路段及地质条件复杂路段,应采用地球物理勘探、钻探进行综合勘探;

2.多年冻土地区涵洞工程勘探点数量不应少于1个,当地质条件复杂时应适当增加;

3.多年冻土地区桥梁工程应根据桥梁类型、规模、冻土工程地质条件、确定勘探点数量和位置,每个墩台勘探点的数量不得少于1个;地质条件复杂时,应适当增加;

4.隧道工程进出口必须布置勘探钻孔,同时应利用钻孔进行地温测试,洞身段勘探点数量应根据地质条件的复杂程度确定。

10.0.19 岩、土物理力学数据的测试工作应能满足各类建筑物施工图设计的需要。当多年冻土按保护冻土的原则用作地基时,应确定年平均地温、压缩层设计深度范围内的地温分布、冻土的抗剪强度和抗压强度以及季节融化层土的冻胀性。当多年冻土按允许逐渐融化状态的原则用作地基时,应确定不同深度(不浅于建筑物下融化带范围内)冻土的融化下沉系数、融化压缩系数,融土的压缩系数、抗剪强度和抗压强度以及季节融化层土的冻胀性。

10.0.20 冻土工程地质勘察报告应提供下列资料:

1.全线冻土工程地质总说明书,对工程建设场地适宜性进行分析、评价,并提出工程地质建议;

2.全线1:2000～1:10000冻土工程地质平面图、纵断面图;

3.重点地段冻土工程地质平面图、剖面图1:2000～1:5000(可与线路平面图合

并);

4.沿线冻土工程地质分段说明书,按地形地貌或不同冻土工程地质条件分段编写,重点评价冻土类型、冻胀类型、冻胀等级、融沉等级,多年冻土上限、季节冻结(融化)深度等内容;

5.对工点冻土工程地质条件进行说明,根据工点类型提供以下资料:1:2000工程地质平面图、纵断面图,1:100～1:500工程地质横断面图、1:50～1:200钻(挖)探柱状图、地温测试资料、水质分析资料、地球物理勘探解译成果、岩土物理力学指标汇总表以及其他测试资料、附图、附表、照片等。

附录11 测量基准点设置

11.0.1 普通冻土观测站(场)应设置观测(测量)基准点。根据冻土观测项目的需要可设置永久性基准点和临时性基准点。永久性基准点的可靠性应达10年以上。

11.0.2 基准点设置应避开建筑物、道路、河流、冻土冷生现象等潜在融化和侵蚀等影响,引起基准点位移。

11.0.3 为在季节冻土区和多年冻土区建立可靠的基准点,应在季节冻结或融化层下的选定坚实稳固的土岩作支承,并隔绝冻结或融化层对支承杆产生冻结作用。

11.0.4 永久性基准点(图11.0.4)由钢管、套管和底部法兰盘所构成。套管与钢管间充填油-蜡混合物或其他黏滞性材料。套管外壁均应涂抹油脂性物质,防止冻胀拔起。土与基准点间的间隙用小于2 mm的砾砂加水震动回填,使砾砂沉入和达到密实且使水分溢出。套管顶部用防水物覆盖,防止水或土渗入。

11.0.5 采用干钻成孔,避免对冻土产生过大的热扰动。

11.0.6 临时基准点仅要求在有限使用期间保持稳定。但其设置要求仍然应达到严格。

图11.0.4 永久性基准点

参考文献

[1] 周幼吾等. 中国冻土[M]. 北京:科学出版社,2000

[2] 高国栋,陆渝蓉. 中国物理气候图集[M]. 北京:农业出版社,1981

[3] 苏联科学院西伯利亚分院冻土研究所. 普通冻土学[M]. 郭东信等译,北京:科学出版社,1989

[4] 丁靖康等. 多年冻土铁路工程(M). 北京:中国铁道出版社,2011

[5] 中华人民共和国铁道部. 青藏铁路高原多年冻土区工程设计暂行规定(上册)[S]. 内部印刷,2001

[6] 中华人民共和国行业推荐性标准. 多年冻土地区公路设计施工与技术细则 JTG/T D31-04[S]. 北京:人民交通出版社,2012

[7] 臧恩穆,吴紫汪. 多年冻土退化与道路工程[M]. 兰州:兰州大学出版社,1999

[8] 中交第一公路勘察设计院等. 多年冻土地区路基稳定性技术研究总报告[R]. 西安:中交第一公路勘察设计院,2006

[9] H.A.崔托维奇. 冻土力学[M]. 张长庆等译. 北京:科学出版社,1985

[10] 中华人民共和国行业标准. 冻土地区建筑地基基础设计规范(JGJ 118)[S]. 北京:中国建筑工业出版社,2011

[11] 童长江,管枫年. 土的冻胀与建筑物冻害防治[M]. 北京:水利电力出版社,1985

[12] 中华人民共和国国家标准. 冻土工程地质勘察规范(GB 50324)[S]. 北京:中国计划出版社,2014

[13] 中华人民共和国行业标准. 铁路桥涵地基和基础设计规范(TB 10002.5)[S]. 北京:中国铁道出版社,2005

[14] 中华人民共和国国家标准. 水工建筑物抗冰冻设计规范(GB /T 50662)[S]. 北京:中国计划出版社,2011

[15] Goering.D.J, Kumar P, Winter-time convection in open-graded embemkments. Cold regions Science and technology. 1996,24:57-74

[16] 宋志刚. 多年冻土地区块碎石路基适用性评价研究[D]. 北京:北京交通大学,2012

[17] 汪双杰等. 青藏公路多年冻土路基病害[J]. 公路,2004(5):22-26

[18] 汪双杰,黄晓明. 冻土地区道路设计理论与实践[M]. 北京:科学出版社,2012

[19] 马巍,吴青柏,程国栋.青藏铁路块石气冷结构路堤下冻土温度场变化分析[J]. 冰川冻土,28(4):586-594,2006,

[20] 赖远明等. 寒区工程理论与应用[M]. 北京:科学出版社,2009

[21] 孔祥言. 高等渗流力学[M]. 合肥:中国科学技术大学出版社,1999

[22] 中华人民共和国铁道部. 青藏铁路建设总结科技创新卷——多年冻土篇[R]. 西安:中铁第一勘察设计院,2008.10

[23] 赵秀峰. 岩石和土的冷生风化研究[J]. 青藏高原观测研究站年报,3:48-55,1995

[24] 孙斌祥等. 青藏高原铁路多年冻土路堤的碎石层高度[J]. 岩土力学,23(6):127-134,2006

[25] 中华人民共和国行业标准. 公路路基设计规范(JTG D30)[S]. 北京:人民交通出版社,2004

[26] 王爱国,马巍,吴志坚. 块石路堤冷却效果关键因素研究[J]. 岩土工程学报,33(增刊1):211-215,2011

[27] 王爱国,马巍,王大雁. 不同厚度块石路堤对冻土路基冷却效果对比研究[J]. 岩石力学与工程学报,25(增1):3283-3288,2006

[28] 王爱国,马巍,吴志坚. 块石路堤上覆砂砾石厚度对冻土路基冷却效果的影响研究[J]. 岩石力学与工程学报,24(13):2332-2341,2005

[29] 孙志忠,马巍,李东庆. 青藏高原多年冻土区碎石护坡降温作用及效果分析[J]. 冰川冻土,29(2):292-297,2007

[30] 吴青柏,崔巍,刘永智. U型块石路基结构对多年冻土的降温作用[J]. 冰川冻土,32(3):532-537,2010

[31] 黄明奎,于长利,汪稔. 通风路基在冻土区工程中运用分析[J]. 土工基础,18(6):38-40,2004

[32] 杨世铭,陶文铨. 传热学[M]. 北京:高等教育出版社,1998

[33] 蒋富强,杨永鹏. 青藏高原多年冻土区通风管路基传热规律研究[J]. 铁道工程学报,No.11:27-48,2008

[34] 牛富俊等. 青藏铁路北麓河试验段通风管路基工程效果初步分析[J]. 岩石力学与工程学报,22增(2):2652-2658,2003

[35] 杨显林. 几种地温调控措施在214国道多年冻土区的应用[J]. 青海交通科技,No.4:28-29,2011

[36] 牛富俊,程国栋,赖远明. 青藏铁路通风管路堤室内模型试验研究[J]. 西安工程学院学报,24(3):1-6,2002

[37] 王绍令,米海珍. 青藏公路铺筑沥青路面后路基下多年冻土的变化[J]. 冰川冻土,15(4):566-573,1993

[38] 李宁等. 冻土通风管路基的温度场分析与设计原则探讨[J]. 土木工程学报,38(2):81-86,2005

[39] 刘伟江,叶学民. 多年冻土区通风管管距对路基温度场的影响[J]. 公路,No.5:69-72,2012

[40] 吴国忠等. 埋地管道传热计算[M]. 哈尔滨:哈尔滨工业大学出版社.2003

[41] 苏波等. 人工调控条件下青藏铁路多年冻土段通风管路基冷却机理数值试验研究[C]. 北京:中国土木工程学会第九届土力学及岩土工程学术会议论文集,1377-1383,2003

[42] 俞祁浩等. 青藏铁路自动温控通风试验路基观测结果分析[J]. 铁道学报,31

（6）:63-68,2009

[43] 俞祁浩,程国栋,牛富俊.自动温控通风路基应用效果分析[J].岩土力学与工程学报,23(24):4221-4228,2004

[44] 胡明鉴等.透壁通风管对青藏铁路路基的冷却效果试验初探[J].岩土力学与工程学报,23(24):4195-4199,2004

[45] 杨丽君等.加装采风口增强通风管路堤的降温效果[J].土木建筑与环境工程,33(1):87-92,2011

[46] 王建良,黄波,牛富俊.管道通风路基试验的探讨[J].青海交通科技,No.2:37-38,2004

[47] 中华人民共和国国家标准.热棒（GB/T 27880）[S].北京:中华人民共和国质量监督检验检疫总局、中国国家标准化管理委员会发布,2011

[48] 铁道部第三勘察设计院.冻土工程[M].北京:中国铁道出版社,1994

[49] 郭宏新,原思成,张鲁新.青藏铁路低温热管应用的能量基础条件[J].东南大学学报（自然科学版）,39(5):967-972,2009

[50] 哈尔滨铁路局齐齐哈尔铁路科研所.既有东北铁路多年冻土区路基病害整治试验研究报告[R].齐齐哈尔,哈尔滨铁路局齐齐哈尔铁路科研所,2007

[51] 慕万奎,贺柏群,董德惠.热棒技术在伊春岛状冻土路基上的应用[J].黑龙江交通科技,No.11:7-8,2006

[52] 青海省地方铁路管理局,兰州大学.青海省柴木地方铁路低温热棒应用关键技术研究报告[R].西宁,青海省地方铁路管理局,2010

[53] 谭青海等.热棒技术在青藏直流工程中的应用[J].华北电力技术,No.2:16-19,2012

[54] 徐兵魁.多年冻土区热棒路基设计计算[D].北京,铁道科学研究院,2005

[55] 刘戈,章金钊,吴青柏.青藏铁路多年冻土区热棒路基的设计计算[J].中外公路,30(6):14-16,2010

[56] 胡明,凌思德,黄承甲.多年冻土地区公路热棒路基设计[J].黑龙江交通科技,No.3:53-54,2012

[57] 徐兵魁,熊治文.青藏高原多年冻土区热棒路基设计计算[J].中国铁道科学,27(5):17-23,2006

[58] 李永强.青藏铁路多年冻土区热棒直径对降温效果和产冷量的影响分析[J].岩土工程学报33(增1:503-508,2011

[59] 陈继等.柴木铁路沼泽化冻土区热管冷却半径的观测研究[J].冰川冻土,33(4):897-901,2011

[60] 中铁第一勘察设计院主编.青藏铁路多年冻土路基工程技术研究成果报告[R].西安:中铁第一勘察设计院,2007.11

[61] 李宁,魏庆朝,葛建军.青藏铁路热棒路基结构形式及工作状态分析[J].北京交通大学学报,30(4):22-25

[62] 赵丽萍.XPS板在冻土路基工程中的应用研究[D].西安:长安大学,2009

[63] 温智等. 保温法在青藏铁路路基工程中应用的适应性评价[J]. 冰川冻土,27（5）:694-700,2005

[64] 温智等. 保温法保护多年冻土的长期效果[J]. 冰川冻土,28(5):760-765,2006

[65] 辛强. XPS保温板处治岛状冻土路基技术研究[D]. 西安:长安大学,2012

[66] 王芳. 博牙高速公路岛状多年冻土地区路基沉降处理技术研究[D]. 西安:长安大学,2011

[67] 中国铁路工程总公司青藏铁路施工新技术编委会. 青藏铁路施工新技术[M]. 兰州:甘肃科学技术出版社,2007

[68] 房建宏,李东庆. 基于气候变化条件下冻土地区高等级公路路基变形控制设计理论研究报告[R].西宁:青海省交通科学研究所,2013

[69] 张坤,李东庆,童刚强. 通风管-块石复合路基降温效果的数值分析[J]. 中国农业大学学报,40(1):35-42,2011

[70] 管枫年,李庆夏.日本北海道渠系建筑物冻害的防治措施[J]. 水利水电技术,No.3:54-55,1981

[71] 土谷,富士夫,了戒,公 利.ヒートバィブ利用した人工永久凍土にょゐ低温貯蔵庫[J]. 農業土木学会誌,58(9):881-886,1990

[72] 中圣集团. 江苏中圣集团简介. 江苏中圣高科技产业有限公司

[73] 马辉. 片碎石护坡结构维持青藏铁路多年冻土区路基稳定的作用机理和适应性研究[D]. 北京:铁道科学研究院,2006

[74] 中铁西北科学研究院有限公司. 研究报告——青藏铁路风火山多年冻土长期综合观测与工程试验研究[R]. 兰州:中铁西北科学研究院有限公司,2006.5

[75] 程国栋等. 冻土路基表面的融化指数与冻结指数[J]. 冰川冻土,25(6):603-607,2003

[76] 吴紫汪等. 冻土路基工程[M]. 兰州:兰州大学出版社,1988

[77] 程国栋. 局地因素对多年冻土区分布的影响及其对青藏铁路设计的启示[J]. 中国科学(D辑),33(6):602-607,2003

[78] 孙斌祥,徐学祖,赖远明等. 碎石粒径对寒区路堤自然对流降温效应的影响[J]. 岩土工程学报,26(6),809—814,2004,

[79] 喻文兵等. 块石层与碎石层降温效果试验研究[J]. 冰川冻土,25(6):638-643,2003

[80] 孙志忠,马巍,李东庆. 多年冻土区块、碎石护坡冷却作用的对比研究{J}. 冰川冻土,26(4):435-439,2004

[81] 孙志忠,马巍,李东庆. 青藏高原多年冻土区碎石护坡作用及效果分析[J]. 冰川冻土,29(2):292-298,2007

[82] 赖远明等. 封闭块碎石层最佳降温粒径的室内试验研究[J]. 冰川冻土,28(5):755-759,2006

[83] 何平等. 块石通风性能试验研究[J]. 岩土工程学报,28(6):789-792,2006

[84] 孙斌祥等. 基于对流降温效应的青藏铁路碎石护坡层厚度研究[J]. 铁道学

报,27(4):96-103,2005

　　[85] 米隆等. 高原冻土铁路路基温度特性的有限元分析[J]. 铁道学报,25(2):62-67,2003

　　[86] 冯文杰等. 碎块石护坡在寒区道路工程中的应用[J]. 冰川冻土,25(6):632-637,2003

　　[87] 徐连军. 青藏铁路多年冻土区碎石护坡与片石护道地温特征分析[D]. 成都:西南交通大学,2006

　　[88] [苏]B.A.库德里亚采夫. 工程地质研究中的冻土预报原理(中译本)[M]. 兰州:兰州大学出版社,1992

　　[89] 罗栋梁,金会军. 黄河源区玛多县1953—2012年气温和降水特征及突变分析[J]. 干旱区资源与环境,28(11):185-192

　　[90] 俞祁浩等. 多年冻土区高等级公路建设面临问题分析[J]. 公路,No:11:74-80